Ich bin das Reinste der Reinen.
Ich halte alles verlässlich in Liebe.
Ich bin Wohlwollen und Gnade.
Ich bringe der Menschheit Licht.
Ich bin dein leuchtendes Einhorn,
lass mich dein dich leitendes Licht sein.

Dein Einhorn

DIANA COOPER

Die Magie der Einhörner

Hilfe und Heilung aus den himmlischen Reichen

Aus dem Englischen übersetzt
von Juliane Molitor

WILHELM HEYNE VERLAG
MÜNCHEN

Die englische Originalausgabe erschien 2020 unter dem Titel
The Magic of Unicorns bei Hay House UK Ltd., London.

Die in diesem Buch vorgestellten Informationen und Empfehlungen sind nach bestem Wissen und Gewissen geprüft. Dennoch übernehmen die Autorin und der Verlag keinerlei Haftung für Schäden irgendwelcher Art, die sich direkt oder indirekt aus dem Gebrauch der hier beschriebenen Anwendungen ergeben. Bitte nehmen Sie im Zweifelsfall bzw. bei ernsthaften Beschwerden immer professionelle Diagnose und Therapie durch ärztliche oder naturheilkundliche Hilfe in Anspruch.

Sollte diese Publikation Links auf Webseiten Dritter enthalten, so übernehmen wir für deren Inhalt keine Haftung, da wir uns diese nicht zu eigen machen, sondern lediglich auf deren Stand zum Zeitpunkt der Veröffentlichung verweisen.

Penguin Random House Verlagsgruppe FSC®-N001967

Deutsche Erstausgabe 2/2022
Copyright © 2020 by Diana Cooper
Copyright © der deutschsprachigen Ausgabe 2022
by Wilhelm Heyne Verlag, München,
in der Penguin Random House Verlagsgruppe GmbH,
Neumarkter Straße 28, 81637 München
Alle Rechte sind vorbehalten. Printed in Germany
Redaktion: Herbert Scheubner
Illustration: © Marjolein Kruijt
Umschlaggestaltung: Guter Punkt, München,
unter Verwendung eines Motivs von © Colorlife/Shutterstock
Satz: Satzwerk Huber, Germering
Druck und Bindung: GGP Media GmbH, Pößneck

ISBN 978-3-453-70424-4
www.heyne.de

Inhalt

Einleitung 11

Teil 1
Die Einhörner stellen sich vor

Kapitel 1	Die Geschichte der Einhörner	17
Kapitel 2	Einhorninformationen	23
Kapitel 3	Ein Überblick über die Engelreiche	29
Kapitel 4	Deine persönlichen Helfer und Begleiter .	33
Kapitel 5	Auf Einhörner einstimmen	41
Kapitel 6	Zeichen von den Einhörnern	51
Kapitel 7	Einhornfarben	61
Kapitel 8	Einhörner und Kinder	69
Kapitel 9	Einhörner und Tiere	83
Kapitel 10	Einhörner und die Macht der Zahlen ...	91
Kapitel 11	Über Bilder, Figuren und Spielzeug eine Verbindung zu den Einhörnern herstellen ..	107
Kapitel 12	Einhörner in Träumen	113
Kapitel 13	Einhörner in der Meditation	121
Kapitel 14	Einhörner in der Natur	129
Kapitel 15	Einhorn-Orbs	137
Kapitel 16	Einhorn-Orakelkarten	145

| Kapitel 17 | Dienen mit den Einhörnern | 151 |
| Kapitel 18 | Magische Einhorngeschichten | 161 |

Teil 2
Einhörner und Heilung

Kapitel 19	Einhornheilung	171
Kapitel 20	Einhorn-Seelenheilung	179
Kapitel 21	Einhörner heilen das innere Kind	187
Kapitel 22	Einhörner heilen die Überzeugungen und Probleme der Ahnen	197
Kapitel 23	Einhörner tragen die Wünsche der Seele zur Quelle	209
Kapitel 24	Einhörner entfernen die Schleier der Illusion	215
Kapitel 25	Einhörner und das Christuslicht	221

Teil 3
Einhörner, Edelsteine und Kristalle

Kapitel 26	Einhörner, Engel und Edelsteine	231
Kapitel 27	Einhörner und Kristalle	251
Kapitel 28	Einhorn-Crystal-Grids	257

Teil 4
Einhörner und Chakren

Kapitel 29	Einhörner erleuchten deine zwölf Chakren	271
Kapitel 30	Einhörner und das Erdsternchakra	277
Kapitel 31	Einhörner und das Basischakra	283
Kapitel 32	Einhörner und das Sakralchakra	289
Kapitel 33	Einhörner und das Nabelchakra	293
Kapitel 34	Einhörner und das Solarplexuschakra ...	299
Kapitel 35	Einhörner und das Herzchakra	305
Kapitel 36	Einhörner und das Halschakra	311
Kapitel 37	Einhörner und das Dritte-Auge-Chakra ..	317
Kapitel 38	Einhörner und das Kronenchakra	323
Kapitel 39	Einhörner und das Kausalchakra	329
Kapitel 40	Einhörner und das Seelensternchakra	335
Kapitel 41	Einhörner und das Sternentorchakra	341
Kapitel 42	Einhörner lassen deine sechsdimensionalen Chakren aufleuchten	349

Nachwort 361
Über die Autorin 363

Einleitung

Es ist jetzt viele Jahre her, seit mein erstes Einhorn zu mir kam und mich mit seiner reinweißen Energie berührte. Ich erinnere mich an den Anflug von Entzücken, als ich merkte, dass es ein Einhorn war, denn damals dachte ich genau wie viele Menschen, dass Einhörner Wesen aus Sagen und Legenden sind. Zunächst war ich skeptisch und auch etwas unsicher. Mir war zwar klar, dass uralte Geschichten verewigt wurden, weil Mystiker und Menschen mit außersinnlichen Fähigkeiten darin die Wesen beschrieben, die sie in anderen Dimensionen gesehen hatten, aber ich hatte nie wirklich an Einhörner geglaubt. Doch auf die gleiche Weise, wie Engel meine Aufmerksamkeit auf sich lenkten, indem sie vor mir erschienen und telepathisch mit mir kommunizierten, baten mich dann auch die Einhörner, den Menschen von ihnen zu erzählen. Und mir war es zugleich Ehre und Vergnügen, eine ihrer Botinnen zu sein.

Damals, vor zwölf Jahren, kehrten diese erleuchteten Wesen zum ersten Mal seit dem Untergang von Atlantis auf die Erde zurück. Sie suchten nach Menschen, die ein Licht über dem Kopf hatten, was bedeutete, dass sie im Dienst standen. Wenn solche Leute bereit waren, kam ein Einhorn zu ihnen und half ihnen, ihre Visionen zu verwirklichen. Oft waren sich diese Personen der großen Inspiration und Unterstützung, die sie erhielten, überhaupt nicht bewusst.

Damals teilten mir die Einhörner mit, dass sie ganz dem Engelreich angehören und aufgestiegene Pferde der siebten Dimension sind. Heute weiß ich, dass diese Informationen genau auf das Niveau zugeschnitten waren, auf dem ich mich damals befand. Einhörner sind so viel mehr! Seit ich unter ihrer Anleitung mein erstes Einhornbuch, *Das Wunder des Einhorns*, geschrieben habe, habe ich eine ganze Menge mehr über erleuchtete Einhörner erfahren und freue mich darauf, mein Wissen in diesem Buch zu teilen. Einhörner sind fantastischer als alles, was wir uns vorstellen können.

Die Frequenz der Welt ist jetzt viel höher als damals, als sie zu mir kamen. Die Schwingung des Planeten hat sich in den letzten zehn Jahren unglaublich erhöht, denn viele Energien mit hoher Frequenz sind eingeflossen und haben Menschen berührt. Große Portale haben sich geöffnet. Supermonde haben einen enormen Zustrom von göttlich-weiblichem Licht gebracht, um alte männliche Paradigmen aufzulösen. Drachen sind in Scharen zurückgekehrt, um ihre Liebe und alte Weisheit einzubringen. Hoch entwickelte Engel, Meister und Sternenwesen von anderen Planeten und aus anderen Universen sind gekommen, um ihre besonderen Energien an uns auszusenden. Es ist das Ziel sicherzustellen, dass der gesamte Planet bis zum Beginn des neuen Goldenen Zeitalters im Jahr 2032 der fünften Dimension angehört.

Und endlich ist die Zeit gekommen, und wir sind bereit, die Aufmerksamkeit enorm vieler Einhörner zu bekommen, die als die Reinsten der Reinen bekannt sind, denn sie tragen die Liebe und das Licht der Quelle in sich. Sie dienen dem Universum seit Äonen und schimmern in dem strahlenden Weiß, das alle Farben enthält.

Wenn Menschen spiritueller werden, können sie sich leicht mit Einhörnern der siebten Dimension verbinden. Viele erhöhen ihre Schwingung sehr schnell und kommunizieren dann auf einer Ebene der neunten Dimension mit diesen außergewöhnlichen Wesen. Es ist fast unglaublich, dass einige Lichtarbeiter ein so helles Licht ausstrahlen, dass sie von Einhörnern der zehnten Dimension berührt werden.

Alle Einhörner tragen dazu bei, uns zu erleuchten, und befähigen uns, in höhere Dimensionen aufzusteigen, sodass die Möglichkeit einer vollständigen Transformation jetzt verfügbar ist, wenn wir darum bitten.

Einhörner sind überall, und wenn du dies liest, bist du bereit, ihnen zu begegnen. Wenn du bereits mit ihnen verbunden bist, bereitet dich dieses Buch darauf vor, noch intensiver mit ihnen zu arbeiten. Es führt dich mit ihnen auf eine Reise zu den höchsten derzeit verfügbaren Frequenzen. Ich hoffe, du entspannst dich und genießt diese Reise.

Manche der Visualisierungen sind sehr lang. Versuche nicht, sie auswendig zu lernen. Lies sie einfach, schließe die Augen, wenn du möchtest, öffne sie dann wieder und lies weiter. Dies wird dein Bewusstsein beeinflussen und Veränderungen in dir bewirken.

Für viele Menschen ist es hilfreich, ein Einhorntagebuch zu führen. Dies ist ein spezielles Heft, in das du deine Gedanken und Erfahrungen schreibst. Indem du deine Einhornträume und -visualisierungen zusammen mit den Botschaften, die du dabei erhältst, aufschreibst, verankerst du die Erinnerungen daran. Sie bleiben lebendig und kehren zurück, wenn du dein Tagebuch später liest. Vielleicht möchtest du dein Einhorntagebuch dekorieren, damit es schön und einzigartig aussieht.

Vergiss nicht, dass dich dein persönliches Einhorn mit Segen und Heilung überschüttet, sobald es dein Licht sieht. Sei offen und empfänglich für die Freude, die dir dadurch zur Verfügung steht.

Einhörner bringen eine Botschaft der Hoffnung und erinnern uns daran, positiv zu bleiben, während wir uns auf eine goldene Zukunft vorbereiten.

Teil 1
Die Einhörner stellen sich vor

Kapitel 1
Die Geschichte der Einhörner

Auf den kosmischen Ebenen sind Einhörner ein Gruppenbewusstsein. Stell dir vor, wie eine dichte Wolke aus reinem diamantweißem Licht durch das Universum schwebt und Freude und Segen verbreitet. Das ist die Einhornenergie.

Wie sind daraus einzelne Einhörner geworden? Angefangen hat es in Lemurien, dem vierten Goldenen Zeitalter auf der Erde. Die Wesen jener Zeit waren ätherisch und hatten keinen Körper. Sie waren ein Gruppenbewusstsein, eher so etwas wie die reinste Einhornenergie. Als diese Zivilisation zu Ende ging, wurden sie unverwechselbar und ersuchten die Quelle um physische Körper. Sie wollten Erfahrungen mit dem Tast-, Geschmacks- und Geruchssinn machen und Verantwortung für einen Körper übernehmen. Die Quelle erfüllte diese Bitte, und damit war der Plan für das große Experiment von Atlantis gefasst. Dies sollte jenen tapferen Seelen, die daran teilnahmen, enorme Gelegenheiten für spirituelles Wachstum bieten. Es gab ihnen auch die Chance, Erfahrungen mit dem freien Willen zu machen.

Einhörner in Atlantis

Die Einhornenergie, so rein und voller Liebe, dass sie sich nicht vorstellen kann, was jenseits ihres wunderschönen Lichts liegt, beobachtete den Übergang vom ätherischen lemurischen Bewusstsein zu den physischen atlantischen Körpern mit Interesse. Atlantis wurde fünfmal neu gestaltet, und jedes Mal musste das Experiment abgebrochen werden, weil die Frequenz der Teilnehmer zu niedrig wurde. Die Einhornenergie beobachtete dies alles. Endlich, während der fünften Neugestaltung von Atlantis, begann das außerordentliche Goldene Zeitalter. Diesmal inkarnierten Wesen aus dem ganzen Universum. Die Schwingungen all dieser Wesen gehörten den oberen Ebenen der fünften Dimension an, und sie lebten in offenherziger Einheit.

Diese Atlanter des Goldenen Zeitalters strahlten ein so wunderschönes Licht aus, dass die Einhornenergie auf sie zukam und sie bei der Aufrechterhaltung ihrer hohen Frequenz unterstützte. Wie die Energie der Lemurier bot sich auch die Einhornenergie zu diesem Zeitpunkt an, sich in physische Körper aufzuteilen, um diesen Menschen mit der hohen Frequenz zu helfen und zu dienen. Die Quelle und der Intergalaktische Rat wählten die Pferdegestalt, weil sie stark und stabil war. So inkarnierte die Einhornenergie als reinweißes, durch und durch erleuchtetes Pferd mit offenem Stirnchakra, aus dem ein spiralförmiges Lichthorn ausstrahlte.

In ihrer reinsten Form gehört die Einhornenergie der zwölften Dimension an und residiert jenseits des Sternentors der Lyra (Leier). Es ist der Menschheit unmöglich, auf diese unbeschreibliche Frequenz zuzugreifen. Daher haben die Einhörner, die herabgestiegen sind, um den Atlantern des Goldenen Zeitalters zu helfen, ihre Frequenz über Lakumay, den aufgestiegenen Aspekt des Sirius, herabgestuft.

Als sie inkarnierten, glaubten sie, sie seien frei. Zuerst waren sie das auch. Sie wurden geliebt und verehrt. Die Menschen baten um ihre Hilfe und waren dankbar dafür. Diese reinweißen Pferde mit ihrer großen Kraft erklärten sich freiwillig bereit, ihren menschlichen Freunden bei der schweren Arbeit in der Landwirtschaft zu helfen. Sie boten auch großzügig an, den Menschen beim Reisen zu helfen. Sie wurden von ihren Reitern ohne Sattel geritten und telepathisch gelenkt. Noch heute reiten die amerikanischen Ureinwohner ohne Sattel und Zügel, und so war die Beziehung zwischen Pferden und Menschen vorgesehen.

Doch dann begann der Niedergang der Zivilisation von Atlantis. Schockiert und traurig musste die spirituelle Hierarchie zuschauen, wie diese liebenswürdigen Kreaturen gesattelt und aufgezäumt, gezügelt, gefesselt, überanstrengt und sogar gegessen wurden. Und viele dieser Pferde wurden in aufeinanderfolgenden Inkarnationen wütend, stur und verbittert. Dies behinderte ihre Entwicklung, und sie reflektierten keine reinweiße Farbe mehr.

Wie Menschen unterliegen auch physische Pferde den geistigen Gesetzen der Erde. Wenn ein Wesen erst einmal auf diesem Planeten inkarniert ist, muss es immer wieder inkarnieren, um seine Lektionen zu lernen. Dies geht so lange weiter, bis es ein vollkommenes Wesen wird. Manche Pferde haben das Gesetz von Ursache und Wirkung aktiviert und damit Karma geschaffen. Andere behielten trotz Provokation ihre Reinheit bei und stiegen in einem Lichtblitz auf. Sie kehrten zu Lakumay zurück und warteten auf die Erhöhung der Frequenz auf der Erde, damit sie zurückkommen konnten, um der Menschheit zu helfen. Jetzt helfen sie uns als Einhörner in Geistkörpern.

Weil sich die Frequenz auf der Erde in den letzten Jahren erhöht hat, haben viel mehr Pferde den Menschen, die sie missbraucht haben, vergeben, sind an ihren Herausforderungen gewachsen, haben sich ihren reinen Geist bewahrt und sind wieder in die Einhornreiche aufgestiegen. Ich kenne zwei Menschen, die das Glück hatten zu erleben, wie ihre schönen weißen Pferde diesen Übergang vollzogen haben, erleuchtet wurden und sich in Einhörner verwandelt haben. Beide beschrieben mir dies als das Außergewöhnlichste und Schönste, das sie je gesehen haben.

Die Rückkehr der Einhörner auf die Erde

1987 fand die harmonische Konvergenz statt, eine spezielle Planetenkonstellation, die den Beginn der 25-jährigen Reinigungsperiode vor dem kosmischen Moment 2012 ankündigte. In diesem Moment öffnete sich das Sternentor der Lyra (Leier) einen Spalt, und einige Einhörner nutzten die Gelegenheit, hindurchzuschlüpfen und auf die Erde zu kommen.

Im Jahr 2015 geschahen einige Dinge. Es gab ein erhöhtes Auftreten von Supermonden. Das sind Vollmonde, die auftreten, wenn der Mond auf seiner Umlaufbahn der Erde am nächsten ist. Das sind echte Einhornmonde, denn diese erstaunlichen spirituellen Wesen strömen auf den Planeten, wenn Supermonde uns mit ihrem Licht beehren.

Außerdem wurde das Sternentor der Lyra (Leier) ganz geöffnet, um mehr Einhörnern mit hoher Frequenz Zugang zur Erde und zur Menschheit zu ermöglichen.

Die spezielle Ausrichtung bestimmter Sterne, die Öffnung vieler Portale, die Reaktivierung des Großen Kristalls von Atlantis und die Unterstützung der Drachenreiche führten dazu, dass weltweit immer mehr Menschen ihre fünfdimensionalen Chakren herunterbrachten, in ihren physischen Körpern verankerten und damit die erste Stufe der Aufstiegsleiter betraten. All dies ließ mehr Einhornenergie zur Erde fließen. Plötzlich hatten die Menschen überall eine unterschwellige Erinnerung daran. Dies spiegelte sich im Aufkommen von Einhornspielzeug ebenso wider wie in Einhornbildern, die für Merchandising aller Art eingesetzt wurden. Jedes Mal, wenn eine Person ein Einhorn sah, erinnerte es sie an das, was sie unbewusst bereits wusste, und machte sie offen für sein Licht.

Jetzt, da die Erde sehr schnell aufsteigt, rollt eine neue Einhornwelle über den Mond auf sie zu. Sie werden dann durch das Kausalchakra jener Menschen heruntergestuft, die ausreichend entwickelt sind, um ein Portal bereitzustellen, durch das sie eintreten können. Ich werde später in diesem Buch noch näher darauf eingehen.

Endlich haben wir uns das Recht verdient, erneut von Einhörnern unterstützt zu werden. Millionen von Menschen haben genug Licht ausgestrahlt, um sie wieder auf diesen Planeten zu ziehen.

Wir können uns glücklich schätzen,
dass die Einhörner noch einmal auf die Erde gekommen sind,
um uns zu helfen.

Wenn du eine magische Verbindung zum Einhornlicht herstellen möchtest, kannst du die folgende Übung ausprobieren:

Eine magische Verbindung zu Sirius und zum Mond herstellen

- Geh, wenn möglich, in einer klaren Nacht nach draußen, und schau in den Himmel. Auch wenn du die Sterne und den Mond nicht wirklich sehen kannst, sind sie da, und du kannst eine energetische Verbindung zu ihnen herstellen.
- Sag zu dir selbst: »Ich verbinde mich jetzt mit Sirius und bitte das Einhornlicht, mich zu berühren.«
- Halte kurz inne, und achte darauf, wie du dich fühlst.
- Sag zu dir selbst: »Ich verbinde mich jetzt mit dem Mond und bitte das Einhornlicht, mich zu berühren.«
- Halte erneut kurz inne, und achte darauf, wie du dich fühlst.

Ob du dir dessen bewusst bist oder nicht: Zwischen dir, Sirius und dem Mond hat sich eine Schnur aus reinweißem Licht gebildet. Die magische Verbindung ist hergestellt worden.

Kapitel 2
Einhorninformationen

Hier erhältst du ein paar grundlegende Informationen zu Einhörnern.

Das Einhorn und seine Form

Als großartiges Lichtwesen kann ein Einhorn jede Form annehmen. Ein Einhorn kann entscheiden, dir als Licht, als Orb, als Diamant und in jeder beliebigen Farbe zu erscheinen. Allerdings lieben und respektieren Einhörner die Pferdegestalt, die vom Ursprung und vom Intergalaktischen Rat für sie gewählt wurde. Sie steht für Kraft und Freiheit. Daher erscheinen sie normalerweise als reinweiße Pferde, und so stellen mystische Maler oder Bildhauer sie normalerweise auch dar.

Ein Einhorn ist vollkommen erleuchtet. Daher ist das dritte Auge auf seiner Stirn weit offen und strahlt ein Licht aus, das so hell ist, dass es fest wirkt und die Form eines spiralförmigen Horns annimmt. Wenn dich ein Einhorn mit seinem Horn berührt, bringt es Erleuchtung oder Heilung und erhöht deine Frequenz. Es kann geistige Informationen direkt in dein Bewusstsein herunterladen und sogar Licht in eines oder mehrere deiner Chakren strahlen, um tiefgreifende Veränderungen in dir zu bewirken. Manchmal gießt ein Einhorn einen Lichtregen über deine Energiefelder aus und segnet dich damit.

Wenn ich mich in diesem Buch auf das Einhorn beziehe, schließe ich den Pegasus und das Unipeg ein.

Was ist ein Pegasus?

Ein Pegasus ist eine Form der Einhornenergie mit einem voll entwickelten Herzchakra, das so weit geöffnet ist, dass die Strahlen, die davon ausgehen, ätherische Flügel bilden. Deshalb wird der Pegasus als reinweißes Pferd mit Flügeln wahrgenommen. Er ist aufgestiegen, und einige seiner Artgenossen verbringen Zeit auf der Venus, dem kosmischen Herzen, wenn sie zum ersten Mal in diesem Universum ankommen. Dies hilft ihnen, ihr Herzchakra zu entwickeln. Ein Pegasus liebt es, dich in seine Lichtflügel zu hüllen.

Was ist ein Unipeg?

Ein Unipeg ist sowohl im Geist als auch im Herzen voll entwickelt. Daher hat es ein Horn der Erleuchtung und Flügel.

Die Dimensionen

Die Menschen sprechen vom »siebten Himmel« und meinen damit die Engelreiche der Herrlichkeit, der Harmonie, der Liebe und des Glücks. Tatsächlich beziehen sie sich auf das Frequenzband der siebten Dimension. Auf dieser Ebene leben sehr viele Einhörner. Diese Einhörner, die in Frequenzen der neunten und zehnten Dimension schwingen, leben in einem noch schnelleren Wellenbereich. Ihr Licht und ihre Freude sind so hell und schön, dass sie fantastisch sind. Einige von ihnen berühren die Menschen auf der Erde jetzt mit ihrem unvorstellbar reinen Licht.

Eigenschaften eines Einhorns

Einhörner haben eine weibliche Energie. Dennoch bleiben sie stets ausgeglichen und helfen dir, ins Gleichgewicht zu kommen. Sie können Weisheit, Liebe, Mitgefühl, Heilung, Barmherzigkeit, Freude, Frieden und alle göttlich-weiblichen Eigenschaften in dich hineingießen und dir gleichzeitig Kraft, Mut, Vitalität, Würde, Entschlossenheit und andere Eigenschaften verleihen, um dich voranzubringen und in die Lage zu versetzen, auf die richtige Weise aktiv zu werden.

Einhörner bringen deine männlichen und weiblichen Eigenschaften ins Gleichgewicht.

Heilung durch Einhörner

Einhörner sind Heiler. Ihre Gegenwart tröstet und beruhigt dich und hebt deine Frequenz auf eine Ebene, die höher liegt als die irgendeiner Erkrankung. Wenn deine Schwingung schneller ist als die irgendeiner Krankheit, kann sich dieses gesundheitliche Problem nicht mehr manifestieren. Sie muss sich auflösen.

Außerdem ist das Horn eines Einhorns so etwas wie ein Zauberstab, aus dem ein präzises laserartiges Licht fließt, das es genau dorthin lenken kann, wo es gebraucht wird. Einhörner heilen auf jeder Ebene: auf der mentalen, der emotionalen, der physischen und der spirituellen und auch auf einer tiefen und profunden Seelenebene. Sie können Karma auflösen. Jede Heilung nimmt früher oder später Einfluss auf das Physische.

*Einhörner heben deine Frequenz über
die einer Krankheit oder eines Problems.*

Menschen wieder mit ihrem göttlichen Geist verbinden

Einhörner sind Seelenheiler. Sie helfen denen, die irgendeine Art von Verlust oder Trauma erlebt haben. Wenn eine Person als Kind oder sogar als Erwachsener zutiefst verletzt wurde und ihr göttlicher Geist oder Teile ihrer Seele verloren gegangen sind, können diese wieder zurückkehren. Einhörner sind Meister darin, diese Seelenanteile zurückzuholen. Dieser Prozess wird »Seelenrückholung« genannt.

*Einhörner wecken eine Energie in dir, die es dir möglich macht,
dich erneut mit deiner Seele zu verbinden.*

Außerdem sind gegenwärtig viele hochfrequente und sehr sensitive Menschen inkarniert. Manchen von ihnen fällt es schwer, in ihrem Körper zu bleiben, besonders wenn sie von niedriger oder negativer Energie umgeben sind. In einer Art Bewältigungsmechanismus nehmen sie sich selbst die Erdung, und ihre Seele zieht sich ein wenig zurück. Einhörner können bei der Rückholung verlorener Energien helfen und dabei, diese Menschen wieder in ihrem physischen Körper zu verankern.

Die Anwesenheit eines Einhorns

Einhörner in Träumen und in der Meditation
Ich habe den Eindruck, dass heutzutage immer mehr Menschen ihrem Einhorn im Schlaf begegnen. Wenn ein Einhorn in deinen Träumen auftaucht, ist das sehr besonders, denn es hat eine Verbindung zu dir aufgenommen, die einen tiefgreifenden Eindruck auf der Seelenebene hinterlassen kann. Ich werde später noch näher auf Begegnungen mit deinem Einhorn sowie auf Einhörner und Träume eingehen.

Auch in der Meditation nehmen wir oft Verbindung mit Einhörnern auf. Viele Menschen haben mir von ihren Einhornträumen und -meditationen berichtet, und ich habe einige Berichte von ihnen in dieses Buch aufgenommen.

Wenn du die Anwesenheit eines Einhorns erlebst, wie immer dies auch geschieht, kannst du davon ausgehen, dass erstaunliche Dinge geschehen.

Das Baby-Einhorn
Vor ein paar Jahren, nachdem ein außersinnlich begabtes Kind mir von seinen Erlebnissen mit einem Baby-Einhorn erzählt hatte, wurde ich mir allmählich ihrer freudvollen Anwesenheit bewusst. Hier ist Uttes Geschichte über ihre Verbindung mit einem Baby-Einhorn:

> *In der Nähe meines Hauses in Südfrankreich gab es einen Hain, in dem ich gern meditiert habe. In der Mitte stand ein Baum, der wie das Horn eines Einhorns geformt war. Einmal sah ich dort ein großes weißes, weibliches Einhorn, das sich mir als Aurora vorgestellt hat. Als Aurora ein*

anderes Mal zurückkam, folgte ihr ein rosa Baby-Einhorn. Es hieß Minerva und lernte alles von Aurora. Ich sehe sie jetzt oft. Das Baby ist größer geworden und sein Rosa heller. Aurora und Minerva sind immer zusammen, und wenn ich sie brauche oder etwas Besonderes zu tun habe, sind sie bei mir.

Kapitel 3
Überblick über die Engelreiche

Ich habe immer von »Engelhierarchien« gesprochen, bis mich die Engel darauf hingewiesen haben, dass sie Teil der Einheit sind und es keine Trennung und daher auch keine Klassen oder Hierarchiestufen gibt. Sie erinnerten mich daran, dass ein Grundschulkind eine reine und schöne Seele sein kann, obwohl es noch nicht über das Wissen oder die Erfahrung des Schulleiters verfügt. Einer sei nicht besser oder wichtiger als der andere. Daher spreche ich heute von den »Engelreichen«.

Die Engelreiche

Einhörner sind Engelwesen und tragen ein sehr helles, reines Licht in sich, genau wie die Engel, Erzengel, Mächte, Gewalten, Throne, Cherubim und Seraphim. Sie alle operieren auf unterschiedlichen Wellenlängen und erfüllen eine Vielzahl von Aufgaben.

Erzengel und andere Angehörige der Engelreiche haben sich spirituell durch Versuch und Initiation auf eine höhere Frequenz entwickelt. Schutzengel schwingen in einer Frequenz, die eher mit der von Menschen übereinstimmt.

Drachen, uralte, weise, aufgeschlossene Wesen, gehören ebenfalls zu den Engelreichen und strömen jetzt auf die Erde, um der Menschheit und dem Planeten zu helfen. Ihre jüngeren Geschwister, die Elementarwesen, wie Feen, Elfen, Meerjungfrauen und Salamander, entwickeln sich ebenfalls über die Engellinie.

Die Rollen der verschiedenen Engelwesen

Einhörner, Engel und Drachen haben verschiedene Rollen. Es gibt einige Überschneidungen, denn sie sind alle Wesen der Weisheit, des Mitgefühls und der Liebe. Sie sind hier, um uns zu dienen. Weil du als Mensch einen freien Willen hast, müssen die Engelwesen beiseitetreten und beobachten, was geschieht, ohne sich einzumischen, es sei denn, du bittest sie um Hilfe.

Einhörner

Einhörner sind Wesen aus reinweißem Licht, die sowohl das Individuum als auch die Menschheit als Ganzes mit inspirierender Energie versorgen. Sie gehören der siebten bis zwölften Dimension an. Sie singen nicht wie Engel, haben aber die perfekte Vision für die Erde.

Engel

Auch Engel operieren über die Frequenzbänder der siebten bis zwölften Dimension. Schutzengel unterstützen und führen Einzelpersonen. Andere Engel kümmern sich um Projekte, Städte, Länder und sogar Sterne. Weil gegenwärtig das Energieniveau auf der Erde steigt, treten immer mehr höhere Engel auf den Plan, um uns zum Aufstieg zu führen.

Engel wachen über uns oder richten aktiv ihr Licht auf uns, um uns zu inspirieren.

Drachen
Drachen sind weise, liebevolle Wesen. Sie haben Flügel wie Engel, die Erweiterungen ihres Herzzentrums sind. Sie operieren von der vierten Dimension bis in die höchsten Ebenen. Drachen der vierten Dimension können tief in dichte Energien eintauchen und diese klären, was Engel und Einhörner nicht können. Sie können auch Materie materialisieren und entmaterialisieren. Derzeit sind viele hoch entwickelte Drachen aus anderen Sternensystemen und Galaxien auf die Erde gekommen, um ihre Weisheit und ihr Wissen mit uns zu teilen.

Engel und Drachen arbeiten über das Herz,
während Einhörner mit der Seele arbeiten.

Die Elementarreiche

Feen, Elfen, Zwerge, Kobolde und Meerjungfrauen, die sich um die Naturreiche kümmern, gehören alle zu den Elementarreichen. Diese Wesen operieren zwischen der dritten und fünften Dimension.

Wenn wir wieder die Analogie einer Schule nehmen, sind die Elementare die jüngeren Geschwister der Engel und Einhörner. Sie sind die Vorschulkinder, während die Einhörner und Seraphim die Schulleiter sind.

Feen, Elementarwesen der Luft, arbeiten mit den Einhörnern zusammen. Beispielsweise können mächtige Einhörner eine

Friedensflamme über einer Stadt entzünden, um den Einwohnern ein Gefühl der Sicherheit zu geben. Wenn sie dann weitergezogen sind, werden Feen diese Energie verankern, sodass sie länger anhält.

Während Menschen alle vier Elemente – Feuer, Erde, Luft und Wasser – in ihrer Struktur haben, haben Einhörner und die meisten Erzengel nur das Luftelement. Drachen und Elementarwesen können bis zu drei Elemente haben.

Jedes Geschöpf im Kosmos entwickelt sich weiter. Wenn beispielsweise Feen, die bereits der fünften Dimension angehören, in die nächste Klasse aufsteigen, werden sie zu Engeln.

Kapitel 4
Deine persönlichen Helfer und Begleiter

Du hast ein persönliches Einhorn, einen Schutzengel und einen Drachenbegleiter, die nur darauf warten, mit dir in Verbindung zu treten. Wer sind diese persönlichen Helfer?

Einhörner

Wenn deine fünfdimensionalen Chakren offen und aktiviert sind, nimmst du allmählich Kontakt zu deinem Höheren Selbst oder deiner Seele auf. Dann fängt dein Licht wirklich an, zu scheinen. Einhörner suchen die Menschheit nach den Individuen ab, deren Licht an ist, und sobald sie sehen, dass du bereit bist, kommen sie zu dir. Sie bewahren eine hohe, reine Energie und gießen ihr weißes Ursprungslicht über dich.

Die Rolle deines persönlichen Einhorns
Dein Einhorn wacht über deine Energie, und wenn du reine Absichten hast oder die Vision, anderen zu helfen, kommt es sofort zu dir. Sobald dein Licht hell genug ist, ist es bei dir, inspiriert und erleuchtet dich und überschüttet dich mit seinem

Segen. Es arbeitet auf der Seelenebene mit dir zusammen, hilft dir, deinen Lebenszweck zu erfüllen, und bringt dir Freude und Vergnügen. Wenn du den Mut verlierst, gießt es sein Licht über dich oder berührt deine Chakren und aktiviert sie, um dich zu ermutigen und dich auf deiner Reise zu stärken und zu unterstützen. Wenn du einen Wunsch hegst, der dir Seelenzufriedenheit und Erfüllung bringen wird, trägt es ihn zur Quelle und lässt ihn dort aktivieren. Es lässt auch Seelenqualitäten wie Liebe, Mut, Verständnis, Weisheit und Kraft in dich einfließen und trägt so dazu bei, dass deine Vision Wirklichkeit wird.

Dein Einhorn nimmt Verbindung mit dir auf, wenn du dein Leben dazu nutzen willst, um anderen zu dienen.

Dein Einhorn lässt sein Licht ständig für dich leuchten, umgibt dich aber auch mit der reinsten Liebe und sendet dir immer nur so viel Licht, wie du bewältigen kannst.

Es erhöht auch deine Frequenz, sodass du dich bei Bedarf über eine Situation erheben kannst. Es hat immer das Wachstum deiner Seele, deiner Gemeinschaft und der Welt im Sinn und hilft dir, Dinge und Menschen aus einem erleuchteten Blickwinkel zu sehen.

Im Goldenen Zeitalter von Atlantis kannten die Menschen ihr persönliches Einhorn. Wenn du also damals inkarniert warst, hast du eine Seelenverbindung mit deinem Einhorn, und es wartet nur darauf, sich wieder mit dir zu verbinden, sobald du dazu bereit bist. Es ist vielleicht schon bei dir. Diese Liebesbande lösen sich nie auf.

Schutzengel

Jeder von uns hat einen Schutzengel, der während seiner gesamten Seelenreise bei ihm bleibt, unabhängig davon, wie sehr seine Frequenz abfällt.

Die Rolle deines Schutzengels
Dein Schutzengel kümmert sich um dich und beschützt dich. Er überschüttet dich mit bedingungsloser Liebe, was auch immer du tust. Wenn du einen Herzenswunsch hast, wird dein Engel ihn verwirklichen, solange deine Seele dies zulässt.
Dein Schutzengel ist bei dir, wenn du geboren wirst und wenn du stirbst. Er ist bei der Befragung, die stattfindet, bevor dein Leben beginnt, anwesend. Er rettet dich vor Unfällen oder vor dem Tod, wenn dies nicht deinem höchsten Wohl dient oder Teil deines Schicksals ist. Er hat die göttliche Blaupause für dein Leben und wispert dir Anweisungen zu, die es dir ermöglichen, deinen höchsten Weg zu gehen. Du hast die Wahl, ob du sie dir anhörst oder nicht! Dein Engel orchestriert auch die Zufälle und Synchronizitäten, die es dir ermöglichen, die richtigen Menschen zu treffen und zur rechten Zeit am rechten Ort zu sein.

Drachen

Drachen sind unglaublich alte, weise und aufgeschlossene Wesen. Die meisten von ihnen haben sich nach dem Untergang von Atlantis von diesem Planeten zurückgezogen. Einige von ihnen, die zur Erde gehörten, sind jedoch geblieben und schützen den Planeten nun schon seit Tausenden von Jahren. Wie die Einhörner strömen jetzt auch Millionen dieser weisen Wesen hierher zurück, um uns zu helfen. Neben unseren lokalen Drachen sind jetzt auch die Drachen von vielen anderen Planeten und Existenzebenen hier, um Menschen, Tieren und dem Planeten zu helfen.

Die Rolle deines Drachenbegleiters

Drachen bestehen aus den Elementen Feuer, Erde, Luft oder Wasser, aber nicht aus allen zusammen. Dein Begleitdrache kann aus nur einem Element bestehen, normalerweise dem, das mit deinem Geburtszeichen in Verbindung steht. Es ist aber wahrscheinlicher, dass er zwar überwiegend aus einem Element besteht, aber von bis zu zwei anderen beeinflusst wird.

Dein Drachenbegleiter beschützt dich. Er kümmert sich um dich, wenn du schläfst, und säubert deine Umgebung von niederen Energien. Er ist ungemein loyal und bleibt sehr nah bei dir, wenn du die Verbindung mit ihm erst einmal hergestellt hast. Er wird deinen Weg beleuchten.

Dein persönliches Einhorn, dein Schutzengel und dein Drachenbegleiter lieben dich alle bedingungslos und sehen das Beste in dir.

Um Hilfe bitten

Welchen dieser Helfer solltest du um Hilfe bitten, und was ist die beste Art, dies zu tun?

Für dich selbst

Wenn du zu irgendeiner Zeit Hilfe brauchst, dann rufe zuerst die Drachen an und bitte sie, alle dichten Energien aufzulösen.

Bitte dann die Engel, dich in Licht einzuhüllen, und rufe schließlich die Einhörner an und bitte sie, Ströme aus weißem Licht über dich auszugießen.

Herausfordernde Situation
Wenn du dich in einer herausfordernden Situation befindest, dann rufe die Drachen an und bitte sie, in die dunkelsten Energien einzutauchen und sie aufzulösen. Drachen der vierten Dimension, die tiefe Energien vernichten können, werden automatisch antworten. Bitte dann die Engel, die Energie rund um die Situation so hoch wie möglich zu halten sowie schöne Eigenschaften, Liebe und Licht herbeizusingen. Bitte schließlich die Einhörner, über die Situation oder den Standort zu fliegen und reinweißes Licht darüber auszugießen.

Wenn du im Fernsehen oder in den sozialen Medien eine schwierige Situation wie eine Naturkatastrophe oder eine humanitäre Krise siehst, dann kannst du Drachen dorthin senden, um die Dichte in dem Land selbst umzuwandeln. Bitte dann die Engel, die Menschen dort in Liebe einzuhüllen und die Gegend in goldenem Licht zu baden. Drittens bittest du, wie oben, Einhörner über die Situation zu fliegen und weißes Licht darüber auszugießen.

Einen Raum reinigen
Wenn du dich irgendwohin begibst, dann kannst du Drachen vorab bitten, den Ort von niederen Energien zu befreien. Bitte Engel, wie oben, dich in ihrem Licht zu baden, und Einhörner, über dir zu fliegen. Dann befindest du dich in einem Kokon der vollkommenen Engelliebe. Das kannst du mit deinem Büro, deinem Therapieraum, deinem Klassenzimmer oder einem

beliebigen Wohn- oder Arbeitsbereich tun. Es dauert nur einen Moment.

Du kannst den Kokon um dich selbst, eine andere Person, einen Ort oder eine Situation legen. Hier einige Beispiele:

Einen Kokon aus Engellicht für eine sichere Reise schaffen

- Wenn du in deinem Fahrzeug sitzt, sei es ein Auto, ein Schiff, ein Zug, ein Flugzeug oder etwas anderes, dann rufe Drachen herbei und sieh oder spüre sie ankommen.
- Bitte einen von ihnen, vor dir herzufliegen und niedere Energien aus dem Weg zu räumen, während die anderen in Formation um dich herumfliegen.
- Rufe Engel herbei. Nimm wahr, wie goldene Engel die Energie rund um das Transportmittel, in dem du dich befindest, aufrechterhalten.
- Rufe Einhörner an. Sieh sie über dir, und nimm wahr, wie sie deine Reise mit einem Strom aus weißem Licht segnen.
- Du befindest dich in einem Kokon aus wundersamen Engelwesen. Entspanne dich, und vertraue darauf, dass du absolut geschützt bist.
- Vergiss nicht, dich bei ihnen zu bedanken, wenn du dein Ziel erreicht hast.

Einen Kokon aus Engellicht zur Heilung eines Kriegsgebiets schaffen

Wenn du meditierst oder visualisierst, ist es sehr wichtig, dass der Raum um dich herum sauber und vor allem hell ist. Genau wie sich Schmutz und Staub in den Ecken ansammeln, sammeln sich auch psychische Spinnweben an. Wenn du nicht unterwegs meditierst, sind hier ein paar Dinge, die du tun kannst, um sicherzustellen, dass dein Raum wirklich blitzsauber ist:

- Bitte die Luftdrachen, alle niederen Schwingungen weg- und alle höheren einzublasen.
- Setze Klangschalen oder Zimbeln ein, um alte Energien aufzulösen.
- Klatsche und singe »Om« in den Ecken. Das bricht festsitzende Energie auf und ersetzt sie durch neue.
- Lege Amethystkristalle in die Ecken.

Um einen Kokon aus Engellicht um ein Kriegsgebiet zu legen, kannst du Folgendes tun:

- Stell dir den Ort vor deinem inneren Auge vor.
- Bitte viele Drachen, dorthin zu eilen.
- Sieh, wie sie in die niederen Energien eintauchen und sie verschlingen.
- Schau dann zu, wie sie das Land in seinen tiefsten Tiefen erforschen, um die in der Erde festsitzende Energie zu befreien.

- Bitte die Engel, ihre goldenen Flügel um die Menschen zu legen, die dort sind.
- Bitte die Einhörner, reinweißes Ursprungslicht über die Gegend auszugießen.
- Sieh alle Dinge und alle Menschen dort in einem Kokon aus Engellicht.
- Sei dir bewusst, dass dein Mitgefühl einen Unterschied gemacht hat.
- Vergiss nicht, dich bei den Engeln, Drachen und Einhörnern zu bedanken.

Kapitel 5
Auf Einhörner einstimmen

Einhörner nehmen in dem Moment Verbindung mit dir auf, in dem du an sie denkst. Und sie ermutigen dich permanent, deine Energien zu reinigen, damit die Verbindung immer klarer und immer stärker wird. Millionen Menschen sind bereits auf ihrem Aufstiegspfad und strahlen wunderschönes Licht aus, sodass die Einhörner durch sie wirken können.

Wenn du auf die Einhörner eingestimmt bist, erleuchten sie den rechten Aufstiegspfad für dich. Außerdem lassen sie deine Aura erstrahlen, und zwar jedes Mal, wenn du sie in der Meditation anrufst oder über sie sprichst oder eine Visualisierung mit ihnen machst. Sie berühren deine Energiefelder oder deine spirituellen Zentren, normalerweise dein Herzchakra oder dein drittes Auge, mit ihrem Horn aus Licht.

Wahrscheinlich erkennst du selten, wie viele Einhörner dir gerade helfen. Dir ist wahrscheinlich auch nicht klar, wie sehr die Aufstiegsarbeit, die du bereits an dir selbst geleistet hast, es der Einhornenergie möglich gemacht hat, den Planeten zu fluten.

Hier ist ein Beispiel dafür, wie die Einhörner dein Schicksal voranbringen, sobald sie Verbindung mit dir aufgenommen haben. Franziska Siragusa ist eine der leitenden Lehrerinnen an der

Diana Cooper School of White Light. Das erste Einhorn, das sie gesehen hat, sah aus wie ein älterer Schimmel, ein bisschen stämmig und nicht sehr groß. Es hatte ein Horn aus Licht und nannte sich Ezeriah. Als es auftauchte, war sie absolut begeistert und freute sich. Einhörner bringen Dinge ins Rollen. Und als Franziska ein paar Tage später vom Betreiber eines spirituellen Zentrums gebeten wurde, einen Workshop über Einhörner zu halten, wusste sie, dass Ezeriah hinter der Einladung steckte. Sie sagte zu, obwohl sie damals ziemlich introvertiert und keine gute Rednerin war und sich sehr davor fürchtete, einen Workshop zu halten! Sie hatte keinerlei Erfahrung damit, anderen etwas beizubringen, erkannte aber, dass dies eine einmalige Gelegenheit war. Sie wusste, dass sie es einfach tun musste, und sie hat es in der Tat gemacht. Es hat sie auf einen wunderbaren neuen Weg geführt, als spirituelle Lehrerin. Dies ist ein typisches Beispiel dafür, dass Einhörner das Licht des Dienens in einem Menschen sehen und ihm dann einen kleinen Schubs und die Eigenschaften, die er braucht, geben, um seinen Lebensweg zu gehen.

Kürzlich, als Franziska einen Kurs über lemurische Heilung gab, tauchte Ezeriah in einer viel ätherischeren Gestalt auf. Er sah jünger aus als vorher und anmutiger. Am meisten fielen ihr seine Augen auf. Sie waren sehr klar und leuchtend.

Als sie einen Vortrag über Atlantis hielt, sagte einer der Studenten, der hellsichtig war, er könne ein sehr großes Einhorn bei ihr sehen. Es wirkte viel größer als ein übliches Pferd und nannte sich Simsa. Dieses Einhorn half Franziska, ihre Macht in Anspruch zu nehmen, und unterstützte sie, was ihr die Leitung des Kurses erleichterte. Sie sagte, es sei für sie und die Teilnehmer transformierend gewesen. Da war unglaublich viel Begeisterung und Freude in der Gruppe. Es wurde viel gelacht, und die Verbindung zwischen den Teilnehmern war wunderbar. Franziska stellte auch erstaunt fest, dass sie mehr als ein Einhorn haben konnte, das ihr den Weg wies.

Und dann tauchte Sarah auf. Sie bezeichnete sich selbst als Diamant-Einhorn der neunten Dimension und erschien mit Diamanten in ihrer wunderschönen Mähne. Sie erklärte, dass Diamant-Einhörner mit diesen wunderbaren Edelsteinen arbeiten, um Reinheit in die Welt zu bringen. Franziska beschrieb sie als wunderschön und anmutig. Sie war reine Liebe. Franziska sagte, ihre Energie sei ganz anders als die der beiden anderen Einhörner, weil sie eine viel höhere Frequenz habe und ein weibliches Einhorn sei. Franziska hatte das Gefühl, die Begegnung mit ihr sei ein sehr wichtiges Ereignis in ihrem Leben gewesen, denn Sarah hatte sie ermutigt, ein Buch über Einhörner zu schreiben, und sie mit entsprechenden Informationen versorgt. Und nachdem sie die Verbindung zu ihr erst einmal hergestellt hatten, brachten die Einhörner Franziska auch weiterhin auf ihrem Weg voran.

Gegenwärtig ändert sich alles für uns alle. Einhörner haben uns eine derart riesige Welle ihres Lichts geschickt, dass ihre Darstellungen überall sind. Kinder lieben sie. Menschen sprechen über sie. Wenigen ist allerdings klar, dass Einhörner echte Wesen sind, die Gebete erhören und das Leben der Menschen wirklich verändern können. Aber die Welle nimmt Fahrt auf.

Einhörner sind echte Wesen,
die Gebete erhören.

Das ging mir eines Tages durch den Kopf, als ich mit meinen Hunden Gassi ging. Als ich an einer Mutter mit Kind vorbeiging, bückte sich die Mutter, um das Kuscheltier des Kindes aufzuheben, und sagte: »Du hast dein Einhorn verloren.« Sofort sah ich einen weißen Lichtblitz. Ein Einhorn war bei ihnen. Für einen Moment ließ es sie aufleuchten, und mir wurde klar, warum die Einhörner beschlossen hatten, ihre Gegenwart durch eine Welle von Spielzeug und Merchandising erfahrbar zu machen. Jedes Mal, wenn jemand ein Spielzeugeinhorn oder ein Einhornbild bemerkt, haben die Einhörner Zugang zu ihm oder ihr. Auf diese Weise berühren sie buchstäblich jeden Tag Millionen von Menschen. Kein Wunder, dass ihre Frequenz überall steigt.

Einhörner berühren Menschen
aus allen Gesellschaftsschichten.

Wenn du ein Lehrer oder eine Lehrerin bist und deine Schüler wirklich inspirieren und echte Informationen an sie weitergeben willst, dann spiegelt sich deine Absicht in dem Licht wider, das du ausstrahlst. Ein Einhorn wird zu dir kommen und deine spirituellen Zentren wecken. Es wird sie mit den Schlüsseln und Codes erfüllen, die es dir möglich machen, deine Schutzbefohlenen dahingehend zu beeinflussen, dass sie die Informationen aufnehmen und verarbeiten können.

Wenn du ein Schüler oder eine Schülerin bist und lernen möchtest, damit du deinen Seelenauftrag erfüllen kannst, spiegelt sich dies in deinen Energiefeldern wider. Wieder wird ein Einhorn Licht in dich hineingießen, damit du aufnehmen kannst, was du brauchst. Das Einhorn gibt dir auch Entschlossenheit und Kraft und macht dich stärker.

Vielleicht bist du ein ehrlicher Politiker oder eine Politikerin mit der Vision, das Leben der Menschen zu verbessern, denen du dienst. Dann wird dich die Einhornenergie unterstützen und dir das Charisma und die Kraft geben, die du brauchst.

Du könntest auch eine integre Anwältin oder Unternehmerin sein, deren Energie im Einklang mit dem Paradigma für das neue Goldene Zeitalter ist. Wenn ja, kannst du einen regelrechten Schub an Unterstützung aus dem Einhornreich erwarten.

Ärztinnen und Krankenpflegerinnen, die wahre Hingabe an den Tag legen, ziehen oft die Aufmerksamkeit von Einhörnern auf sich. Je mehr weibliche Energie der Mediziner (oder sonst jemand) in sich trägt, desto leichter können sich die Einhörner mit ihm verbinden. Die göttlich-weiblichen Energien sind Empathie, Liebe, Hingabe, Weisheit, Fürsorge und der Wunsch, zu heilen und zu dienen.

Für die meisten Menschen ist Elternschaft die wichtigste Seelenaufgabe, die sie in ihrem Leben erfüllen wollen. Eine neue Seele in diese Welt zu bringen, gilt als unglaublich wichtig und als große Verantwortung. In dem derzeit herausfordernden Klima wird diese Rolle oft als zweitrangig angesehen, denn in erster Linie geht es darum, Geld zu verdienen, wenn nicht gar genug zu verdienen, um davon leben zu können. Aber wenn du der Seele, die du in die Inkarnation gebracht hast, wirklich dienen willst, wird dir dein Einhorn helfen, wenn du es darum bittest. Ich war begeistert, als mir eine Mutter ein Foto von ihrem Baby schickte, das in einem Einhorn-Orb badet. Das war wirklich ein magischer und freudvoller Anblick.

Es gibt Menschen, deren Licht so hell scheint, dass sich Einhörner automatisch zu ihnen hingezogen fühlen. Andere müssen darum bitten. Wenn sie jedoch bereit sind, Einhornenergie zu erhalten, wird ein Einhorn von ihren Bitten angezogen und gibt ihnen alle Eigenschaften, die sie brauchen. Sally Norden erzählte diese schöne Geschichte:

Ich habe mein Einhorn Stewy vor etwa zehn Jahren kennengelernt. Es hat einen langen Namen, der mit S anfängt, aber ich konnte ihn nicht aussprechen, also sagte es: »Du kannst mich Stewy nennen.« Es kam während einer Meditation mit meinen Geistführern zu mir und sagte: »Ich kann dir mit allem helfen, was du brauchst. Frag mich einfach.«

Normalerweise kommt es einfach angaloppiert! Anfangs hatte es ein wunderschönes goldenes Horn, aber jetzt scheint sich die Farbe zu verändern, je nachdem, welche ich gerade brauche. Als ich noch mit meinem Ex zusammen war, kam es meistens mit schwebenden Herzen um den Kopf herein und freute sich für mich. Wenn jedoch etwas Negatives in der Luft lag, normalerweise Lügen, senkte das Einhorn den Kopf, fast drohend.

Doch das ist Vergangenheit. Jetzt rufe ich Stewy oft herbei. Es bringt mich dazu, meine Hand auf sein Horn zu legen, und ich bekomme eine Ladung von allem, was es für nötig hält. In letzter Zeit strahlt sein Horn alle Regenbogenfarben aus. Das ist einfach wunderbar. Es hat mir Selbstvertrauen, Ausdauer und bedingungslose Liebe gegeben. Die Energie, die es abgibt, ist sehr stark und doch sanft. Es ist ein lebenslustiges Einhorn, und ich bin so dankbar, es getroffen zu haben.

Ich arbeite mit Kindern, und wenn sie mich danach fragen, sage ich, dass ich mein eigenes Einhorn habe und dass es Stewy heißt. Wenn sie fragen »Gibt es das Einhorn wirklich?«, antworte ich: »Also, ich kann es sehen.«

»Kann es jetzt hier hereinkommen?«
»Könnte es, wenn ich es darum bitte.«
»Könnte ich es dann auch so sehen, wie du es jetzt sehen kannst?«
»Sollen wir es mal versuchen?«
Bis jetzt hat noch niemand anderes es gesehen, aber ich weiß, dass es da ist und dass es wunderschön ist. Und nur darauf kommt es an.

Deine Einhornvision

- Setze dich ruhig hin, und lass dir eine Vision einfallen, um anderen zu helfen.
- Konzentriere dich auf die Aspekte, die jemandem Liebe, Ermächtigung, Hoffnung oder irgendeinen anderen Vorteil bringen.
- Spüre, wie sich diese Vision zu einer Kugel aus weißem Licht formt.
- Lass diese Kugel immer größer und strahlender werden.
- Setze diese Kugel gedanklich auf die Krone deines Kopfes und lass sie funkeln.
- Sieh oder nimm wahr, wie ein Einhorn von diesem Licht über dir angezogen wird.
- Spüre, wie du von der Einhornenergie erleuchtet wirst.
- Mach eine Pause, in der du die Eigenschaften aufnimmst, die in dich heruntergeladen werden.
- Bedanke dich bei dem Einhorn.

Einstimmung auf dein persönliches Einhorn

Während du dieses Buch liest, verbindest du dich immer enger mit deinem persönlichen Einhorn. Um diesen Prozess zu beschleunigen, findest du hier eine ICH-BIN-Einstimmung, mit der du eine Verknüpfung zu seiner Energie herstellen kannst.

Eine ICH-BIN-Einstimmung oder -Verfügung bestätigt, dass deine Monade, dein ursprünglicher göttlicher Funke in absoluter Harmonie mit dem verschmilzt, was du benennst. Wenn dies der Fall ist, kannst du auf der höchstmöglichen Frequenz energetisch mit deinem Einhorn verschmelzen und seine liebenswürdigen Eigenschaften und Heilkräfte durch dich hindurchfließen lassen und an andere weitergeben. Du kannst sie in Kristalle platzieren oder Wasser damit energetisieren oder sie auf irgendeine andere Weise verwenden, die sich richtig anfühlt.

Auf dein Einhorn einstimmen

- Suche dir einen ruhigen Ort, an dem du ungestört bist.
- Sorge dafür, dass du es bequem hast.
- Einhörner arbeiten besonders mit dem dritten Auge und mit dem Herzchakra, und eine besondere Atemtechnik kann deiner Verbindung zu ihnen Energie geben. Atme bequem in dein Herzchakra ein und aus dem dritten Auge wieder aus.
- Spüre, wie dein Herz mit jedem Einatmen wärmer wird.
- Nimm wahr, dass sich dein drittes Auge mit jedem Ausatmen mehr und mehr öffnet, bis du sehen oder spüren

kannst, wie sich ein Horn der Erleuchtung aus deiner Stirn schraubt.
- Mach damit weiter, solange es sich richtig anfühlt.
- Visualisiere eine Kugel aus weißem Licht um dich herum, sobald du dazu bereit bist. Das wird dich mit der Einhornfrequenz in Verbindung bringen.
- Spüre, wie sich die Kugel bei jedem Ausatmen mit funkelndem diamantweißem Licht füllt. Nimm dir Zeit dafür.
- Bei jedem Einatmen füllt sich dein Herz mit reinweißer Energie.
- Wenn sich dein Herz ganz voll anfühlt, dann richte deine Aufmerksamkeit auf deine Hände.
- Jetzt fließt mit jedem Ausatmen das Licht aus deinem Herzen in die Chakren in deinen Handflächen, die sich daraufhin immer weiter öffnen. Tu dies mehrmals.
- Sag jetzt laut oder leise zu dir selbst: »Im Licht des Ursprungs bitte ich die Einhörner, ihr glorreiches Licht in mich hinein- und durch mich hindurchzugießen. Ich bin von diesem Moment an auf die Einhornreiche eingestimmt. Es ist vollbracht.«
- Spüre oder nimm wahr, wie das Licht in dich einströmt, und entspanne dich in dieser herrlichen Energie, so lange du willst.

Kapitel 6
Zeichen von den Einhörnern

Einhörner können dich auf vielerlei Arten an ihre Anwesenheit erinnern. Wenn du an sie denkst und plötzlich einen schönen Regenbogen siehst, weißt du, dass ein Lichtwesen in deiner Nähe ist. Und wenn du einen Stern siehst, der am Nachthimmel scheinbar nur für dich funkelt, nimm dir einen Moment Zeit, um seine Energie zu spüren.

Dylan ist der Regisseur des Einhorn-Dokumentarfilms, den wir gerade drehen. Es ist nicht gerade verwunderlich, dass Einhörner kein Teil seines Lebens waren, bis er mich kennenlernte und zum ersten Mal von ihnen hörte. Dennoch war er fasziniert und las mein letztes Buch über Einhörner. An dem Morgen, bevor er den Vertrag für den Film an uns abschickte, ging er mit seinem Hund Gassi. Als er die Hundetüte in den Mülleimer warf, schaute ein Spielzeug-Einhorn dort heraus! Auf dem Weg nach Hause sagte er sich immer wieder: »Das ist ein Zeichen! Das muss ein Zeichen sein!« Und er beschloss, sich eingehender mit Einhörnern zu befassen.

Am Abend brachte er den Vertrag zur Post. Unterwegs kam er an einer Gruppe von drei Personen vorbei. Eine junge Frau sagte: »Ich kann es kaum erwarten, heute Abend mein Einhornhorn aufzusetzen!«

Genau wie Engel hinterlassen auch Einhörner eine Art kleine weiße Federn, mit denen sie dir sagen, dass sie in deiner Nähe sind.

In einer E-Mail teilte mir Asia Golden mit, sie habe vor vielen Jahren mein erstes Buch über Einhörner gelesen und ihnen anschließend unbedingt begegnen oder ein Zeichen von ihnen bekommen wollen. Sie machte eine der Meditationen aus jenem Buch und begegnete einem Pegasus. Sie schrieb:

> *Ich wollte wirklich einen konkreten Beweis dafür, dass sie da sind, so etwas wie die weißen Federn. Tagelang betete ich vergeblich um ein Zeichen ihrer Gegenwart. Aber ich stellte mir immer wieder weiße Federn vor und in der Gegenwart der Einhornsphäre zu sein.*

Schließlich gab Asia auf und sagte sich, dass Einhörner einfach nicht bei ihr waren. Sie ging in ihren Garten und schrieb:

> *Da lag ein buchstäblich gigantischer – und wenn ich gigantisch sage, meine ich gigantisch – Haufen weißer Federn vor meiner Meditationshütte, praktisch aus dem Nichts, und er stammte definitiv nicht von toten Vögeln. Mir war richtig schwindelig! Ich spüre immer noch, wie mein Herzchakra aufgeht, wenn ich an diesen Tag vor vielen Jahren zurückdenke, weil es eine sehr dunkle Zeit in meinem Leben war und die Einhörner mich aufbauten und mir das Gefühl gaben, etwas Besonderes und in Sicherheit zu sein! Und sie schicken mir immer noch weiße Federn, wenn ich Zweifel oder Angst habe, und lassen mich wissen, dass Magie überall ist.*

Manche Antworten sind unmissverständlich. Janis Moody schrieb mir, was passiert war, als sie einen Einhornspaziergang machte. Dabei bestätigt man, dass man mit Einhörnern verschmolzen ist und alles aus einer höheren Perspektive mit ihren Augen der Liebe sieht. Wo immer du spazieren gehst, tust du einfach so, als wärst du ein Einhorn, und segnest Menschen und Orte mit Einhornenergie. Das ist eine ganz besondere und heilige Sache. Janis erklärte, es habe zu jener Zeit massive Regenfälle und Rekordüberschwemmungen in Oklahoma gegeben. Daher hatte sie die Eingebung, einen anderen Weg zu gehen als üblicherweise. Und dort, mitten auf der Straße, lag ein süßes kleines Einhorn aus Porzellan. Es war voller Schlamm. Janis nahm es mit nach Hause, machte es sauber und stellte es zwischen ihre Kristalle. Für sie war dies eine wunderbare Bestätigung, dass Einhörner anwesend waren. Sie schickte mir ein Foto von dem Einhorn zwischen ihren Kristallen, und tatsächlich war es wunderschön.

Die beste Bestätigung für die Anwesenheit von Einhörnern ist deine eigene Reaktion auf sie. Ich liebe diese Geschichte, die Alicia Saa mir geschickt hat:

Ich habe einige Geschichten über Einhörner mit meiner Online-Community geteilt. Am nächsten Tag erhielt ich eine Nachricht von der Mutter eines Jungen mit Downsyndrom. Das Kind liebte Einhörner, aber sein Vater fühlte sich nicht wohl damit und sagte jedes Mal, wenn sein Sohn über Einhörner sprach: »Einhörner sind für Mädchen, nicht für Jungen.«

Als die Mutter die Informationen sah, die ich über Einhörner geteilt hatte, verstand sie, warum der Junge sie so sehr

> mochte. *Ihr Herz fühlte sich plötzlich leichter und lebendiger an als je zuvor, und als ihr Mann nach Hause kam, erzählte sie ihm alles über die Engelreiche und diese großartigen Lichtwesen.*
> *Zu ihrer Überraschung fing er plötzlich an zu weinen. Er ging in das Zimmer seines Sohnes und sagte ihm, wie besonders er sei. Er erzählte ihm auch, dass Engel seine Meinung über Einhörner geändert hätten. Am nächsten Tag ging er mit seinem Sohn ein Einhorn-Stofftier kaufen. Und von diesem Moment an glaubte er unerschütterlich an sie. Seine eigene Reaktion war Beweis genug für den Vater.*
> *Diese Geschichte machte mir so viel Hoffnung!*

Auch die folgende Geschichte stammt von Alicia:

> *Eines Tages wollte ich mit meinem jüngeren Sohn ins Kino gehen. Doch als wir aufbruchbereit waren, sprang das Auto nicht an. Ich sagte zu meinem Sohn, dies sei bestimmt zu unserem Besten und rief die American Automobile Association an, die in weniger als einer Stunde kam und die Autobatterie wechselte. Endlich waren wir bereit loszufahren, und da geschah das Wunder: Wir sahen einen Ballon auf der Straße! Wir hielten an, und mein Sohn stieg aus, um ihn aufzuheben. »Believe in unicorns« (Glaube an Einhörner) stand darauf.*

Sie hat mir ein Foto davon geschickt!

Auch Fiona Sutton schickte mir ein Foto, und als ich es mir anschaue, traute ich meinen Augen nicht. Dazu schrieb sie folgende Geschichte:

Wir wanderten an den wunderschönen Seerosenteichen in Bosherston, Pembrokeshire (Westwales), entlang, als ich die Einhornenergie plötzlich ganz deutlich spürte. Deshalb bat ich die Einhörner mental, sich zu offenbaren, am besten auf einem meiner Fotos. Viele Fotos später machten wir Rast in einer Kneipe. Bis dahin hatte ich meine Bitte ganz vergessen, sodass ich beim Durchsehen meiner Bilder nicht bewusst nach etwas suchte. Aber plötzlich schien mich eines der Bilder regelrecht anzuspringen. Das Licht über der Mitte des Sees wirkte irgendwie seltsam, und obwohl das Bild ziemlich klein war, erschien der klare Umriss eines Einhornkopfes.

Als ich das Bild näher heranzoomte, staunte ich nicht schlecht. Ich konnte zwei Einhörner sehen. Kopf und Hals des einen waren in der Tat sehr scharf, und Augen, Nüstern und Schnauze waren unverkennbar. Von dem Einhorn zu seiner Linken waren nur Teile zu sehen, aber das Horn war nicht zu verwechseln. Je mehr ich sie mir anschaute, desto klarer wurden sie und desto mehr Details konnte ich aufnehmen. Ich war beeindruckt von der Zahl Drei, die ich am Hals des Einhorns sehen konnte. Ich wusste, dass dies eine sehr heilige Zahl ist, die für die Heilige Dreifaltigkeit steht. Tief beeindruckt war ich auch von dem Kreuz im grünen Heiligenschein um seinen Kopf. Als ich das bei Google eingab, fand ich heraus, dass es sich um einen Kreuznimbus handelte, wovon ich noch nie gehört hatte. Ich war überrascht, zu erfahren, dass dieser Kreuznimbus auch für das Christusbewusstsein steht. Und ich weiß aus Ihrem wunderbaren Buch Das Wunder des Einhorns, *dass das Einhorn selbst ein Symbol für das Christusbewusstsein ist. Was für eine erstaunliche Synchronizität!*

Ich schaute mir das Foto an. Die beiden Einhörner spiegelten sich deutlich im See wider. Die Zahl Drei am Hals des einen konnte ich zunächst nicht erkennen, aber dann sah ich sie ganz deutlich. Auch das von einem Heiligenschein umgebene Kreuz war nicht zu übersehen. Und natürlich ist eine klare Spiegelung von nicht nur einem, sondern gleich zwei Einhörnern in einem Teich höchst ungewöhnlich!

In die E-Mail, an die sie das Foto angehängt hat, hatte Fiona noch geschrieben:

Ich empfinde es wirklich als Segen, dass ich dieses Foto machen konnte. Es ist mir besonders wichtig, denn nur vier Tage, bevor ich es aufgenommen habe, sind mir zwei Einhörner in einer Meditation erschienen, und ich habe etwas über sie in mein Tagebuch geschrieben. Das eine habe ich als anmutig und leicht beschrieben und das andere als schwer und majestätisch – seltsamerweise genau so, wie sie auf dem Foto erscheinen. Noch bedeutungsvoller ist jedoch die Tatsache, dass ich, seit ich auf dem spirituellen Weg bin, feststelle, dass mir zwei Einhörner vorangehen, die mir auf Karten erscheinen, in Träumen und sogar in Form einer Statue, die ich von einem verstorbenen Freund bekommen habe.

Einhörner sind wirklich magisch. Das Lesen von Fionas Nachricht und das Betrachten ihres Fotos erinnerten mich daran, mir meine eigenen Fotos viel genauer anzuschauen.

Auch Hara, die einen riesigen weißen Einhornkopf über ihrem Bett hat, schickte mir eine großartige Fotoserie. Sie schrieb:

Eines Tages saß ich traurig in meinem Schlafzimmer und meditierte. Ich fragte mich: »*Gibt es wirklich etwas jenseits des Physischen, jenseits unserer Vorstellungskraft ...? Gibt es einen Gott? Oder denken wir uns das alles aus? Gibt es Engel? Engel, gibt es euch? Seid ihr hier? Hört ihr mich? Könnt ihr mir helfen? Könnt ihr mir etwas zeigen ...?*« *Ich wollte Antworten. Ich wollte Beweise. Ich wollte Kontakt oder eine Verbindung. Irgendetwas. Ich war verzweifelt. Ich sagte:* »*Wenn da draußen etwas ist, dann zeigt es mir! Zeigt mir etwas! Etwas, das ich sehen kann! Ich bin ein physischer Mensch und möchte etwas Physisches sehen! Ich möchte einen physischen Beweis dafür, dass ihr – wer auch immer das ist – existiert!*«
Innerlich brüllte ich wie ein kleines Mädchen, und es war fast lustig. Doch dann veränderte sich die Energie im Raum allmählich. Sie war wie elektrisiert und leicht und freudig. Und ich hörte eine Stimme sagen: »*Okay, jetzt kannst du deine Augen öffnen ...*« *Das tat ich. Und was ich sah, gehörte zu den schönsten Dingen, die ich in meinem ganzen Leben gesehen habe! Was ich sah, als ich die Augen öffnete, waren ein strahlender, wunderschöner, magischer Regenbogen auf einem Einhornkopf und ein großer blassrosa Dunst um ihn herum. Es war ein echter Regenbogen! Aber es hatte nicht geregnet, und es fiel auch kein Sonnenstrahl in diesen Raum. Es war ein grauer, bewölkter Tag. Und doch waren die Farben sehr intensiv. Ich habe noch nie so brillante Farben gesehen. Ich wurde Zeuge von etwas, das so erstaunlich war, dass sich nach ein paar Minuten, in denen ich völlig sprachlos war, meine Augen derart mit Tränen füllten, dass ich nichts mehr sehen konnte. Ich war so*

> *emotional, so begeistert, so erstaunt, so glücklich, dass ich zitterte! Ein paar Minuten lang schaute ich mir nur diesen unglaublichen Anblick an und murmelte vor mich hin: »Wie haben sie etwas so Schönes und Persönliches, etwas so Perfektes und Magisches hinbekommen?«*
> *Ein paar Minuten später war der Regenbogen immer noch da, und sobald ich mir die Tränen abgewischt hatte, bat ich die Einhörner um Erlaubnis, ein Foto davon zu machen, weil ich diesen Anblick nie vergessen wollte. Sie stimmten zu, also rannte ich los, schnappte mir meine Kamera und machte ein paar Bilder! Danach verblasste der Regenbogen allmählich und hinterließ unerschütterlichen Glauben, Vertrauen, Liebe, Glück und Freude. Und ich sagte mir: »Ich glaube, was immer auch passiert!«*

Die Fotos des von einem strahlenden Regenbogen beleuchteten Einhornkopfes waren in der Tat atemberaubend. Mir blieb regelrecht die Luft weg, als ich sie sah. Die geistigen Reiche haben endlose Möglichkeiten, uns Beweise zu liefern.

Kerstin Joost ist Ärztin und Meisterlehrerin an der Diana Cooper School of White Light. Als sie gerade nach Zürich gezogen war, kannte sie sich in der Stadt noch nicht aus. Also wanderte sie willkürlich umher und bat ihr Einhorn, sie zu führen. Irgendwann stand sie vor einem Museum, in dem gerade eine Ausstellung über Buddhismus stattfand. Sie trat ein und wurde bis in den letzten Raum geführt. Zu ihrem Erstaunen befand sich darin ein prächtiges goldenes Einhorn. Ein Einhorn im Buddhismus? Das hatte sie noch nie zuvor gesehen, und ihr war klar, dass ihr Einhorn sie hierhergeführt hatte, um es zu sehen. Auf dem Heimweg bat sie ihr Einhorn, ihr seinen Namen zu verraten. Sie hatte es schon vorher gefragt, aber nie eine Antwort bekommen. Als sie dieses Mal in ihre Wohnung kam, klingelte das Telefon. Ein Mann war dran, der um ärztlichen Rat bat. Er sagte sehr deutlich: »Mein Name ist Lucas und wird mit c geschrieben: Lucas.« Sie wusste sofort, dass dies der Name ihres Einhorns war.

Auch Marilou bekam eine Einhornbotschaft. Sie und ihr Mann verbrachten ihren Urlaub in einem Apartmenthotel in Südspanien. Sie waren schon fast zwei Wochen dort, als ihr Mann eines Morgens beim Frühstück ein Messer aus der Besteckschublade holte, auf dessen Klinge ein Einhorn eingeprägt war. Sie hatten es noch nie gesehen, und es war das einzige seiner Art. Neben dem Einhorn waren die Worte »Kom Kom« eingraviert, die sie als Einladung interpretierten! Also beschlossen sie, sich einen meiner Einhornzooms anzuschauen und verstärkt Verbindung zu den Einhörnern aufzunehmen!

Kapitel 7
Einhornfarben

Manchmal werde ich gefragt: »Was bedeutet es, wenn man ein farbiges Einhorn sieht oder einen Eindruck davon hat? Ist das möglich oder ist es eine Illusion?«

Das ist eine interessante Frage, weil alle Bilder gültig sind und dir Informationen liefern. Manche stammen jedoch aus höheren geistigen Reichen, und andere entstehen vielleicht aus deinen unbewussten Prozessen.

Die Farben der Einhörner

Einhörner strahlen Reinheit aus. Das ist ihre Essenz. Weiß ist die Summe aller Farben, und diese erleuchteten Wesen haben normalerweise eine weiße Ausstrahlung. Ein Einhorn kann jedoch beschließen, einen bestimmten Aspekt seiner Göttlichkeit zu offenbaren und daher möglicherweise eine bestimmte Farbe haben. Wenn es eine Pastellfarbe ist, die klar und von reiner Qualität ist, solltest du sie als Botschaft aus dem Einhornreich akzeptieren. Wenn es sich um ein trübes, schmuddeliges, grelles oder undurchsichtiges Bild handelt, stammt es wahrscheinlich aus deinem persönlichen Unbewussten und möchte erkundet werden.

Gelegentlich berichten Menschen, dass ihnen ein schwarzes Einhorn begegnet ist. Wir bringen schwarze Pferde manchmal mit Gier, Macht und Kontrolle über andere in Verbindung, aber ein seltenes schwarzes Einhorn steht für das Geheimnisvolle, für Magie und Transformation. Wenn ein schwarzes Einhorn zu dir kommt, frage dich, wie es sich anfühlt, bevor du es akzeptierst. Es könnte gekommen sein, um eine Idee zu fördern oder deine Weisheit voranzubringen.

Das Auftauchen eines blassrosa Einhorns ist ein Zeichen dafür, dass es dich mit reiner transzendenter Liebe berührt.

Ein hellblaues Einhorn bringt die Gabe einer höheren Kommunikation und fordert dich auf, dafür zu sorgen, dass deine Worte und Gedanken von höchster Integrität sind.

Ein hellgrünes Einhorn bringt Gleichgewicht und Harmonie. Es fordert dich auf, dich aktiv auf die Suche nach Frieden und Zufriedenheit zu machen.

Ein Einhorn in einem blassen, durchscheinenden Gelb oder Gold erinnert dich daran, dein Wissen und deine Weisheit voranzubringen, oder weist darauf hin, dass es im Begriff ist, mehr Weisheit in dich einfließen zu lassen.

Pfirsich ist eine Mischung aus dem Rosa der Liebe und dem Gold der Weisheit. Ein Einhorn mit dieser Schattierung überschüttet dich mit wundersamer Liebe und Weisheit. Entspanne dich einfach und nimm sie an.

Zwei andere sehr spirituelle Farbtöne, die gelegentlich von diesen Lichtwesen dargeboten werden, sind ein heller Flieder- und ein heller Malventon. Flieder enthält mehr vom Blau der Heilung oder Kommunikation, Malve (oder Mauve) mehr vom Rosa der Liebe. Beide Farben fordern dich auf, rein spirituell zu handeln.

Manchmal begegnen Seminarteilnehmer einem regenbogenfarbenen Einhorn. Regenbogen symbolisieren Hoffnung und stehen für das Erschließen neuer Möglichkeiten. Sie versprechen immer Freude.

Die Augenfarbe von Einhörnern

Früher nahm ich die Augen von Einhörnern als hellblau wahr und ging davon aus, dass es anderen Menschen genauso ging. Doch eines Tages, als ich die Teilnehmer eines Onlineseminars durch eine Meditation führte, in der sie ihrem Einhorn begegnen sollten, bekam ich die Anweisung, sie zu bitten, dem Einhorn in die Augen zu schauen. Da wurde ich eines Besseren belehrt. Ich war fasziniert und begeistert von der Vielfalt und Intensität der Farben und Farbkombinationen, von der die Leute berichteten. Eine Dame teilte mit, ihr Einhorn habe dunkelviolette Augen. Eine andere sprach von einem zarten Rosa mit golden schimmernden Rändern. Ein Mann beschrieb viele Farben, die einen Wirbel bildeten, in dem Sterne funkelten. Er sagte, es sei »wie ein Blick in Galaxien«. Eine auffällige Kombination – eine dunkle Bernsteinfarbe mit Schwarz und Blau – erweckte den Eindruck einer starken Kraft.

Mein Geistführer Kumeka sagt, dass die Augen eines Einhorns normalerweise hellblau sind. Einhörner sind jedoch großartige Lehrer und nutzen manchmal die Gelegenheit, um dir Aspekte deiner eigenen Seelenenergie widerzuspiegeln, die du vielleicht gar nicht kennst.

Die Person, die an diesem Tag in dunkelviolette Augen schaute, wurde daran erinnert, dass sie auf der Seelenebene sehr spirituell war und die niedrigeren Frequenzen anderer umwandeln konnte. Der Dame, die ein zartes Rosa mit golden schimmernden Rändern sah, wurde klar, dass sie viel Liebe und Weisheit in ihrer Seele trug. Der Mann, der Galaxien beschrieb, erinnerte sich an seine Träume, zu den Sternen zu reisen, und wollte den Weg der intergalaktischen Meisterschaft erkunden. Die Frau, der eine dunkle Bernsteinfarbe mit Schwarz und Blau gezeigt wurde und die dies für eine sehr starke Kombination hielt, wurde mit der Kraft ihrer Seele in Kontakt gebracht.

Die folgende, sehr einfache Übung hilft dir, die Farben deiner eigenen Seele zu finden.

Die Farben deiner Seele finden

Für diese Übung brauchst du Papier und verschiedene Farb- oder Filzstifte. Du brauchst außerdem Vertrauen und Intuition!

- Suche dir einen ruhigen Ort, an dem du ungestört bist.
- Zünde eine Kerze an, möglichst eine weiße, um die Energie zu erhöhen.
- Zeichne den Umriss eines Auges auf das Papier. Wenn du möchtest, kannst du noch eine schwarze Pupille in der Mitte und Augenwimpern an den Rändern hinzufügen.
- Schließe nun die Augen, und bitte das Einhorn mental, dich zu den Farben deiner Seele zu führen.
- Entscheide, wie viele Farben du brauchst. Lass die Zahl ein wenig sacken.

- Lass die Augen geschlossen. Nimm Kontakt zu den Einhörnern auf, und lass sie dich zu den richtigen Farben führen.
- Mach die Augen halb auf und male dein Auge in deinen Seelenfarben an.
- Wenn du fertig bist, dann mach die Augen ganz auf und denke über das nach, was du geschaffen hast. Ist es das, was du erwartet hast? Hast du etwas über dich selbst gelernt?
- Bedanke dich bei den Einhörnern.

Was haben die Farben zu bedeuten?

Die Farben deiner Seele

- Weiß weist auf eine reine Seele hin.
- Silber weist darauf hin, dass du magische Kräfte hast.
- Gold weist auf eine weise Seele hin.
- Platin weist auf eine Seele hin, die sehr diszipliniert ist und Potenzial hat.
- Rosa weist auf eine liebevolle Seele hin.
- Blassgelb weist auf eine Seele hin, die ein Lehrer, Philosoph oder Denker ist.
- Orange weist auf eine glückliche Seele hin.
- Rot weist auf eine dynamische Seele mit Führungsqualitäten hin.
- Hellblau weist auf eine Seele hin, die ein Heiler ist.
- Hellgtürkis weist auf eine Seele hin, die klar kommuniziert.

- Dunkelblau weist auf eine Seele hin, die mit Weisheit und Integrität kommuniziert.
- Hellgrün weist auf eine ausgeglichene Seele mit Liebe zur Natur hin.
- Violett weist auf eine sehr spirituelle Seele hin.
- Die Farben des Regenbogens weisen auf eine Seele hin, die Licht und Hoffnung verbreitet.

Die Farben der Einhornhörner

Einhörner entwickeln sich durch Dienen spirituell weiter. Je reiner das Licht ist, das von ihrem dritten Auge ausgeht, desto erleuchteter sind sie. Manchmal wird ein Einhorn mit einem weißen, einem silbernen oder einem regenbogenfarbenen Horn dargestellt; ein anderes Mal mit einem goldenen, was auf große Weisheit hindeutet. Je höher entwickelt das Einhorn ist, desto tiefer ist das Gold seines Horns. In letzter Zeit sind hoch entwickelte Einhörner mit platin- oder regenbogenfarbenen Hörnern in die Aura der Erde eingetreten. Sie bringen transzendente Freude und Glückseligkeit. Und was ein Diamanthorn betrifft, das ist einfach Wahnsinn!

Einhörner sind Heiler und Lehrer und können einen Strahl aus dem Farbspektrum des weißen Lichts nehmen, wenn sie dir über ihr Horn eine bestimmte Energie geben möchten. Die Farben haben eine Vielzahl von Bedeutungen, und alle sind pastellfarben. Du kannst die Farben mithilfe deiner Intuition selbst interpretieren, aber ich gebe dir dennoch einen kleinen Leitfaden:

- Weiß deutet auf Reinheit hin.
- Silber lässt darauf schließen, dass das Einhorn Magie und Glück bringt.
- Gold schenkt Weisheit.
- Platin impliziert höhere Möglichkeiten.
- Rosa hüllt dich in Liebe ein.
- Hellgelb bringt allgemeine Informationen.
- Hellblau hüllt dich in Heilung ein.
- Helltürkis rät zu einer klaren Kommunikation.
- Hellgrün rät dir, ins Gleichgewicht zu kommen.
- Regenbogenfarben inspirieren dich mit Hoffnung.

Wenn du herausfinden willst, welche Farbe dein Einhorn heute aus seinem dritten Auge für dich ausstrahlt, und wenn du die Farben deiner eigenen Seele sehen möchtest, die sich in seinen Augen widerspiegeln, dann ist dies eine Visualisierung für dich:

Die Farben deiner Seele und die Farbe des Horns deines Einhorns erkunden

- Suche dir einen ruhigen Ort, an dem du ungestört bist.
- Zünde eine Kerze an, möglichst eine weiße, um die Energie zu erhöhen.
- Schließe die Augen und entspanne dich.
- Stell dir vor, du befindest dich in einem wunderschönen, friedlichen Tal voller Gras und Blumen. Die Vögel singen.
- Auf einer Seite des Tales ergießt sich ein prachtvoller Wasserfall.

- Wenn du dich ihm näherst, erkennst du, dass es sich um eine Kaskade aus reinweißem Licht handelt.
- Du stellst dich darunter, und sie fließt über dich und reinigt dich.
- Du spürst, wie das Licht durch deinen Kopf und um dein Gehirn, durch den Hals, die Schultern und Arme bis in dein Herz und durch dein Herz hinunter durch deinen Solarplexus und deine inneren Organe bis in die Hüften, die Oberschenkel und die Beine fließt. Und während es durch dich hindurchfließt, wirst du gereinigt.
- Du gehst in das wunderschöne Tal, in dem ein weiß schimmerndes Einhorn ganz still auf dich wartet. Es ist bereit, dir Informationen über deine Seelenenergie zu geben.
- Achte darauf, welche Farben sein Horn aus Licht hat.
- Während das Einhorn näher kommt, lässt es einen funkelnden Lichtschauer über dich regnen und senkt dann den Kopf zu einer freundlichen Begrüßung.
- Du schaust ihm in die Augen. Welche Farbe oder welche Farben siehst du? Was spiegelt sich für dich darin wider? Gibt es eine Botschaft für dich?
- Verweile einen Moment in der herrlichen Aura deines Einhorns.
- Bedanke dich bei deinem Einhorn, und schau zu, wie es in der Ferne verschwindet.

Kapitel 8
Einhörner und Kinder

Einhörner haben eine ganz besondere Verbindung zu Kindern, vor allem zu Babys, die immer noch die reine Essenz der Ursprungsenergie in sich tragen. Das hat für Einhörner einen natürlichen Reiz.

Babys können Geistwesen noch sehen, und du kannst beobachten, wie sie lachen, während ihre Augen einem Licht in der Ferne folgen. Das ist oft der Geist eines Angehörigen oder ein Engel oder ein Einhorn.

Gegenwärtig wollen viele Kinder Einhornpartys feiern. Ich erinnere mich an ein kleines Mädchen, das sich eine solche Party in den Kopf gesetzt hatte. Es sollte einen Einhornkuchen geben, Hüte in Einhornform und sogar Einhornspiele. Ich hatte das Gefühl, dass dieser Geburtstag unter einem ganz besonderen Stern stand. Als ich ihm am nächsten Tag begegnete, strahlte es vor Glück. Es sagte, dies sei die beste Party gewesen, die es je gefeiert habe. Das hatte natürlich mit den Einhörnern zu tun, die dort gewesen waren. Sie hatten sie an ihrem Geburtstag beehrt und die Frequenz erhöht.

Geburtstage sind ganz besondere Zeiten. Lady Gaia, der Engel, der die Erde überstrahlt, lädt uns persönlich in die Inkarnation ein, und wir wählen den Tag unserer Geburt sehr sorgfältig aus, damit wir für den ersten Schritt auf dem uns zugedachten Weg die richtige kosmische Strömung erwischen. Jedes Mal, wenn sich dieser Tag jährt, singen die Engel über uns. Wenn wir mit Einhörnern in Verbindung stehen, gießen auch sie ihren huldvollen Segen über uns aus.

Viele der Kinder, die jetzt geboren werden, sind Erleuchtete, die besonders darauf vorbereitet wurden, unseren Planeten in das neue Goldene Zeitalter zu führen. Einhörner haben Verbindung zu diesen Seelen aufgenommen, bevor sie sich inkarniert haben, und waren bei ihrer Geburt anwesend. Kein Wunder, dass Einhorn-Geburtstagspartys so besonders für sie sind.

Kinder sehen Einhörner

Susana stammt aus Portugal, lebt aber mit ihrem Partner und ihren zwei Jungen in England. Sie hat mir eine E-Mail mit dieser wunderbaren Geschichte geschickt:

> *Im September 2013 sind wir von Felixstowe nach Salisbury gezogen. Eines Tages, nicht lange nachdem wir umgezogen waren, schaute mein Sohn, der damals vier Jahre alt war, in den Himmel, als suche er nach etwas. Ich fragte, was los sei, und er antwortete:* »*Mama, ich kann diese Pferde nicht sehen, die Flügel haben und ein Horn auf der Stirn.*« *Ich fragte, was er damit meinte. Seine Antwort war:* »*Mama, als wir in Felixstowe waren, gab es viele fliegende Pferde, aber hier kann ich sie nicht sehen. Ich vermisse sie.*«
> *Ich hatte noch nie mit ihm über Einhörner gesprochen und war wirklich überrascht, dass er etwas darüber wusste, weil*

man sie damals noch nicht so oft in den Läden sah wie heute. Ich hatte immer gedacht, es handle sich dabei um Kinderfantasien, aber nach dem, was er mir erzählte, glaubte ich allmählich selbst, dass sie real waren.
Mein Sohn ist jetzt acht. Er war fünf Jahre alt, als sein Bruder geboren wurde, und er sagte: »Mama, weißt du, dass das Baby Engel und Feen sehen kann? Ich kann sie nicht mehr sehen. Ich vermisse sie.«

Ich bat Susana um Erlaubnis, die Geschichte ihres Sohnes verwenden zu dürfen. Sie sprach mit ihm, und er sagte, ich dürfe auch seinen Namen nennen. Er heißt Alexandre Alves. Was für ein besonderes und begabtes Kind!

Ein paar Monate nachdem Susana mir geschrieben hatte, sprach ich online mit ihr und Alexandre und war sehr beeindruckt von Susanas Sohn, dessen inneres Licht sichtbar strahlte. Er konnte sich nicht an die Einhörner erinnern, aber daran, Engel gesehen zu haben. Seine Mutter erzählte mir ein paar unglaubliche Geschichten über ihn. Aber ich bin sicher, dass sie wahr sind.

Eines Tages, als er fünf Jahre alt war, fragte er: »Erinnerst du dich, dass ich dich ausgewählt habe, Mama? Ich habe mir dich ausgesucht. Du hast Dad ausgesucht, und Dad hat sich niemanden ausgesucht.«

Ein anderes Mal weinte er, weil seine Mutter vor ihm sterben würde. Sie tröstete ihn, indem sie sagte, sie würden immer zusammen sein. Am nächsten Tag sagte er im Supermarkt: »Was du gesagt hast, stimmt nicht, Mama. Dies ist unser letztes gemeinsames Leben, denn wenn dieses Leben zu Ende ist, bin ich ein Level weiter.«

Eines Abends vor dem Schlafengehen verkündete er aus heiterem Himmel: »Mama, weißt du, dass ein Baby auf dich wartet? Es wird hier in England geboren, aber es muss einen portugiesischen Namen haben. Sein Name ist Chico!« Das ist die Kurzform von Francisco, ein Name, den sie offenbar nie erwähnt hatten. Niemand in der Familie hieß so, und zu der Zeit kannte Alexandre ausschließlich die portugiesischen Wörter, die ihm seine Eltern beigebracht hatten. Dennoch kannte er den portugiesischen Namen seines noch zu zeugenden Bruders. Und zwei Jahre später wurde Francisco geboren.

Susana erzählte noch andere Geschichten, die Alexandre ihr über seine früheren Leben und seine jenseitigen Erfahrungen erzählt hatte. Kein Wunder, dass ich Einhörner um ihn herum spüren konnte.

Einhörner helfen Kindern

Einhörner lieben die Unschuld von Kindern, besonders von denen, die versuchen, sich selbst zu helfen. Wenn du ein Kind kennst, das schikaniert wird oder in irgendeiner Weise unglücklich ist, bitte die Einhörner um ihre Hilfe, denn Wunder können geschehen.

Lorena del Cueto aus Argentinien erzählte mir, dass ihre jüngste Tochter Meli Probleme in der Schule hatte, weil sie gemobbt wurde. Sie hatten mit den Lehrern gesprochen, aber die wussten nicht, was sie dagegen tun sollten, und waren nicht hilfreich. Meli erkannte, dass sie selbst etwas tun musste. Sie beschloss, jeden Tag als einen Neuanfang zu betrachten. Und ihre Eltern halfen ihr, immer stärker zu werden und sich gleichzeitig selbst zu stärken.

Dann hatte das Kind einen weiteren schwierigen Tag mit einer Schulfreundin. Meli weinte viel, und Lorena sprach mit den Eltern des anderen Mädchens, um zu versuchen, das Problem zu lösen.

In dieser Nacht hatte Meli einen Traum: »Mama, ich hatte einen wunderbaren Traum! Ein wunderschönes weißes Einhorn kam zu mir. Ich kletterte darauf, und wir flogen zusammen weg, um die Welt zu retten. Dann kamen wir wieder zurück und umarmten uns zum Abschied. Dann war das Einhorn wieder weg.«

Meli war wirklich glücklich, und Lorena freute sich für sie! Sie war sich sicher, dass ihre Tochter beschützt wurde und dass alles gut für sie werden würde. Sie schrieb: »Es war ein Segen, dass eine so reine Energie mit einem Kind Kontakt aufnahm, das sie wirklich brauchte. Es war so schön! So wunderbar! Und eine wundervolle Botschaft vom Himmel!« Sie fing an, sich eingehender mit der Energie des Einhorns zu beschäftigen, und sprach mit Meli darüber. Das Kind war sehr glücklich und voller Hoffnung, was das Schulleben wirklich veränderte.

Lorena fügte noch hinzu: »Meli hatte diesen Traum, bevor Einhörner überall auftauchten, auf T-Shirts, Sweatshirts, Ordnern, Federmäppchen, Laken, Kissen, Tassen, Bechern usw.«

Wenn dir ein Einhorn im Traum erscheint, berührt es dich auf der Seelenebene und verändert dein Leben.

Einhornsegnungen

Ich wurde gebeten, ein schwerbehindertes Mädchen zu besuchen, das im Rollstuhl saß. Es hatte Kontakt zu Engeln und kürzlich auch ein Einhorn gesehen. Obwohl das Mädchen nicht sprechen konnte, konnte es kommunizieren, indem es Buchstaben oder Bilder auf einem Bildschirm anzeigte. Es muss eine unglaubliche Geduld entwickelt haben, um seine Gedanken und Bedürfnisse so vermitteln zu können. Wir kommunizierten stundenlang auf diese Weise, und mir wurde klar, was für eine besondere Seele es war. Ich war tief berührt, als es deutlich machte, es sei sein größter Wunsch, anderen zu dienen. Ich erklärte ihm, was es mit den Einhornsegnungen auf sich hatte, und es war begeistert, als es erkannte, dass es selbst Einhornsegnungen aussenden konnte, um anderen zu helfen. Es strahlte buchstäblich Freude aus. Als ich ging, fühlte ich mich demütig und doch irgendwie erhaben.

Was ist ein Einhornsegen? Ein Segen ist ein Akt der Gnade, mit dem man einer anderen Person von Herzen nicht nur Liebe und Licht sendet, sondern auch die Eigenschaften, die sie braucht. Für eine Einhornsegnung rufst du ein Einhorn an und bittest es, die betreffende Person mit genau der Energie zu berühren, die sie braucht. Wenn du beispielsweise eine sehr traurige Person siehst, dann rufst du ein Einhorn herbei und bittest es, diese Person mit Fröhlichkeit und Glück zu segnen. Dann stellst du dir vor, dass sie glücklich ist. Wenn du einen Obdachlosen siehst, dann bittest du das Einhorn, ihm mit seiner Gnade zu helfen, das perfekte Zuhause zu finden. Wenn du eine einsame Person triffst, dann bittest du das Einhorn, ihr Herz zu berühren und sie mit Freundschaften zu segnen.

Wenn ich um eine Einhornsegnung für jemanden gebetet hatte, habe ich buchstäblich reinweißes Licht gesehen und gespürt, das durch die ganze Welt strahlt, um denjenigen zu berühren.

Hier ist eine Einhornvisualisierung, mit der du Kindern helfen kannst. Du kannst sie für dein eigenes Kind machen, für ein

Kind, das du kennst, oder für Hunderte von Kindern. Wenn du ein Kind hast, kannst du es bitten, mit dir auf diese Reise zu gehen.

Kindern helfen

- Suche dir einen ruhigen Ort, an dem du ungestört bist.
- Stell deine Füße auf den Boden, wenn du kannst, und visualisiere dein silbernes Erdsternchakra unter deinen Füßen, das dich gut erdet.
- Konzentriere dich auf deine Atmung, bis du spürst, wie du dich entspannst.
- Stell dir dann vor, dass du an einem lauen Abend am weißen Strand eines wunderschönen ruhigen Sees sitzt.
- Das Kind/die Kinder, auf das/die du dich konzentrierst, ist/sind bei dir, und ihr alle schaut erwartungsvoll zum Horizont, über dem ein wunderschöner Mond aufgeht.
- Am Nachthimmel seht ihr wundersam schimmernde, weiße Einhörner, eines für jedes Kind und eines für dich.
- Ihr alle seid ganz glücklich und begrüßt euer Einhorn. Und schon sitzt jeder auf dem Rücken seines Einhorns, fühlt sich sicher und ist voller Vorfreude.
- Jedes Kind erklärt seinem Einhorn mental, was es will. Du hältst währenddessen die Energie.
- Die Einhörner fliegen davon und tragen euch durch die Sterne zu einem wunderschönen Hochplateau, das von Bergen umgeben ist.
- Dort ist alles glücklich und friedlich.

- Die Kinder steigen von ihren Einhörnern und führen sie in einen Garten, in dem tiefblaue Blumen wachsen. Aus ihren Hörnern gießen sie tiefblaues Licht über ihre Schützlinge und legen einen Schutzmantel um sie. Achte darauf, wie sicher und zuversichtlich die Kinder jetzt wirken.
- Dann ziehen sie weiter in einen rosafarbenen Garten, indem die Einhörner die Herzen der Kinder mit Liebe berühren. Sieh die Liebe und das Vertrauen in ihren Augen.
- Schließlich ziehen sie in einen orangefarbenen Garten, in dem die Einhörner die Kinder in einem wunderbar fröhlichen orangefarbenen Licht baden. Sieh, wie sie lachen und sich freuen.
- Am Ende klettern die Kinder wieder auf ihre Einhörner.
- Sie schlafen auf dem Rücken der Einhörner ein, während sie sanft und friedlich durch das Universum gleiten.
- Im Schlaf erleben sie die Einhornmagie.
- Sie wachen erst wieder auf, als die Einhörner über den See zurückdriften und sachte auf dem weißen Sand landen.
- Die Kinder steigen ab, bedanken sich bei den Einhörnern und winken zum Abschied.
- Mach die Augen wieder auf, und sei dir bewusst, dass etwas Magisches passiert ist, um den Kindern zu helfen.

Kinder mit Einhörnern zusammenbringen

Jedes Mal, wenn du über Einhörner sprichst, bringst du sie dir selbst und deinen Kindern näher. Es gibt aber noch viele andere Möglichkeiten, wie Kinder Verbindung mit ihnen aufnehmen können.

Crystal Grids

Eines Tages spielte ich mit zwei meiner Enkelkinder, die ich nicht oft sehe, weil sie ziemlich weit weg wohnen. Die beiden kleinen Mädchen baten mich, Crystal Grids (Muster aus Kristallen oder Steinen; Kristall- und Steinmandalas) mit ihnen zu machen, und ich war natürlich entzückt. Sie lieben Kristalle und verbringen mit Vorliebe halbe Ewigkeiten in Kristallgeschäften, wo sie oft Kristalle aussuchen, um sie zu verschenken.

An diesem Tag fragte ich sie, wofür sie die Crystal Grids machen wollten, und Taliya, die damals sieben war, verkündete prompt, ihr Grid solle ihr helfen, ihrem Einhorn näher zu sein! Sie suchte in Haus und Garten nach weißen Kristallen und Kieselsteinen und einem farbigen Tuch, auf dem sie die Steine ausbreiten konnte. Sie hatte auch einen kleinen Einhornanhänger und eine weiße Feder aufgetrieben. Dann verbrachte sie eine glückliche Zeit damit, ein spiralförmiges Grid zu machen, das es ihr ermöglichte, eine engere Verbindung mit ihrem Einhorn einzugehen.

Ein paar Monate später sah ich sie wieder und fragte sie, ob es ihr geholfen habe, ihr Einhorn besser kennenzulernen. Sie versicherte mir, dass genau dies der Fall war.

Später in diesem Buch werde ich noch mehr über Crystal Grids erzählen.

Muster im Sand

Ich habe den Eindruck, dass Kinder jeden Alters, sogar Teenager, am Strand gern Muster aus Kieselsteinen legen. Bei diesen Mustern handelt es sich genau genommen um Grids. Vielleicht möchtest du den Kindern vorschlagen, die Einhörner zu bitten, den Mustern Energie zu geben, indem sie ihr Licht darüber ausgießen. Sie können sich eine Lichtsäule vorstellen, die von dem Grid bis in den Himmel reicht. Dann können sie Segnungen oder bestimmte Eigenschaften für sich selbst herbeirufen oder sie an andere Menschen weiterleiten.

Du kannst solche Muster auch auf dem Rasen oder irgendwo anders legen. Weiße Kieselsteine oder Kristalle eignen sich zwar perfekt dafür, aber du kannst auch Tannenzapfen oder irgendetwas anderes aus der Natur verwenden. Absicht ist das wichtigste Element beim Erstellen eines Grid.

Ein Zauberstab aus Selenit

Katie, eine Medizinerin, spricht natürlich mit niemandem über Einhörner, außer mit ihren kleinen Kindern, die ihre eigenen alle sehr gut kennen. Ihr kleines Mädchen reitet fast jede Nacht auf ihrem Einhorn. Ihr Sohn sagt, sein Selenit-Zauberstab sei seine Verbindung zu den Einhörnern, und deshalb schläft er mit diesem Stab unter seinem Kissen.

Wenn dein Kind Verbindung mit den Einhörnern aufnehmen möchte, dann besorg ihm einen Selenit-Zauberstab, den es unter das Kopfkissen legen kann. Das sind wirklich Zauberstäbe, und viele Kinder lieben es, Bäume, Blumen, Tiere, Insekten und sogar Menschen damit zu berühren und sich dabei etwas Schönes für sie zu wünschen.

Einhornfangen
In diesem Spiel ist ein Kind das Einhorn und muss versuchen, ein anderes Kind zu fangen. Wenn dies gelingt, streckt es die Hände aus, um dem Kind, das es gefangen hat, einen Einhornsegen zu geben.

Einen Einhornstall bauen

Lege eine Tischdecke, vorzugsweise eine weiße, über einen Tisch. Darunter ist der Stall. Hier kann sich jedes Kind um sein Einhorn kümmern.
Was können sie mit ihnen machen? Hier ein paar Vorschläge:

- Die Einhörner hereinrufen.
- Sie füttern, ihnen Wasser geben und sie striegeln.
- Ihnen Namen geben.
- Für jedes ein Namensschild malen und dekorieren.
- Mit ihnen sprechen und zuhören, was sie zu sagen haben.

Dies scheint ein Spiel zu sein, aber es gibt Kindern auch eine sehr gute Möglichkeit, sich mit Einhörnern zu verbinden und etwas über sie zu lernen. Während sie damit beschäftigt sind, wird ihr himmlischer Beschützer die ganze Zeit bei ihnen sein.

Einen Einhorngarten anlegen

Wenn du ein kleines Stück Garten übrig hast, dann willst du es vielleicht gemeinsam mit deinem Kind in einen Einhorngarten verwandeln.
Das Wichtigste bei der Gestaltung dieses Gartens ist deine Absicht. Es ist ein Angebot für die Einhörner. Räume also zuerst die Fläche frei, damit alles sauber und ordentlich ist! Und dann? Hier ein paar Vorschläge:

- Sammle ein paar große oder kleinere Gesteinsbrocken. Es macht Spaß und ist wirkungsvoller, sie weiß anzumalen.
- Sammle Dinge aus der Natur. Wenn du gern malst, kannst du Zweige sammeln, sie weiß anmalen und in den Boden stecken. Das Gleiche kannst du mit Tannenzapfen machen.
- Einhörner mögen schimmernde Oberflächen. Also streu etwas Glitzer aus!
- Nimm eine Schüssel, versenke sie bis zum Rand im Boden und fülle sie mit Wasser.
- Pflanze ein paar Blumen.
- Füge Ornamente oder Spielzeug hinzu oder was immer sich richtig anfühlt.

Genieße deinen Garten und bitte die Einhörner, auch dorthin zu kommen.

Einen Miniatur-Einhorngarten auf einem Teller oder in einer Schale anlegen

Hier gelten dieselben Prinzipien wie für die Anlage eines Gartens auf einem Stück Land. Das Wichtigste ist deine Absicht. Nimm also einen sauberen Teller oder eine Schale, um deinen Miniaturgarten anzulegen, vielleicht so:

- Lege etwas Moos, Steckschaum oder ähnliches Material auf den Teller. Es bildet die Grundlage für deinen Garten.
- Sammle Kieselsteine, Kristalle oder andere Steine. Denke an eine Eigenschaft, nimm einen Stein in die Hand und bitte dein Einhorn, ihn mit dieser Eigenschaft zu segnen.
- Lege die Steine jetzt vorsichtig in deinen Garten. Du kannst beispielsweise einen Pfad damit anlegen.
- Nimm eine kleine Schüssel, und fülle sie mit Wasser oder lege einen Taschenspiegel hinein, um einen Teich darzustellen.
- Lege dann kleine Blumen oder Blätter in den Garten (vergiss nicht, sie um Erlaubnis zu bitten, bevor du sie pflückst).
- Füge winzige Modellmenschen oder -tiere hinzu, also alles, was den Garten zum Leben erweckt.
- Wenn du mit deinem Miniaturgarten zufrieden bist, kannst du die Einhörner einladen.

Eigene Einhornkarten herstellen

- Nimm möglichst dickes Papier. Wenn du kein dickes Papier findest, dann kannst du auch normales Papier verwenden.
- Schneide das Papier in kleine Quadrate.
- Zeichne auf jedes ein Einhorn. Es muss kein Kunstwerk sein. Ein Stricheinhorn reicht aus.
- Denke dann an eine Botschaft oder eine Eigenschaft wie Glück oder Barmherzigkeit, und schreib sie auf die Karte.
- Bitte die Einhörner, die Karten mit ihrem Licht zu berühren.
- Verschenke die Karten mit Liebe an andere Menschen. Sie segnen die Empfänger mit Einhornenergie.

Der Wunsch im Einhornkristall

Kristalle speichern Energie und Intention, und Kinder lieben sie.

- Nimm einen klaren Quarz- oder Selenitkristall.
- Halte ihn liebevoll in der Hand und rufe die Einhörner an.
- Sprich deinen Wunsch aus, und bitte die Einhörner, ihn zu erfüllen, wenn er dem höchsten Wohl dient.

Kapitel 9
Einhörner und Tiere

Tiere sind sehr auf ihre rechte Gehirnhälfte ausgerichtet, haben also einen klaren Geist und damit einen reinen Mentalkörper. Wegen dieser Unschuld fühlen sich Einhörner zu ihnen hingezogen und lieben sie.

Holly schrieb mir eine E-Mail über ein paar Kätzchen, die in der Nähe eines Parks ausgesetzt worden waren:

> *Ich habe oft nach den Kätzchen gesehen, weil ich sie sehr lieb gewonnen hatte. Einige waren sehr zutraulich, ließen sich gern streicheln und genossen die Aufmerksamkeit. Eines von ihnen hatte ich zwei Wochen lang nicht gesehen, doch dann wies mich ein Paar auf eine langhaarige getigerte Katze unter einem stacheligen Busch hin, die offensichtlich in Not war. Ich erkannte das Kätzchen sofort und sah auch, dass es im Sterben lag. Ich musste noch ein paar Dinge erledigen, kehrte dann aber zurück, um es nach Einbruch der Dunkelheit im Licht meiner Autoscheinwerfer zu suchen. Das Kätzchen lag zwar nicht mehr unter dem stacheligen Busch, aber ein anderer Helfer fand es in der Nähe. Ich brachte es zu einem Tierarzt, der es liebenswürdigerweise aufnahm und einschläferte. Ich nannte es Grace und fuhr tieftraurig nach Hause.*

> *Als ich am nächsten Morgen aufwachte, hatte ich die Vision von einem Einhorn, das Grace von den stacheligen, schmerzhaft spitzen Zweigen des Busches, unter denen sie lag, bis in die Ecke schob, in der wir sie entdeckt hatten. Ich glaube, das Einhorn wollte mich wissen lassen, dass es mir geholfen hatte. Es war erstaunlich, denn ich hatte Grace finden und hochnehmen können, ohne mich dabei selbst zu verletzen oder sie zu erschrecken. Ich bin dem Einhorn sehr dankbar für seine Hilfe und seinen Beistand.*

Ich finde Hollys Geschichte absolut erstaunlich! Nicht nur hat das Einhorn dem Tier geholfen, es gab Holly auch noch eine Vision davon, wie es ihm geholfen hatte.

Ein paar Wochen später schickte mir Holly erneut eine E-Mail, um mir mitzuteilen, dass gelegentlich Einhörner bei den ausgesetzten Kätzchen, die sie fütterte, auftauchten. Eines war ein schwarz-weißes Tuxedo-Kätzchen namens Bingo. Leider ist es gestorben, und Holly war sehr traurig darüber. Später sah sie, wie ihr Einhorn es von der Stelle, an der es gestorben war, ins Licht hob. Sie glaubt, dass Bingo nach seinem Tod Liebe und Fürsorge von diesem Einhorn bekommen hat.

Holly versuchte auch, eine große orange-weiße Maine-Coon-Katze namens Kaylin zu retten. Die Katze hatte beschlossen, aus ihrem Käfig auszubrechen und wegzulaufen. Leider konnte Holly sie nicht finden, aber ihr Einhorn kam lächelnd auf sie zu und zeigte ihr, wie Kaylin ins Licht rannte. Da wusste sie, dass alles in Ordnung war.

So klar unsere Eindrücke und sogar unser Wissen auch sein mögen, es ist immer schön, dies aus einer anderen Quelle bestätigt zu bekommen. Holly erklärte, eine liebe Freundin von ihr, die einige Jahre zuvor verstorben war und sich ebenfalls sehr für Katzen engagiert hatte, habe gesehen, wie sie aus dem Geist heraus glücklich winkte, und bestätigte, was das Einhorn ihr gezeigt hatte.

Tiere stammen ursprünglich von vielen verschiedenen Sternen und Planeten und haben eine Verbindung zu Seelen, die vom selben Planeten oder Sternensystem stammen wie sie. Im Goldenen Zeitalter von Atlantis galt es beispielsweise als vollkommen normal, dass Katzen und Kaninchen miteinander kommunizieren, weil beide von Orion stammen.

Pferde und Einhörner von Sirius haben eine besondere Beziehung. Es kann also sein, dass du ein ätherisches weißes Pferd unter seinen Freunden galoppieren siehst. Darüber hinaus stehen diejenigen, die Pferde lieben und pflegen, mit der Energie des Einhorns in Verbindung.

Wie viele wissen, ist mein Hund Venus ein »Charakterhund«. Sie ist ein Papijack, eine Mischung aus Papillon und Jack Russell, eine hübsche, kleine, flauschige weiße Hündin mit dem Herz und der Seele eines Terriers. Sie ist treu, intelligent, freudig und total liebenswert, fünf Kilo reine Liebe und Freude für mich. Auf der anderen Seite reißt sie mir manchmal die verlängerbare Leine aus der Hand, rennt einfach davon und zieht die Leine hinter sich her. Dann verheddert sie sich damit unentwirrbar in einem Dickicht, und ich verbringe viel Zeit damit, tief in Brombeersträucher und Brennnesseln einzutauchen, um sie zu retten.

Sie ist ganz klar darauf aus, mir zu helfen, Geduld zu entwickeln, denn ich muss oft warten, bis sie von einer Jagdexpedition zurückkehrt und sehr selbstzufrieden und ohne jede Reue mit dem Schwanz wedelt. Es gibt zwar Leute, die behaupten, ihre Gärten seien absolut hundesicher, aber ich habe auf die harte Tour lernen müssen, dass es keine venussicheren Gärten gibt. Sie kann sich platt machen wie eine Maus und durch jedes winzige Loch quetschen. Jedes Mal, wenn sie verschwunden ist, wende ich mich an Erzengel Fhelyai, den Engel der Tiere, und bitte ihn, sich um sie zu kümmern und sie sicher zurückzubringen, wenn es dem höchsten Wohl dient. Dann entspanne ich mich und vertraue darauf, dass sie behütet wird. Obwohl ich manchmal das Gefühl habe, dass ich zu oft zu viel von Erzengel Fhelyai verlange!

Als ich eines Tages mit geduldiger Toleranz darauf wartete, dass Venus wiederauftauchte, wie es Terrierbesitzer oft tun, hatte ich das Bild eines Einhorns vor Augen, das sie zu mir zurückjagte. Und in der Tat: Sekunden später raste die Übeltäterin in Sicht! Am nächsten Tag war sie schon wieder verschwunden. Ich rief Erzengel Fhelyai an und bat ihn, sich um sie zu kümmern. Dann, wenig später, bat ich ein Einhorn, sie in meine Richtung zu treiben. Wie durch ein Wunder tauchte sie wieder auf! Jetzt wende ich mich an die Einhörner, wann immer ich denke, dass sie schon zu lange weg ist! Ich lerne ständig neue Arten kennen, wie diese großartigen Wesen uns helfen können.

Einhörner lieben den Frieden und die Stille der Natur. Eines Morgens, als ich mit meinen Hunden an einem ruhigen Ort entlang eines kleinen Baches spazieren ging, visualisierte ich Aufstiegsflammen, die ihre Energie durch die Bäume in die Erde brachten. Dann hörte ich einer traurigen Eiche zu, die sich überfordert fühlte, weil es mittlerweile so wenige Eichen gibt, mit denen sie sich die Arbeit teilen kann. Plötzlich bellte meine kleine Venus und lenkte meine Aufmerksamkeit auf ein reinweißes Eichhörnchen auf einem Ast über mir. Es war wunderschön, und ich war wie verzaubert. Ich beobachtete es, bis es außer

Sichtweite sprang. Ein weißes Eichhörnchen zu sehen, fühlte sich wie eine Belohnung an, und ich war mir sicher, dass die Einhörner es geschickt hatten.

Alle Tiere scheinen uns eine Botschaft zu übermitteln. Eichhörnchen sagen uns, dass es für jedes Problem eine Lösung gibt. Wenn wir also ein Problem haben und es nicht lösen können, müssen wir es weiter versuchen. Die Tatsache, dass ich an diesem Tag ein reinweißes Eichhörnchen gesehen hatte, bedeutete: »Betrachte das Problem aus einer höheren Perspektive, und die Antwort wird auftauchen.« Als ich zu Hause ankam, setzte ich mich still hin und bat die Einhörner, mir zu helfen, alles von einer höheren, erweiterten Warte aus zu sehen. Innerhalb weniger Augenblicke hatte ich eine wichtige Entscheidung getroffen, nämlich umzuziehen.

Tieren helfen

Wenn du Tieren helfen möchtest, hast du viele Möglichkeiten, Einhörner um Hilfe zu bitten. Möglicherweise hast du ein Haustier, das Heilung braucht. Oder eine Kreatur, zu der du dich hingezogen fühlst, versucht vielleicht, den Menschen einen wirklich wichtigen Dienst zu erweisen, wird aber von ihnen überhaupt nicht beachtet. Hier fallen mir sofort die Dachse ein, denn sie haben Gleichgewicht in die Welt gebracht und versuchen seit Jahrhunderten, die Negativität innerhalb der Erde zu verwandeln, ohne Anerkennung für ihre Bemühungen zu bekommen.

Du kannst die Einhörner auch bitten, ihr Licht über eine bestimmte Tierart auszugießen, beispielsweise über eine gefährdete Art wie Gorillas, die so viel Hilfe brauchen.

Einhörner bitten, einem Haustier zu helfen

- Suche dir einen ruhigen Ort, an dem du ungestört bist.
- Schließe die Augen, stell dir ein Haustier vor, dein eigenes oder das eines anderen Menschen, und streichle es sanft.
- Was braucht es?
- Rufe ein Einhorn herbei, und sieh oder spüre, wie es in einer weißen Feueraureole ankommt.
- Bitte es, der Kreatur auf die bestmögliche Weise zu helfen.
- Sei dir des reinweißen Lichts bewusst, das von dem Einhorn ausgeht und in dem das Tier jetzt badet.
- Bedanke dich bei dem Einhorn und vertraue darauf, dass Heilung stattgefunden hat.

Einhörner bitten, einem Tier in Not zu helfen

- Suche dir einen ruhigen Ort, an dem du ungestört bist.
- Sei dir bewusst, dass du absolut sicher bist, egal welches Tier jetzt zu dir kommt.
- Schließe die Augen, und rufe ein Tier zu dir oder lass einfach zu, dass eines vor deinen inneren Augen erscheint.
- Teile ihm sanft mit, dass du ein Einhorn bitten wirst, ihm auf jede notwendige Weise zu helfen.
- Entwickle ein Gespür dafür, dass die Kreatur dich versteht und dir dankbar ist.

- Rufe ein Einhorn an, und sei dir bewusst, dass es von einem funkelnden weißen Lichtschauer umgeben ist, wenn es kommt.
- Das Einhorn berührt das Tier mit seinem Lichthorn und schüttet einen Schwall Diamantenergie über ihm aus und in es hinein.
- Das Einhorn oder das Tier hat möglicherweise eine Botschaft für dich. Nimm dir also einen Moment Zeit zum Zuhören.
- Bedanke dich bei dem Einhorn und vertraue darauf, dass es etwas verändert hat.

Kapitel 10

Einhörner und die Macht der Zahlen

Im Universum gibt es viele mächtige Energien, die dir helfen können, wenn du sie darum bittest. Die Mahatma-Energie, die Erzengelstrahlen und die Aufstiegsflammen sind nur einige Beispiele. Außerdem bildet jede Zahl auf der kosmischen Ebene einen Pool aus Energie der neunten Dimension. In ihrer wahren universellen Form haben alle Zahlen einen sehr starken Einfluss. Wenn sie ihre Energie dann so weit gesenkt haben, dass sie die meisten von uns erreichen, ist ihre Wirkung erheblich verwässert. Dennoch kann uns ihre Schwingung auch in schwacher Form berühren und beeinflussen.

Ich bin keine Numerologin, habe aber im Laufe der Jahre oft über Zahlen gesprochen. Doch erst als ich dieses Kapitel unter der Leitung von Einhörnern schrieb, verstand ich wirklich, wie sehr uns Zahlen beeinflussen.

Mit dem Aufkommen digitaler Uhren haben Zahlen an Bedeutung gewonnen. Weise eingesetzt, sind sie ein Werkzeug für ein höheres spirituelles Verständnis. Dich auf sie einzustellen, kann dein spirituelles Wachstum beschleunigen. Wenn du der kosmischen Schwingung einer Zahl Einhornenergie hinzufügst, verstärkt es das Ergebnis und kann dein ganzes Leben verändern.

Lebenszahlen

Im Rahmen der Beratung, die deine Seele vor diesem Leben auf den inneren Ebenen bekommen hat, hat sie auch über den Moment deiner Geburt entschieden. Dies ist von entscheidender Bedeutung, weil es dich auf deinen Lebensweg bringt und du danach unter dem feinstofflichen Einfluss deiner Lebenszahl stehst. Indem dein Einhorn dieser Zahl sein Licht hinzufügt und dich tief in ihre Schwingung trägt, verstärkt es die positive Wirkung der Zahl auf dein Leben.

Finde deine Lebenszahl
Du kannst die Zahl, die deinen ganzen Lebensweg überstrahlt, ermitteln, indem du die einzelnen Ziffern deines Geburtsdatums – Tag, Monat und Jahr – addierst. Das folgende Beispiel dient dir als Veranschaulichung.

Das Datum 29. Juli 1970 ergibt $2 + 9 + 7 + 1 + 9 + 7 + 0 = 35$. Reduziere das Ergebnis auf eine einzelne Ziffer, indem du die Quersumme bildest, also $3 + 5 = 8$. Jeder, der an diesem Tag geboren wurde, steht also unter dem Einfluss der Zahl Acht. Welche Schwingung deine Zahl hat, erfährst du im Folgenden.

Die Schwingung der Zahl Eins
Die Eigenschaften der Zahl Eins sind Unabhängigkeit, Individualismus, Einzigartigkeit, Dynamik und Ehrgeiz. Wenn du unkonventionell bist oder großartige Ideen hast, die du vermarkten möchtest, oder wenn du Projekte initiierst oder Bewegungen in Gang bringst, ist dies deine Zahl. Sie macht es dir möglich, dich auf deine Vision zu konzentrieren und ihr deine ganze Aufmerksamkeit zu schenken.

Die Kehrseite dieser Zahl kann sein, dass du so auf dein Ziel fixiert bist, dass du dir kein Unterstützungssystem aufbaust und dich möglicherweise allein oder isoliert fühlst. Alternativ kannst du autokratisch oder herrisch werden.

Die Zahl Eins hilft dir, die Nummer eins zu sein, der Chef, die Anführerin, der Entscheidungsfreudige, die Mutige. Du bist derjenige, dessen Energie und Kraft alle vorwärtsbringt. Die Eins zeigt auch an, dass du immer wieder neu anfangen kannst. Dies ist eine männliche Zahl.

Indem dein Einhorn der Zahl Eins sein Licht gibt, gleicht es ihre männliche Wirkung mit weiblicher Energie aus. Das beeinträchtigt die besonderen Eigenschaften dieser Zahl nicht. Es mildert jedoch die Exzesse ab, die sie manchmal hervorruft.

Die Schwingung der Zahl Zwei

Die Eigenschaften dieser Zahl sind Zusammenarbeit, Unterstützung, Gleichgewicht, Sensibilität und Partnerschaft.

Unter dem Einfluss dieser Zahl bist du ein Friedensstifter, der Harmonie liebt. Du bist aber auch belastbar und kannst deine Macht in Anspruch nehmen. Wenn du diplomatisch, taktvoll, diskret, friedlich und feinsinnig bist, könntest du ein harmonischer Unterstützer, ein Berater oder die unschätzbare Macht hinter dem Thron für jemanden sein, der energischer ist.

Dies ist eine weibliche Zahl. Sie trägt die beruhigende, liebevolle, verletzliche, fürsorgliche, kreative, romantische Energie des göttlichen Weiblichen in sich. Zu viel Sensibilität bedeutet oft aber auch, dass man leicht verletzt werden kann.

*Indem dein Einhorn der Zahl Zwei sein Licht gibt,
ermöglicht es dir, mehr Frieden und Harmonie
in deinem Leben zu finden.
Es fördert die Kreativität und die künstlerischen Fähigkeiten
und erhöht die Frequenz dieser Zahl mit der
Freude und Liebe des Ursprungs.
Es steigert dein Charisma.*

Die Schwingung der Zahl Drei
Die Drei ist die Zahl des Optimismus, der Begeisterung, der Expansion und der Motivation. Wenn du andere inspirierst und Menschen ein gutes Gefühl gibst, schwingst du mit der Drei. Sie wird manchmal als »Sonnenscheinzahl« bezeichnet, weil diejenigen, die damit in Resonanz sind, tendenziell glücklich und entspannt sind und in sich ruhen. Dies ist die Zahl der Kommunikation und der Fähigkeit, sich offen und selbstbewusst auszudrücken.

Die Kehrseite dieser Schwingung ist die Fähigkeit, kontrollierend, autoritär oder allzu zerstreut zu sein.

*Wenn dein Einhorn der Zahl Drei sein Licht gibt,
dann kann die Schwingung dieser Zahl deine Kreativität,
deine künstlerischen Fähigkeiten und deine
Kommunikationsfähigkeiten verbessern.
Sie kann dein Leben bereichern und
dir Glück und Freude bringen.*

Die Schwingung der Zahl Vier

Die Vier trägt die Schwingung von Stabilität, Praktikabilität und Zuverlässigkeit. Wenn du ein solides Fundament schaffen und auf ehrliche, geordnete und methodische Weise darauf aufbauen möchtest, ist dies deine Zahl. Wenn dein Projekt detailliert, systematisch und präzise sein muss, dann konzentriere dich auf die Zahl Vier.

Wie alle Zahlen hat auch diese eine Kehrseite. Die Vier ist »quadratisch, praktisch, gut« und damit auch spießig. Sie kann starr sein, was bedeutet, dass sie das Gewohnte liebt und das Ritual. Wenn du glaubst, du bist so, dann ändere etwas!

Wenn dein Einhorn der Zahl Vier sein Licht gibt,
dann bildet sich eine sehr starke und stabile Basis.
Alles, was du für einen soliden, verlässlichen Erfolg brauchst,
steht dir zur Verfügung, und du bist dennoch flexibel.

Die Schwingung der Zahl Fünf

Die Fünf hat eine dynamische Schwingung. Sie berührt dich mit dem Wunsch nach Freiheit und Abenteuer und dem Mut, dich dafür zu entscheiden. Tauche in diese Zahl ein, wenn du ein starker Förderer oder überzeugender Verkäufer sein willst. Sie wird dir helfen, schnell zu denken. Wenn du gern experimentierst und forschst und dich so schnell über jeden Stumpfsinn ärgerst, dass du gleich mehrere Projekte am Start hast, stehst du unter dem Einfluss dieser Zahl.

Die Kehrseite dieser Zahl ist der Wunsch nach sofortigen Ergebnissen und die Tendenz, sich schnell zu langweilen oder ablenken zu lassen.

*Wenn dein Einhorn der Zahl Fünf sein Licht gibt,
dann kannst du überragenden Erfolg haben
und entsprechendes Glück erleben.
Deine Pläne und Projekte sind wahrscheinlich
aufregend und erfolgreich,
denn du bist mit ganzem Herzen dabei.*

Die Schwingung der Zahl Sechs

Die Schwingung der Zahl Sechs ist die des häuslichen Menschen, der Mutter- und Vaterenergie. Sie bringt alle Eigenschaften eines verantwortungsbewussten, engagierten und liebevollen Elternteils in jede Situation. Sie trägt also eine fürsorgliche, sympathische, schützende und pflegende Energie und sieht die Dinge mit Mitgefühl und Empathie.

Der Einfluss der Zahl Sechs macht dich familien- und gemeinschaftsorientiert. Er ermöglicht dir, ein ausgezeichneter Lehrer, Heiler oder Betreuer zu sein. Du bringst künstlerische und kreative Energie in alles, was du tust.

Die Kehrseite dieser Zahl ist, dass du dich vielleicht zu sehr selbst aufopferst und zu bescheiden bist, sodass du dich oft ausgenutzt fühlst oder dazu neigst, andere zu retten.

*Wenn dein Einhorn der Zahl Sechs sein Licht gibt,
dann wirst du das Herzzentrum deiner Familie oder Gemeinschaft
und findest wahre Zufriedenheit im kreativen Ausdruck.
Gleichzeitig bewahrst du dir ein gutes Selbstwertgefühl.*

Die Schwingung der Zahl Sieben

Sieben ist die Zahl der Spiritualität. Sie ermutigt dich, die Wahrheit in Kontemplation und Meditation zu suchen. Dies ist die Zahl der Intellektuellen, die Weisheit und neue Ideen ins Spiel bringen.

Der Einfluss dieser Zahl kann auch dazu führen, dass du dich in dich selbst zurückziehst, damit du denken, dich konzentrieren, analysieren und versuchen kannst, das Leben zu verstehen.

Die Kehrseite dieser Zahl ist, dass du möglicherweise zu sehr Einsiedler oder zu sehr in dich selbst versunken bist.

Wenn dein Einhorn der Zahl Sieben sein Licht gibt,
dann beleuchtet es deine innere Welt,
sodass deine stillen Betrachtungen
dir wahre Zufriedenheit und Seelenfrieden bringen.

Die Schwingung der Zahl Acht

Die Zahl Acht steht für Gleichgewicht. Ihr Einfluss bewirkt ein Gleichgewicht zwischen dem Materiellen und dem Geistigen. Dies ist eine starke Zahl, die dich mit gewaltigem Ehrgeiz, großen Träumen und gigantischen Plänen berührt. Wenn du eine Führungskraft oder ein Manager bist, gibt sie dir das Vertrauen, die Entschlossenheit und das Durchhaltevermögen, dein Projekt abzuschließen oder deine Vision zu verwirklichen, weil du zielorientiert bist. Dabei ist hilfreich, dass du verstehst, wie die Energie des Geldes arbeitet. Weil du aufgeschlossen bist und Menschen verstehst, vergibst du Übertretungen bereitwillig. Dies bedeutet, dass diejenigen, die mit dir zusammenarbeiten, auf deiner Seite sind.

Die Kehrseite dieser Zahl ist, dass du dein Geld oder deine Chancen auch verspielen kannst.

*Wenn dein Einhorn der Zahl Acht sein Licht gibt,
dann kannst du ein Visionär oder ein erfolgreicher
Unternehmensleiter werden.*

Die Schwingung der Zahl Neun

Die Neun ist die Zahl der Idealisten, Menschenfreunde und Philanthropen. Wenn du ein hochherziger Politiker, Anwalt, Schriftsteller, Philosoph oder Genie bist, dann veranlasst dich diese Zahl, große Anstrengungen zu unternehmen und alles zu geben, ohne eine Belohnung zu erwarten. Du hast einen weiten Horizont und kannst dich um die Welt kümmern und ihr etwas geben.

Diese Zahl hat auch einen positiven Einfluss auf Architekten, Landschaftsgestalter, Urheber und Designer mit kreativer und künstlerischer Energie. Sie trägt dazu bei, Menschen und Situationen zusammenzubringen, damit sie geheilt werden.

Die Kehrseite dieser Zahl ist, dass sie dich möglicherweise distanziert macht und dir das Gefühl gibt, anderen überlegen zu sein.

*Wenn dein Einhorn der Zahl Neun sein Licht gibt,
ermutigt es dich, für das Wohl der Menschheit
zu arbeiten oder zu gestalten.*

Mit den Einhörnern im Zahlenpool baden

Du kannst dein Einhorn bitten, den kosmischen Pool jeder Zahlenschwingung aufleuchten zu lassen und dich dann zum Baden dorthin mitzunehmen. Dies kann dich mit den besten

Eigenschaften dieser Zahl ausstatten und einen entscheidenden Eindruck in deinem Leben hinterlassen.

Während dieser Visualisierung nimmt dich dein Einhorn mit zum Baden in der Schwingung deiner Lebenszahl. Du hast die Wahl, ob du diese Erfahrung mit einer anderen Zahl machen möchtest, wenn es dir lieber wäre.

Mit deinem Einhorn in deine Lebenszahl eintauchen

- Suche dir einen ruhigen Ort, an dem du ungestört bist.
- Schließe die Augen, und erde dich, indem du Wurzeln aus deinen Füßen in das Herz von Lady Gaia wachsen lässt.
- Du sitzt am Strand eines friedlichen Ozeans im Licht des Vollmonds, und der Himmel ist eine Decke aus funkelnden Sternen.
- Atme dich in einen Raum der tiefen Entspannung.
- Sanfte Wellen plätschern an deinen Füßen, und du kannst ganz weit über das Wasser sehen.
- Werde dir eines strahlend weißen Lichts bewusst. Es ist wie ein funkelnder Diamant in der Ferne und wird immer größer, wenn es näher kommt.
- Endlich steht dein Einhorn vor dir. Die Wellen plätschern leise um seine Hufe.
- Nimm Kontakt mit ihm auf, und bedanke dich, dass es zu dir gekommen ist.
- Sag ihm, dass du in die Schwingung deiner großen kosmischen Lebenszahl eintreten möchtest. Nenne die Zahl.

- Dein Einhorn umgibt dich sofort mit herrlich reinweißem Licht.
- Du setzt dich auf seinen Rücken, und es schwebt träumerisch mit dir durch den Kosmos.
- Vor dir siehst du einen unvorstellbar großen Lichtball, der pulsiert und schimmert und mit Energiefingern in deine Richtung zeigt. Welche Farbe hat er?
- In einem Kokon aus weißem Licht schwebt dein Einhorn mit dir ins Zentrum des vibrierenden Pools deiner Lebenszahl.
- Du weißt, dass es dich zum höchsten Wohl beeinflusst. Es arbeitet auf der feinstofflichen Ebene an deinen Energiezentren, damit die besten Möglichkeiten für deine Reise auf der Erde aktiviert werden.
- Entspanne dich und gib dich ganz hin. In diesem Hochfrequenzraum bist du jenseits der Zeit.
- Endlich zieht sich dein Einhorn mit dir aus diesem kosmischen Licht zurück und schwebt mit dir zusammen auf einer silberweißen Rutsche dorthin zurück, von wo du ausgegangen bist.
- Bedanke dich bei deinem Einhorn, und gib dir ein wenig Zeit, um vollständig aufzunehmen, was du erhalten hast.

Zahlen wirken sich nicht nur auf deinen Lebensweg aus. Die Mechanismen des großen Universalcomputers sorgen dafür, dass du dich beispielsweise zu einem Haus hingezogen fühlst, weil dich die Hausnummer energetisch angezogen hat. Menschen wählen wichtige Daten wie einen Hochzeitstag, den Tag für die

Einweihung eines Gebäudes, die Eröffnung eines Geschäfts oder das Halten eines Seminars wegen des kosmischen Einflusses auf die Zahl dieses Datums. Das jeweilige Datum kann ganz bewusst gewählt worden sein, aber es ist genauso relevant und effektiv, wenn es scheinbar zufällig zustande gekommen ist. Nichts kommt von ungefähr.

Manche Zahlen haben einen mächtigeren Einfluss auf deinen Lebensweg als andere. Diese mächtigeren Zahlen sind als Meisterzahlen bekannt.

Meisterzahlen

Die Meisterzahlen sind 11, 22, 33 und 44. (Die anderen Meisterzahlen 55, 66, 77, 88 und 99 haben keinen Einfluss auf den Lebensweg eines jetzt lebenden Menschen.)

Beispiele:

- Geburtsdatum: 1. November 2015. 1 + 1 + 1 + 2 + 0 + 1 + 5 = 11
- Geburtsdatum: 28. Dezember 2016. 2 + 8 + 1 + 2 + 2 + 0 + 1 + 6 = 22
- Geburtsdatum: 7. September 1952. 7 + 9 + 1 + 9 + 5 + 2 = 33
- Geburtsdatum: 9. September 1979. 9 + 9 + 1 + 9 + 7 + 9 = 44

Wie die Meisterzahlen deinen Lebensweg beeinflussen:

- *11* ist die Zahl der Hellsichtigen oder Intuitiven. Sie hat Einfluss auf die Sensitivität und beleuchtet den klaren

Kanal. Indem dein Einhorn der Zahl 11 sein Licht gibt, gibt es dir Charisma, wenn du nach spirituellen Einsichten und Wahrheiten suchst, um dir selbst und der Welt zu helfen.
- *22* ist die mächtige Zahl der Tatkräftigen und Baumeister. Indem dein Einhorn der Zahl 22 sein Licht gibt, hilft es dir, deine Träume zu manifestieren, und zwar besonders diejenigen, die der Menschheit zugutekommen.
- *33* ist die Schwingung des Christusbewusstseins. Wenn dein Einhorn der Zahl 33 sein Licht gibt, bringt es Einheit hervor.
- *44* ist die Schwingung des Goldenen Zeitalters von Atlantis. Wenn dein Einhorn der Zahl 44 sein Licht gibt, bringt es die Reinheit dieser Zeit zurück und beschleunigt deinen Aufstieg und den des Planeten erheblich. Du erinnerst dich allmählich an deine Gaben und Talente.

Die Meisterzahlen haben eine sehr hohe Frequenz, und es ist manchmal schwierig, mit ihrem Einfluss umzugehen. In diesem Fall kannst du 11 auf 1 + 1 = 2, 22 auf 2 + 2 = 4, 33 auf 3 + 3 = 6 und 44 auf 4 + 4 = 8 reduzieren.

Einhornführung durch die Meisterzahlen

Oft lenken Einhörner deine Aufmerksamkeit durch Zahlen auf ihre Anwesenheit und durch Meisterzahlen ganz besonders. Sie führen auch durch die Meisterzahlen, und zwar wie folgt:

- 11. Sei ein Meister. Übernimm Verantwortung für das, was du geschaffen hast.
- 11:11. Fange auf einer höheren Ebene noch einmal an.

- 22. Arbeite an deiner Vision, und baue sie auf einem soliden Fundament auf.
- 22:22. Es ist höchste Zeit, Maßnahmen zu ergreifen.
- 33. Stell sicher, dass du mit bedingungsloser Liebe handelst.
- 33:33. Tauche in das Christuslicht ein.
- 44. Lebe in der fünften Dimension in Harmonie mit allen Lebensformen wie damals im Goldenen Zeitalter von Atlantis.
- 44:44. Erwecke deine Gaben aus dem goldenen Atlantis neu.
- 55. Erzengel Metatron hilft dir auf deinem Aufstiegspfad.
- 55:55. Erhebe dich über deine Herausforderungen, und stimme dich auf Erzengel Metatron ein, damit er dir hilft.
- 66. Erinnere dich, dass du so viel größer bist als deine kleine Persönlichkeit auf dieser Erde.
- 66:66. Du bist ein Wesen des Universums.
- 77. Lebe als dein Höheres Selbst, jederzeit eingestimmt auf die Reiche der Engel, Einhörner und aufgestiegenen Meister.
- 77:77. Sieh mit erleuchteten Augen.
- 88. Verbinde dich mit deiner ICH-BIN-Präsenz oder Monade, deinem ursprünglichen göttlichen Funken.
- 88:88. Lebe dein höchstes Potenzial aus.
- 99. Lebe als ein aufgestiegener Meister.
- 99:99. Du hast die Lektionen der Erde gelernt.

Entscheide, bevor du diese Visualisierung durchführst, in welche Meisterzahl du eintreten möchtest, damit die Schwingung dieser Zahl dein Leben beeinflussen und verbessern kann.

Mit deinem Einhorn in die Schwingung einer Meisterzahl eintreten

- Suche dir einen ruhigen Ort, an dem du ungestört bist.
- Sieh dich selbst auf einem sanft abfallenden Hügel sitzen mit Blick auf ein wunderschönes Tal. Präge dir die Aussicht ein.
- Du fühlst dich sicher, behaglich und entspannt, während du dein Einhorn mental herbeirufst.
- Es kommt in herrlich schimmerndem Licht an und schüttet einen Strom von Diamantlicht aus seinem Horn über dich aus.
- Du sagst deinem Einhorn, in welcher Meisterzahl-Schwingung du baden möchtest.
- Du besteigst dein Einhorn, das sehr schnell aufsteigt und dich in immer höhere Dimensionen des Kosmos trägt.
- Du steigst ab, und der kosmische Hochfrequenzpool deiner Meisterzahl liegt vor dir.
- Während du in den Pool eintauchst, beleuchtet dich dein Einhorn mit facettenreichem Licht, damit du die Schwingungen in dich aufnehmen kannst.
- Träumerisch lässt du dich in dem Pool treiben und denkst an die höchsten Eigenschaften, Energien und Möglichkeiten, die dir jetzt zur Verfügung stehen.
- Zum göttlich richtigen Zeitpunkt steigst du wieder aus dem Pool und kehrst mit deinem geliebten Einhorn dorthin zurück, von wo du ausgegangen bist.
- Achte darauf, ob sich die Aussicht in irgendeiner Weise verändert hat. Hat sich dein Blickwinkel erweitert? Ist

> alles bunter geworden? Gibt es mehr Bäume oder Tiere? Wenn ja, bedeutet dies, dass bereits eine Änderung stattgefunden hat.
> - Bedanke dich bei deinem Einhorn und mach die Augen wieder auf.

Überlege nun, was du tun kannst, um den Einfluss dieser Meisterzahl in deinem täglichen Leben zu verbessern.

Möglicherweise willst du diese Visualisierung vor dem Schlafengehen durchführen, damit die Energie der Zahl über Nacht mit dir arbeiten kann. Du kannst ein Programm erstellen, das es dir ermöglicht, zu unterschiedlichen Zeiten mit allen Zahlen oder Meisterzahlen zu arbeiten.

Kapitel 11
Über Bilder, Figuren und Spielzeug eine Verbindung zu den Einhörnern herstellen

Wenn du eine Einhornfigur hast, die du liebst und schätzt, dann ist dies nicht nur ein lebloses Objekt, sondern ein Konzentrationspunkt, über den sich dein Einhorn mit dir verbindet. Eleanor erzählte mir diese außergewöhnliche Geschichte:

Sie hat ein kleines Studio in ihrem Garten, in dem sie heilt, Orakelkarten liest und spirituelle Arbeit mit Engeln, Einhörnern und aufgestiegenen Meistern macht. In dem Studio steht ein runder Glastisch mit einem schönen weißen Einhorn und mehrere Packungen Engel- und Orakelkarten darauf. Eines Tages beschloss sie, eine Lesung mit einem Medium namens Stephen zu machen. Sie hatte ihn noch nie zuvor kontaktiert, und er wusste nichts über sie, aber er stellte sich auf sie ein, sobald sie sich gesetzt hatte, und sagte: »Ich sehe einen Raum voller aufgestiegener Meister, Engel und anderer Lichtwesen. Hast du einen heiligen Raum in deinem Haus? Auf einem Glastisch liegen viele Packungen Orakelkarten.« Dann machte er eine Pause und schwieg einen Moment, bevor er fortfuhr: »Ich habe lange Zeit sehr viel gechannelt, aber was jetzt passiert, ist noch nie passiert. Ein weißes Einhorn hat den Raum betreten und präsentiert sich. Ein reinweißes Einhorn! Klingelt es da bei dir?« Eleanor antwortete, dies sei der Fall. Stephen fuhr fort: »Es verbeugt sich und möchte dich wissen lassen, dass es den Namen annimmt, den du ihm gegeben hast.«

Eleanor hatte das Einhorn auf ihrem Glastisch Pythagoras genannt, kurz Pi. Und erst an diesem Morgen hatte sie es gefragt, ob es mit seinem Namen zufrieden sei! Jetzt erkannte sie, dass es auch der Name ihres echten persönlichen Einhorns war, und freute sich sehr, dass es den Namen mochte, den sie ihm gegeben hatte. Die Lesung war eine große Bestätigung für sie und verhalf ihr zu dem Wissen, dass ihr Einhorn bei ihr war.

Bilder, Statuen und Spielzeuge von Engeln, Feen, Drachen und Tieren sind Konzentrationspunkte, über die sich die Geister dieser Wesen mit uns verbinden. Ich erinnere mich an einen Besuch bei einer älteren Dame. Sie liebte Eulen und hatte eine großartige Eulenstatue auf ihrem Couchtisch stehen, die sie sehr verehrte. Sie unterhielt sich mit ihr und hatte eine echte Verbindung zu ihr. Eines Tages fragte sie mich, ob ich gern mit der Eule sprechen würde. Ein wenig verlegen sagte ich: »Natürlich.« Dann fragte ich den Vogel telepathisch, ob er mir etwas sagen wolle. Zu meiner Überraschung erzählte mir die Eule, dass die ältere Dame eine Tochter habe. Da ich wusste, dass sie nie geheiratet hatte, was in ihrer Generation ziemlich wichtig war, war ich überwältigt und wusste nicht genau, was ich tun sollte. Versuchsweise fragte ich sie, ob sie jemals ein Baby bekommen hätte. Sie bestritt es brüsk, also nahm ich an, dass ich mich geirrt hatte. Jahre später lernte ich ihre Tochter kennen. Ich weiß wirklich nicht, warum ihre Eule mir diese Informationen gegeben hat, aber sie hat mir auf jeden Fall etwas über die Kraft heiliger Statuen beigebracht.

Wir wissen, dass Geister Kristalle bewohnen können, und die folgende Geschichte von Gerda Widmaier zeigt, dass sie auch in bestimmten Spielzeugen wohnen können.

Eines Tages kam Gerda auf dem Heimweg an einem Bekleidungsgeschäft vorbei und beschloss hineinzugehen. Aber als sie drin war, wusste sie nicht, warum sie dort war. Sie schrieb:

> *Ich fand ein Kleidungsstück und ging damit in die Umkleidekabine, aber es passte nicht, und ich mochte es nicht wirklich. Ich zog den Vorhang auf und sah mehrere Regale mit Spielzeug vor mir. Ich wollte gerade wieder gehen, als ich plötzlich versteckt in einer Ecke den wunderbaren Plüschkopf eines Einhorns erblickte. Ich lachte, bückte mich und zog es aus seiner Ecke. Es war ein wundervolles kuschelweißes Einhorn. Ich drückte es an mein Herz und fragte es, ob es mit mir nach Hause kommen wolle. Es antwortete mit »Ja«. Auf dem ganzen Weg nach Hause war ich glücklich und zufrieden. Es gibt mir immer noch ein unbeschreibliches Gefühl der Zufriedenheit. Es ist mein Beschützer und guter Freund geworden.*
>
> *Eines Nachts schlief ich mit meinem Einhorn im Arm und sah im Traum zwei wunderbar reinweiße Einhörner auf mich zukommen. Sie waren so schön, und ich hatte so sehr das Gefühl, sie seien echt, dass ich sie bat, mir ihre Namen zu sagen. Sie sagten: »Fabio und Flora.« Ich war*

überglücklich. Ein paar Tage später kam ein Pegasus in einem Traum zu mir und sagte, sein Name sei Clara. Seitdem habe ich eine wirklich enge Verbindung zu ihnen allen. Sie haben eine enorm starke Energie, und ich spüre jede Nacht, wenn ich schlafen gehe, dass ich von ihnen umgeben bin. Sie geben mir Sicherheit und Geborgenheit.

Marijke, die zu einem meiner Retreats kam, erzählte mir von ihrer Verbindung mit Einhörnern. Ihr zwölfjähriger Sohn war mit einer Gruppe in Urlaub gewesen, und als Marijke hörte, wie sie alle ein Einhornlied sangen, hatte sie das Gefühl, Einhornenergie bekommen zu haben. Einige Tage später musste sie nach Köln, um etwas Schmuck zu verkaufen. Neben dem Juweliergeschäft befand sich ein Florist, und auf dem Bürgersteig davor stand ein riesiges weißes Einhorn. Marijke war so verzaubert, dass sie in den Laden ging. Dort gab es auch ein paar kleine Einhörner, und sie hatte das starke Bedürfnis, eines zu kaufen.

Danach beschloss sie, eine Meditation zu machen, um sich mit ihrem persönlichen Einhorn zu verbinden. Während der Meditation fragte sie nach seinem Namen und erhielt »Jedai«. Sie war wirklich irritiert darüber, weil sie noch nie von diesem Namen gehört hatte und nicht wusste, wie sie ihn buchstabieren sollte. Also fragte sie in mehreren Meditationen nach dem Namen ihres Einhorns. Schließlich erhielt sie den Namen »Gerard«. Dies verwirrte sie zunächst, bis ihr auffiel, dass zwei Einhörner bei ihr waren. Jedes hatte eine andere Energie, denn Jedai war weiblich und Gerard männlich.

Wochen später fragte sie, ob wirklich zwei Einhörner bei ihr waren oder ob es sich um verschiedene Aspekte desselben Einhorns handelte. Dieses Mal erhielt sie, um ihre Verwirrung noch zu verstärken, den Namen »Duncan«. Ein dritter Name! Außerdem war Duncan braun. Wenn sie meditierte, rief sie nun immer: »Jedai-Gerard-Duncan!«

An dem Morgen, bevor sie mir diese Geschichte erzählte, hatte ich Paarübungen durchführen lassen. Dabei hatte Marijkes Partner, der diese Geschichte nicht kannte, zu ihr gesagt, sie habe drei Einhörner bei sich, ein männliches, ein weibliches, und dann gab es noch ein kleines. Sie spürte, dass sie ihre Familie waren, und es war ihr wirklich wichtig, dies zu wissen.

Viele Menschen berichteten von starken Erfahrungen während dieser Übung. Folgendes ist Priti und ihrer Partnerin Cina passiert. Priti sah ihr Einhorn als reinweißes funkelndes Licht. Es war ein Einhorn, mit dem sie sehr vertraut war, und sie sagte, sein Name sei Maya. Sie sah vier Einhörner um Cina und ein weiteres über ihr. Auch Cina sah und spürte vier Einhörner um sich herum und eines über sich. Beide spürten eine große Hitzewelle in ihrem Herzzentrum. Ich liebe es, wenn Menschen dasselbe sehen oder fühlen, weil es eine solche Bestätigung bietet. In der Tat sagte mir Priti später, dass sie sich genau so gefühlt habe: bestätigt.

Hier ist die Übung. Du brauchst einen Partner, mit dem du zusammenarbeiten kannst.

Den Segen eines Einhorns empfangen

In dieser Übung wechselst du dich mit deinem Partner ab, und ihr gebt euch gegenseitig den Einhornsegen.

- Tausche dich mit deinem Partner darüber aus, welchen Seelensegen jeder von euch erhalten möchte. Ein Seelensegen ist etwas, das dir echte innere Zufriedenheit oder Befriedigung bringt.
- Stell dich vor deinen Partner, und konzentriere dich auf das Erdsternchakra unter seinen Füßen. Spüre, wie groß es ist, welche Farbe es hat und ob seine Kammern offen sind.
- Bitte Erzengel Sandalphon, das Erdsternchakra deines Partners zu berühren und zu entfachen.
- Beuge dich hinunter, und bring die Energie seines Erdsterns physisch in einer Blase – einer Sandalphon-Blase – nach oben. Dies öffnet seine fünfdimensionalen Chakren und hält sie eine Weile offen.
- Rufe die Einhörner herbei. Spüre, wie eines von ihnen dein Herzzentrum berührt, und halte deine Hände hoch, bis du das Gefühl hast, dass sie voller Einhornenergie sind.
- Berühre dann das Herzzentrum deines Partners mit deinen Händen, und lass die Energie des Einhorns in sein Herz fließen.
- Bitte, während du dies tust, darum, dass der gewünschte Segen auch bei ihm ankommt.
- Nimm alle Eindrücke auf.
- Tritt, wenn du fertig bist, einen Schritt von deinem Partner zurück, und schneide die Energie ab, die ihr möglicherweise ausgetauscht habt, indem du mit den Händen eine Schneidbewegung zwischen dir und deinem Partner machst.
- Tauscht euch darüber aus, was ihr beide erlebt habt.

Kapitel 12
Einhörner in Träumen

Meine Freundin Rosemary Stephenson erzählte mir, sie habe die Nachbildung eines Einhornkopfes in ihrem Schlafzimmer hängen. Sie erklärte, dieser Kopf habe eine unglaubliche Energie, und wenn Menschen für Workshops in ihr Haus kommen, hängt sie ihn in dem Raum auf, in dem sie arbeiten. Sie sagt, die Energie werde immer wahrgenommen und kommentiert.

Eines Nachts, sechs Monate nachdem sie ihn bekommen hatte, bewegte sich der Kopf plötzlich. Kein Wunder, dass dies ihre Aufmerksamkeit erregte. Dann sagte er dreimal telepathisch: »Ich heiße Micah.« Und weiter: »Ich bin schon eine Weile bei dir, aber du hast dich noch nicht auf mich eingestimmt.«

Rosemary stimmte sich sofort auf ihn ein und merkte, dass er half, ihre Schwingung hochzuhalten.

Da wurde ihr etwas klar. Ein paar Jahre zuvor hatte sie eine Zeit lang auf einem Bauernhof gelebt, und zwar zusammen mit ihrer Nichte, die ein lohfarbenes Pferd namens Spirit besaß. Es war ein großartiges Pferd, ein Araberhengst, aber sehr nervös, weil es in jungen Jahren schlecht behandelt worden war. Genau genommen versetzten es Menschen derart in Stress, dass es sich nie jemandem näherte. Doch als es Rosemary begegnete, schauten sie sich in die Augen und erkannten sich auf der Seelenebene.

Spirit kam sofort zu ihr und legte seinen Kopf auf ihren. Sie erzählte mir, dass er dies von da an immer tat, wenn sie einander begegneten.

Nachdem sie aus dem Bauernhof weggezogen war, träumte sie, dass Spirit zu ihr kam. Er war zwar immer noch lohfarben, hatte aber ein weißes Horn und war von einer weißen Aura umgeben. Er sagte: »Mein Name ist Micah.«

Sie antwortete: »Aber du bist Spirit!«

Er gab zurück: »Spirit ist mein irdischer Name, aber in der Welt des Geistes bin ich Micah.« Und er wurde weiß.

Wir leben in einem wundersamen und magischen Universum.

Einhörner informieren in Träumen. Jennifer Simis-Rapos schrieb mir, um mir mitzuteilen, ihr Einhorn habe ihr in einem Traum gezeigt, dass ich einen Dokumentarfilm über Einhörner machen und ein weiteres Buch über Einhörner schreiben wolle. Es hatte ihr auch gezeigt, was ich darüber denke, und dass ich ganz begeistert war (was stimmte!), und es hatte gesagt, dass die Einhörner auch darüber begeistert waren. Ihr war auch ein netter Mann gezeigt worden, der mir beim Filmen helfen würde.

Ein Jahr, nachdem sie dies geträumt hatte, erwähnte ich während eines Zoom-Workshops, dass ich einen Dokumentarfilm über Einhörner machen und dieses Buch schreiben wolle. Da kontaktierte sie mich. Als ich ihre E-Mail erhielt, hatte ich zwar schon mit Dylan, dem Dokumentarfilmer, gesprochen, ihn aber noch nicht getroffen. Eine Woche später kam er mich besuchen. Als er aus dem Auto stieg, hatte ich ein Aha-Erlebnis und wusste, dass dies ein gutes Arbeitsverhältnis werden würde. Er war in der Tat ein netter Typ.

Jennifer fuhr fort: »Nachdem du das in dem Zoom-Workshop erwähnt hast, hatte ich einen Traum, in dem du eine schöne

Geburtstagstorte gemacht hast. Sie war oben mit Einhörnern dekoriert, und du hast mich gefragt, ob ich ein Stück haben wolle. Ich sagte Ja! Ich sah noch eine andere Geburtstagstorte, aber die war noch nicht fertig.«

Wie fabelhaft! Und es wird noch besser.

Magie und Heilung können geschehen, wenn ein Einhorn in unsere Träume kommt. Sarah schrieb in ihrer E-Mail, sie habe immer eine Affinität zu Einhörnern gehabt, und dass sie von Zeit zu Zeit ziemlich markant, aber anmutig in ihre Träume kommen.

Sie erklärte:

> *Ich litt seit vielen Jahren an sehr schweren Perioden, und aufgrund einer Blutgerinnungsstörung konnte ich keine Medikamente einnehmen, um mir Erleichterung zu verschaffen. Neben einer Hysterektomie bestand die einzige Möglichkeit darin, mir eine Spirale in die Gebärmutter einsetzen zu lassen, um den Menstruationsfluss zu reduzieren. Ich zögerte, weil ich keinen Fremdkörper in meinem Körper haben wollte. Ich war jedoch mit meinem Latein am Ende. Und in dem Wissen, dass viele Frauen mit der Spirale in ihrem Körper gut zurechtkamen, stimmte ich zu, dass sie eingesetzt wurde. Leider hatte ich danach große Schmerzen und zog mir eine Infektion zu, die mich ziemlich krank machte, obwohl ich eine starke Dosis Antibiotika bekommen hatte.*
>
> *Eines Abends ging ich mit Schmerzen und Fieber zu Bett. Ich erinnere mich, dass ich nach einer Weile halb schlafend und immer noch etwas benommen, aber bewusst genug, um ein Kribbeln auf meiner Haut zu spüren, das Gefühl*

hatte zu fliegen. Ich hatte das Gefühl, mit hoher Geschwindigkeit sicher unter den schützenden Flügeln eines Einhorns transportiert zu werden. Die Federn des Flügels, unter dem ich saß, waren von reinstem Weiß mit einem Stich Blau. Das fliegende Einhorn teilte mir telepathisch mit: »Wir fliegen nach Lemurien.« Ich fühlte mich absolut behütet, obwohl mir unterwegs der Wind ins Gesicht blies. Es war, als befänden wir uns jenseits von Zeit und Raum, und ich fühlte mich sicher genug, um wieder einzuschlafen.

Am nächsten Morgen konnte ich mich genau an das erinnern, was passiert war. Ich hatte noch nie bewusst von Lemurien gehört. Von Atlantis schon, aber nicht von Lemurien. Ich habe es nachgeschaut, und mir wurde klar, dass in Lemurien viel Heilung vollbracht worden war und dass Einhörner etwas damit zu tun hatten.

In den nächsten Wochen verbesserte sich mein Gesundheitszustand zunehmend, und ich hatte das starke Gefühl, geführt und betreut zu werden. Ich ließ die Spirale zwar nicht sofort entfernen, weiß aber, dass ich genügend Heilung bekam, um meinen allgemeinen Gesundheitszustand zu verbessern. Ich bin dem geflügelten Einhorn sehr dankbar.

Es ist sehr interessant, dass Sarah im Schlaf spirituelles Wissen und eine unglaubliche Erfahrung geschenkt wurden. In der Tat war Lemurien das Goldene Zeitalter vor Atlantis. Die Wesen dort waren ätherisch, nicht körperlich, und sie handelten als Einheit, als eine große heilende Kraft, die sich durch das ganze Universum bewegte und Orte berührte, die Weisheit und Licht brauchten. Ganz besonders liebten diese Wesen die Erde und die Natur. Vor mehr als 260.000 Jahren wussten sie bereits, dass die

Menschheit in den zwanzig Jahren zwischen 2012 und 2032 ihre Hilfe brauchen würde, um sich auf das neue Goldene Zeitalter vorzubereiten. Also erschufen sie die erstaunlichen lemurischen Heilkristalle, um Individuen und den Planeten zu erleuchten.

Von einem Einhorn zu träumen, kann dich buchstäblich aufwecken und auf deinen Weg führen. Als Priti mir von dem folgenden Traum erzählte, erwähnte sie auch, dass sie sich lange Zeit nicht traute, das Wesen anzuschauen, das da zu ihr gekommen war. Dies geschieht oft, weil Menschen unbewusst eine hohe Schwingung spüren. Wenn sie es dann wirklich sehen, verändert sich alles.

Dies ist die Geschichte, die Priti mir erzählt hat:

Ich hatte früher einen wiederkehrenden Traum, in dem ich wie ein Bündel durch die Nacht getragen wurde. Ich hatte zu viel Angst, mir anzuschauen, wer mich da trug, und ich wusste nicht, warum ich diese Angst hatte. In einer Nacht begann der bekannte Traum, und ich sagte mir, dass ich mir jetzt anschauen würde, wer es war. So machte ich es, und zu meinem Erstaunen war es ein Einhorn, ein schimmerndes weißes Einhorn. Bis dahin hatte ich nicht gewusst, dass es Einhörner wirklich gibt. Ich dachte, es seien imaginäre Wesen.

Ab dem Moment, in dem ich hingeschaut und das Einhorn gesehen hatte, war ich hellwach. Ich wusste, dass es in meine Träume gekommen war, um mich aufzuwecken. Dann konnte ich es besteigen und darauf reiten. Ich wusste nicht, wohin es mich trug, bis wir an einem neuen Haus ankamen, das wunderschön mit Weihnachtsdekorationen geschmückt war. Ich kannte dieses Haus nicht, weil es ganz neu war und an einem mir unbekannten Ort stand. Ich wusste nicht, wo es war. Aber es war ein magischer Ort, und ich wusste, dass das Einhorn mich dorthin brachte, um mir mein zukünftiges Leben zu zeigen.

Interessanterweise hatte Priti ein scheinbar hartnäckiges Problem in ihrem Leben zu lösen. Sie erzählte mir davon, und ich erinnerte sie daran, dass sich alles ändern konnte, wenn sie ihre Frequenz erhöhte. Dann bat ich die Einhörner, ihr zum höchsten Wohl zu helfen. Ein paar Tage später schickte sie mir eine E-Mail, in der sie mir mitteilte, ein Wunder sei geschehen und eine Lösung gefunden.

*Einhörner erhöhen deine Frequenz, heben sie über
die eines Problems, sodass dieses sich auflöst.*

Sarah erzählte, wie der Traum von einem Einhorn ihr half, ein Zerwürfnis zu heilen. Sarah und eine Freundin hatten sich wegen eines beruflichen Problems zerstritten. Sarah versuchte, die Sache wieder in Ordnung zu bringen, aber ihre Freundin wollte nicht mit ihr sprechen. Die Atmosphäre war sehr angespannt, und die mangelnde Kommunikation hatte einen negativen Einfluss auf die reibungslosen Betriebsabläufe, wovon das ganze Team betroffen war.

Ein paar Tage später ging Sarah sehr niedergeschlagen über die aktuelle Situation zu Bett. In dieser Nacht hatte sie einen sehr lebhaften Traum von einem Einhorn. Eigentlich war es ein Einhornmensch mit dem Oberkörper eines Mannes mit langer Mähne und dem Unterkörper eines Einhorns. Er war orangefarben, und ihre Freundin ritt auf ihm. Vor ihrem Büro blieb er stehen, ließ sie absteigen und zur Arbeit gehen. Sie trug einen Korb. Dann drehte er sich um und schaute Sarah an, die ebenfalls zur Arbeit ging. Und sie wusste, dass er ihr stillschweigend mitteilte, er werde ihr helfen.

Als Sarah am nächsten Tag zur Arbeit kam, war ihre Freundin immer noch nicht bereit, über das Problem zu sprechen. Sie sagte aber immerhin Hallo, und sie tauschten Höflichkeiten aus. Sie hatte auch einen Korb mit Kuchen mitgebracht, und für Sarah gab es auch ein Stück. Das erinnerte sie sofort an den Traum, in dem der Einhornmensch ihre Freundin samt Korb zur Arbeit getragen hatte!

Danach verbesserte sich das Verhältnis zwischen Sarah und ihrer Freundin allmählich, obwohl sie nie über das strittige Problem sprachen. Im Laufe der Zeit konnten beide loslassen. Vierzehn Jahre später weiß Sarah zu schätzen, dass sie sehr gute Freundinnen sind.

Sarah fügte noch hinzu, dass sie noch nie einen Einhornmenschen in ihren Träumen gesehen hatte, geschweige denn einen orangefarbenen. Orange ist eine Farbe der Wärme und Freundschaft. Sarah sagte, es sei zwar ungewöhnlich gewesen, einen Einhornmenschen zu sehen, aber auch eine absolut magische Erfahrung, und dass sie das Gefühl hatte, er stehe für Liebe, Frieden und Entschlusskraft.

Was für eine erstaunlich klare und praktische Traumbotschaft, dass Einhörner geholfen haben, die Situation zu klären.

Einhörner in deine Träume rufen

Wenn du Einhörner in deinen Träumen haben möchtest, ist es wirklich hilfreich, tagsüber über sie nachzudenken, damit du für ihre Energie empfänglich bist. Und wenn du dann zu Bett gehst ...

- Stell ein Glas Wasser neben dein Bett.
- Halte die Hände darüber und sag oder denke: »Ich segne dich und rufe Einhörner in meine Träume.« Trink es dann mit dieser Erwartung.
- Lege einen Block und einen Stift neben dein Bett.
- Entspanne dich, und nimm dir vor, dich an deine Einhornträume zu erinnern.
- Schließe die Augen und atme ganz natürlich.
- Visualisiere ein reinweißes Einhorn vor dir.
- Lass dich dann in den Schlaf gleiten.
- Versuche, dich gleich nach dem Aufwachen an alle Träume zu erinnern, die du hattest, und schreib auf, was dir einfällt.
- Notiere vor allem die Botschaften, die du bekommen hast.
- Jedes Mal, wenn du das tust, wirst du dich mit ziemlicher Sicherheit an immer mehr erinnern, und das wird dich deinem Einhorn immer näherbringen.

Kapitel 13
Einhörner in der Meditation

Wenn du meditierst, dann öffnet sich deine rechte Gehirnhälfte für andere Dimensionen. In diesem Zustand fällt es dir sehr viel leichter, Zugang zu höheren geistigen Bereichen zu bekommen. Deshalb sind Visualisierungen so mächtig.

Erica Longden erzählte mir die folgende Geschichte:

Ich habe Pferde schon immer verehrt und als Kind jede freie Sekunde mit ihnen verbracht. Meine Familie hatte nicht viel Geld. Also arbeitete ich im Hof der örtlichen Reitschule und verdiente mir so ein paar Reitstunden. Es ist wohl kaum überraschend, dass meine ersten Orakelkarten die aus einem Einhornorakeldeck waren. Orakelkarten sind ziemlich magisch, und nachdem ich einmal angefangen hatte, mich für sie zu öffnen, besuchte mich ein erstaunlich mächtiges Einhorn in der Meditation. Als ich es nach seinem Namen fragte, hörte ich sofort klar wie eine Glocke: »Bukephalos«. Ich erkannte den Namen als den des berühmten Pferdes von Alexander dem Großen. Es wurde so verehrt, dass es nach seinem Tod ein stattliches Begräbnis in Jalalpur Sharif, Punjab (heute Pakistan), bekam.

> *Dieses Pferd ist jetzt zum Einhorn aufgestiegen und kommt immer, wenn ich es rufe. Ich habe eine so starke Verbindung zu ihm, dass mein Herz zerspringt, wenn ich nur an es denke. Er war »der König der Pferde mit dem Herz eines Löwen und schnell wie ein Adler«. Ich fühle mich so geehrt, eine Verbindung zu ihm zu haben. Manchmal rührt es mich zu Tränen.*

Wie Bukephalos können Einhörner auf wundersame Weise in Meditationen auftauchen. Nathan, der kürzlich *Das Wunder des Einhorns* gelesen hatte, schrieb in einer E-Mail:

> *Als ich gerade meine spirituellen Yogaübungen machte, kam aus den stillen Nebeln meiner Meditation ein beeindruckendes (Entschuldigung, Worte können das Wesentliche nicht sagen), mächtig kraftvolles Einhorn. Ich kann nur sagen, dass ich von Ehrfurcht ergriffen war. Es kam mit seinem strahlend weißen Körper, blitzendem Horn und so viel Anmut direkt auf mich zu und legte seinen Kopf so neben mich, dass sich unsere Hälse berührten. Wir blieben in dieser Umarmung, und das Einhorn umhüllte mich mit seinem Wesen. Diese Ekstase war nicht von dieser Welt. Es würde Monate dauern, um alles zu enträtseln, was mir in diesem Moment gegeben wurde, vielleicht sogar ein Leben lang. Denn später wurde mir klar, dass dies mein Lehrer war, der mich auf seine Anwesenheit aufmerksam machte und mir sagte, dass Anleitung, Lektionen und schwere Aufgaben auf mich warteten, aber trotzdem war ich fest entschlossen und bereit für meine Mission in diesem Leben.*

Seit dieser Erfahrung, schrieb er noch, habe er immer wieder das Glück gehabt, Einhörner in der Meditation beobachten zu können. Manchmal tollten mehrere von ihnen spielerisch um einen Regenbogen oder er sah sie in anderen herrlichen Szenen.

Er fügte hinzu, er sei Infanterieoffizier, Kommandeur eines Geschützzugs und Civil Affairs Officer, außerdem Hilfssheriff und Pranaheiler und nicht daran gewöhnt, von solchen Erfahrungen zu berichten.

Ich bin sehr froh, dass er es getan hat.

Auch Cina erzählte mir, dass sie manchmal die Anwesenheit von Einhörnern spürt. Eines Tages nach der Meditation nahm sie wahr, wie sich eine riesige Öffnung vor ihr auftat und ein weißes Licht aus der Ferne in ihre Richtung strahlte. Es kam immer näher. Plötzlich stand ein riesiges Einhorn vor ihr. Sie sagte:

Ich war überwältigt, als es mich telepathisch bat, auf ihm zu reiten. Wir stiegen höher und immer höher in die Luft, bis wir an einem Palast in der zwölften Dimension ankamen. Er war von zwölf Edelsteinen umgeben, die ihr Licht in jede Richtung strahlten. Ein weißer Löwe erschien und begleitete mich auf meinem Einhorn bis mitten in den Palast. Dort spürte ich die Anwesenheit und das Licht des Einhorns sehr stark. Es war eine sehr kraftvolle Erfahrung, und ich wachte mit dem Gefühl auf, dass ich verwandelt worden war.

Der Löwe steht für männliche Energie, das Einhorn für weibliche. Darüber hinaus trägt der weiße Löwe das Christuslicht, genau wie das Einhorn. Dieses Licht symbolisiert das Christusbewusstsein: reine bedingungslose Liebe mit Kraft.

Die folgende Geschichte einer unglaublichen Meditation hat mir Bryan Tilghman geschickt. Sie steht auch in einem seiner Bücher, *Telos Welcoming New Earth*. Er erzählt uns, dass Telos eine Stadt aus Kristall ist, die ganz tief im Herzen des Mount Shasta, Kalifornien, liegt, und dass die Lemurier immer dort gelebt haben, in den höheren Bereichen der fünften Dimension.

Das interessierte mich sehr, denn als ich das erste Mal Mount Shasta besuchte, den ätherischen Rückzugsort von Erzengel Gabriel, traf ich mehrere Leute, die mir erzählten, dass ihre Eltern und Großeltern mit den großen, schlanken, sanften Lemuriern gesprochen hatten, die in den Bergen lebten und gelegentlich auf dem Lande gesehen wurden.

In Meditation reiste Bryan zu der Pyramide in Telos, wo Erzengel Michael und zwei Engel warteten. Er schrieb:

Erzengel Michael sagte mir, ich solle mit ihm kommen und dass er mir etwas zu zeigen habe. Ich reiste mit ihm in seinem Energiefeld. Seine Anwesenheit war stark, aber es war schwer, zu sagen, wie schnell wir reisten und welche Entfernungen wir zurücklegten. Ich sehe es so, dass Erzengel Michael seine Aufmerksamkeit einfach auf einen Ort lenkt, und schon sind wir da. Im Nu standen wir wieder. Es fühlte sich an, als wären wir an den Rand der Galaxie gereist. Dort schauten wir aus dem Weltraum auf die Milchstraße. Es war so schön, dass man es gar nicht beschreiben kann.

Er fragte, ob ich bereit sei, den Ort wieder zu verlassen, und wie der Blitz fand ich mich im nächsten Moment auf einem Feld im hohen Gras wieder und schaute zu einem sehr großen weißen Einhorn auf. Es stand ganz nah bei mir, und mehrere andere standen hinter ihm. Mir blieb der Mund offen stehen, und ich wusste nicht, was ich sagen sollte. Sie kommunizierten telepathisch, und ich nahm sie als sehr weise und freundliche Wesen wahr. Das Erste, was das Einhorn zu mir sagte, war: »Du hättest wohl nicht gedacht, dass es uns wirklich gibt?« Es gab einige von ihnen, vielleicht sechs oder sieben, aber eines war mir sehr nah. Es senkte den Kopf, sodass ich sein Gesicht berühren konnte, und es schien vielen der Bilder, die wir in unserer Mythologie sehen, sehr ähnlich zu sein. Sie wirkten ziemlich groß, und ich hatte den Eindruck, dass sie zweieinhalb bis drei Meter hoch sind und einen starken, muskulösen Körper haben. Wir waren in den Feldern von Telos. Ich konnte ihre große Liebe und Weisheit spüren, und es fühlte sich wunderbar an, in ihrer Gegenwart zu sein. Das Einhorn sagte, sie seien zurückgekommen, um uns zu helfen. Dann wünschte es mir einen schönen Tag und sagte, wir würden uns wiedersehen.

Unsere inneren Reisen bringen uns wirklich mit der Magie des Kosmos in Verbindung.

Die folgende Geschichte ist ganz besonders und sehr interessant. Alicia Saa erzählt von einem Erlebnis mit einem Pegasus und ihrem Einhorn während einer meiner Onlinesitzungen, das ihr Leben verändert hat. Sie schreibt:

Als wir die erste Meditation machten, in der wir uns mit unserem Einhorn verbinden sollten, war ich mit meinem geliebten Einhorn Whisper zusammen, und dann kam ein herrlicher Pegasus zu mir. Mein Einhorn ging auf ihn zu, und Lichtfunken schimmerten vor meinen Augen. Sie

> *wurden eins, und ich wusste, dass mir jetzt eine neue Frequenz zur Verfügung stand. Als ich nach dem Namen des Pegasus fragte, teilte er mir telepathisch mit, er sei in Vertretung einer kollektiven Einhornenergie gekommen, und ich könne ihn »P« nennen. Sie würden mir bei meiner Mission helfen, die Lehren über fortgeschrittene Vergebungsprozesse zu verbreiten, die das Christuslicht tragen. Er fügte hinzu, dass ich mich mein ganzes Leben darauf vorbereitet habe und nun bereit sei, meine Lehren mit gutem Beispiel zu vertreten.*

Während der Meditation in dieser Onlinesitzung brachte Erzengel Gabriel seine weiße Flamme über uns. Dann folgte Serapis Bey mit der weißen Flamme von Atlantis. Dann badeten wir in den Seen aus Christuslicht in Lakumay, dem aufgestiegenen Aspekt von Sirius.

Alicia schrieb dazu:

> *Als ich in Erzengel Gabriels weiße Flamme und in Serapis Beys weiße Flamme von Atlantis eintauchte, hatte ich das tiefe Gefühl, geklärt und geläutert zu werden. Ich hatte das Gefühl, dies sei erforderlich, um das Christuslicht in den Seen der fünften, siebten und neunten Dimension zu empfangen. Jeder dieser Seen hatte eine andere Schwingung und Farbe und einen anderen Klang. Der See der neunten Dimension beeindruckte mich zutiefst. Als ich in dieser reinen und unberührten Energie badete, hörte ich mich sagen: »Gott, ich will nur dich«, und alle meine weltlichen Wünsche versanken im See. In diesem Moment wusste ich, dass ich für etwas sehr Schönes bereit war.*

Dann, nach meiner Ankunft im Reich der Einhörner, stand ich vor ihrem König und ihrer Königin. Sie segneten mich und statteten mich mit allen Eigenschaften aus, die ich brauche, um meine Seelenmission zu erfüllen. Schließlich kam ich mit der mir übertragenen kollektiven Einhornenergie zurück auf die Erde und mit zwei Baby-Einhörnern, die mir beibringen sollten, meinen Körper auf die liebevollste Weise zu nähren, ins Gleichgewicht zu bringen und zu pflegen, damit ich meine Seelenmission erfüllen kann. Es war eine wunderbare Sitzung, und ich wollte einfach von einem Teil meiner Reise erzählen.

In der Meditation Verbindung mit Einhörnern aufnehmen

- Schau dir die Geschichten über Erfahrungen, die Menschen in der Meditation mit Einhörnern gemacht haben, noch einmal an. Wähle dann eine aus, die dich besonders berührt.
- Schließe die Augen, und mach dich selbst auf diese Reise.
- Du kannst denselben Weg gehen, aber etwas vollkommen anderes erleben.
- Schreib deine Erlebnisse in dein Einhorntagebuch.

Kapitel 14
Einhörner in der Natur

Obwohl Einhörner in der Regel in Träumen und Meditationen erscheinen oder in der Zeit zwischen Wachen und Schlafen, wenn die Schleier zwischen den Dimensionen sehr dünn sind, sehen Menschen sie auch in der Natur an schönen Flecken, wo die Frequenz hoch und die Energie rein ist, denn auch an diesen Orten sind die Schleier zwischen den Welten dünn.

Ich möchte hier ein paar Geschichten von Menschen weitergeben, die mir berichteten, ein Einhorn mit ihren physischen Augen gesehen zu haben.

Leonie van Veghel schickte mir eine wunderbare E-Mail über ihre erste Begegnung mit einem Einhorn. Sie hatte am Vortag im Wald in der Nähe ihres Hauses stattgefunden. Wie sie sagte, gab es dort einen besonderen Ort, an dem man eine kleine Brücke überqueren und einen Märchenwald betreten konnte. Zwei große Bäume standen dort und bildeten die beiden Seiten eines Portals. Es fühlte sich an, als seien sie die Torwächter. Dies war ein sehr heiliger, magischer Ort, dem Leonie im Laufe der Zeit Dankbarkeit und Liebe gesendet und sogar Opfergaben dargebracht hatte.

Sie sagte, sie habe am Tag davor eine Freundin getroffen, die sehr krank war und in nicht hilfreichen alten Mustern feststeckte.

Nach diesem Treffen war sie untröstlich, weil sie helfen wollte, ihre Freundin aber nicht offen war für die Liebe und das Licht, das sie ihr schickte. Der einzige Ort, zu dem sie gehen konnte, war ihr Platz im Wald. Dort kommunizierte sie mit den Elementen und ging dann in den Märchenwald. Sie schrieb:

> *Auf der Stelle erschien ein Einhorn. Es strahlte ein unbeschreibliches weißes Licht aus, das hellste Licht, das man sich vorstellen kann. Ich stand auf einem kleinen Pfad, und das Einhorn stand in einiger Entfernung zwischen Bäumen. Es gab mir weiße Energie und auch weiße Energie mit Regenbogen. Die Regenbogen waren irgendwie wichtig. Es gab mir auch Hoffnung. Dies war eine klare Botschaft. An die Helligkeit des Lichts, das von dem Einhorn ausging, werde ich mich für den Rest meines Lebens erinnern. Es war wirklich unbeschreiblich. Dann, als ich mit meinem Fahrrad aus dem Wald fuhr, kam sehr besondere Energie von oben und spülte mich ab. Es fühlte sich wirklich an, als hätte es mich gereinigt. Ich dachte: »Lass einfach los, lass es alles wegwaschen, was weggewaschen werden muss. Erlaube ihm, dich zu reinigen.«*

Leonie hatte das Gefühl, dass dies ein Geschenk des Einhorns war.

Doch damit war die Verbindung zu dem Einhorn nicht beendet. Später an diesem Tag erschien das Einhorn in Leonies Wohnzimmer. Es kam ihr sehr nah und legte seinen Kopf auf ihre Herzgegend, als sie auf der Couch lag.

Sie sagte noch: »Dann stand das Einhorn im Wohnzimmer und gab mir weißes Licht. An diesem Ort war ich so offen und verletzlich, dass ich das weiße Licht empfangen konnte. Wir hatten gestern einen ganz besonderen Tag zusammen, bei unserem ersten Treffen.«

Begegnungen mit einem Einhorn können das ganze Leben verändern.

Hier ist die Geschichte einer solchen Begegnung. Essa Love hat sie mir per E-Mail geschickt.

> *Ich bin Energieheilerin aus Deutschland. Ich bin sehr glücklich und ganz aufgeregt, hier über meine Erfahrungen mit Einhörnern schreiben zu können. Am 19. Januar 2018 habe ich zum ersten Mal ein Einhorn gesehen. Davor hatte ich sie nicht beachtet. Das war einfach so. Eines Tages chattete ich mit einer Freundin und wollte von ihr wissen, ob sie wirklich existieren. In dieser Nacht zündete ich eine Kerze im Wohnzimmer an. Bevor ich meditierte, betete ich, ein Einhorn sehen zu können, wenn sie wirklich existieren. In der Meditation habe ich nichts gesehen. Aber in dem Moment, in dem ich die Augen wieder aufmachte, sah ich ein schönes, großes und sehr majestätisches weißes Pferd, dessen silberweißes Licht ganz in meiner Nähe aufleuchtete. An den beiden Vorderbeinen trug es silbrige Armbänder. Dies schien kein gewöhnliches Einhorn zu sein. Sein Energiefeld war sehr heilig und ehrwürdig, wie das eines Königs. Ich spürte, dass es unter seiner Macht auch sehr mitfühlend war.*

Diese Begegnung machte Essa offen für die Einhornreiche. Nach diesem einen sah sie noch andere, aber sie sagt, die Schönheit dieses ersten Einhorns sei anders gewesen als die der anderen.

Die meisten Menschen, die Pferde lieben, haben eine automatische Verbindung zu Einhörnern. Katie gehört sicherlich dazu. Sie erklärte, sie sei mit Ponys aufgewachsen. Sie hatte sie geritten, und sie und ihre Schwestern hatten sich um ihre eigenen gekümmert. Als Kind hatte sie auch mit ihren feenhaften Freunden und mit Elementargeistern im Garten gespielt. Sie erzählte mir, dass die Grafschaft Dorset im Süden Großbritanniens eine starke Einhornenergie hat! Ich war hocherfreut, dies zu hören, dort hatte ich meine ersten Einhornbegegnungen gehabt.

Katie berichtete mir auch vom Pferd ihrer Schwester. Walter war ein großer Vollbluthengst. Offenbar war er sehr speziell und hatte eine tolle Ausstrahlung. Er hatte auch ein »Daumenzeichen des Propheten« am Hals. Das ist ein Geburtsmal, eine Art Einkerbung am Hals oder auf der Brust eines Pferdes. Der Legende nach war der Prophet Mohammed einmal mit seiner Herde Araberpferde in der Wüste. Sie hatten großen Durst, und als sie in die Nähe eines Wasserlochs kamen, ließ er sie frei. Sie galoppierten los, um zu trinken, aber bevor sie dies tun konnten, rief er sie zurück. Nur fünf der Stuten kehrten sofort zu ihm zurück, ohne ihren Durst zu löschen. Es heißt, dass er diese fünf Stuten zum Dank für ihre Treue und ihren Gehorsam segnete und seinen Daumenabdruck an ihrem Hals hinterließ. Sie wurden für die Zucht gehalten. Und von Pferden wie Walter, die einen solchen Daumenabdruck haben, wird angenommen, dass sie Nachkommen dieser Stuten sind und Glück bringen.

Katie erzählte: »Walter gehörte Sarah, meiner ältesten Schwester, und sie liebte ihn sehr. Ich fing an, ihn zu reiten, als ich Teenager war. Als ich ihn einmal ritt, hörte Walter, dass irgendwo ein Jagdhorn geblasen wurde, und ging mit mir durch. Am Ende landeten wir in einem Lastwagen mit Anhänger. Wir waren beide unverletzt, hatten aber einen Schock. Bald darauf entdeckten wir verwachsene Wirbel in seiner Wirbelsäule. Er wurde operiert, aber leider nicht erfolgreich. Also musste er eingeschläfert werden.«

Sie erklärte mir, dass Pferde damals mit einem Bolzenschuss eingeschläfert wurden. Der Bolzen trat genau an der Stelle in den Kopf des Pferdes ein, an dem ein Einhorn sein Horn hat. Katie glaubt, dass dies der Punkt ist, an dem ein Pferd eine kosmische Verbindung zu Einhörnern hat.

Verständlicherweise konnte Sarah Walter nicht halten, während er eingeschläfert wurde. Der Tierarzt hatte ihn immer behandelt, und auch er hing sehr an ihm. Also beschloss Katie, mutig genug zu sein und ihn zu halten. Als er erschossen wurde und sein Körper zu Boden fiel, sah sie etwas, was sie jetzt für seine Einhornessenz hält: eine vielfarbige Energie, die in Spiralen ab- und wieder aufsteigt. Sie glaubte, sie sei gekommen, um seine Seele mitzunehmen.

Sie fügte hinzu: »In diesem Moment wurde mir klar, dass vielleicht viele Pferde diese Einhornverbindung haben. Und wenn wir die Hand auf diese heilige Stelle unter der Stirnlocke legen, können wir diese Verbindung vielleicht reaktivieren.

Katie ist medizinische Akupunkteurin, und sie sagte noch:

Ich habe meine Klinik 2005 eröffnet. Seitdem bin ich dreimal umgezogen, und der letzte Umzug fand sehr plötzlich statt. Ich war wirklich nicht glücklich darüber, weil ich so viel Geld in meine bisherige Bleibe gesteckt hatte. Ich saß zu Hause und bat meine Engel, Einhörner und Geistführer, schnell eine neue Bleibe für mich zu finden. Innerhalb einer Stunde hatte ich eine Nachricht von einer Dame, die ich vom Reiten kannte. Sie sagte, ihr Mann habe gerade ein schönes Haus aus dem 19. Jahrhundert in der Stadt zu vermieten und wolle es an diesem Tag auf den Markt bringen. Ich ging sofort hin, um es zu besichtigen, und sobald ich eintrat, wurde ich von der Einhornenergie fast umgeblasen. Die Einhörner standen buchstäblich linksherum im Kreis in der Eingangshalle und sagten: »Ja.« Ich wusste absolut, dass dies der richtige Platz für mich war. Der Vermieter war sehr nett, und wir waren uns schnell einig.

Sie sagt, dass viele Menschen, sobald sie das Haus betreten, eine Bemerkung darüber machen, wie wunderbar willkommen sie sich fühlen. Ein lieber Freund kam herein und stellte fest: »Weißt du, dass du vier oder fünf Einhörner im Flur hast?«

Als sie das hörte, sprang Katie vor Freude auf und ab. Dieser Freund ist nicht die einzige Person, die Einhörner dort gespürt hat, und Katie glaubt, dass sie das Haus schützen und die Menschen heilen, wenn sie das Gebäude betreten und verlassen.

Ich veranstalte regelmäßig eine »Engel-Inspirationsstunde« live auf Facebook. In einer Woche erzählte Aingeal, sie habe sehr früh am Morgen ein Einhorn in einem Feld gesehen.

Ich saß in einem Taxi auf dem Weg zum Flughafen Gatwick. In der Nacht davor hatte ich einen Workshop gegeben, und Einhörner waren gekommen. Der Taxifahrer spielte Bhajans ab. Die liebe ich, und daher war ich in einem meditativen Zustand. Ich schaute einfach so aus dem Fenster und sah ein kleines weißes Pferd auf einem Feld. Ich dachte: »Was macht dieses kleine Pferd so ganz allein im Nirgendwo?« Sein Kopf war unten, aber als es ihn hob, sah ich das Horn. Ich war erstaunt und wollte anhalten, aber wir waren auf der Autobahn, und der Fahrer sprach nicht viel Englisch. Also habe ich es einfach beobachtet, bis es außer Sicht war. Ich werde es nie vergessen.

Ich war hell begeistert, als ich Aingeals Geschichte las. Bhajans sind fromme spirituelle Lieder, und ich liebe sie auch. Einige meiner heiligsten Erinnerungen bringe ich mit meiner Teilnahme am Bhajansingen in Indien in Verbindung. Und Einhörner sind überall. Wir sehen sie, wenn wir uns im richtigen Umfeld befinden und wo immer die Schleier dünn sind.

Kapitel 15
Einhorn-Orbs

Engelwesen, zu denen auch Einhörner gehören, können ihre Schwingung in die sechste Dimension bringen, damit sie von einer Kamera erfasst werden kann. Demgemäß wurden bestimmte Wissenschaftler von ihren Engeln und höheren Geistführern inspiriert, Digitalkameras zu entwickeln, die auf der passenden Schwingung arbeiten. Orbs sind also die sechsdimensionalen Lichtkörper von Engelwesen. Ihr Erscheinen in Fotografien wurde vom geistigen Reich inszeniert und liefert uns einen physischen Beweis für die Existenz der Engelreiche.

Ursprünglich wurden Orbs als Feuchtigkeitstropfen oder Staubfusseln auf der Kameralinse abgetan, aber die Wissenschaftler sind sich mittlerweile einig, dass jeder eine Energiequelle in sich trägt. Dies stimmt mit der Auffassung der Mystiker überein, dass Orbs eine spirituelle Quelle haben.

Orbs verstehen

Normalerweise tauchen Orbs ganz unerwartet auf Fotografien auf. Du kannst sie jedoch auch auf die gleiche Weise anrufen, wie du Engel oder Einhörner aufrufen kannst.

Manche Menschen sind besonders geschickt darin, sich auf ein Einhorn einzustimmen und es anzurufen, damit es als Orb auf ihren Bildern erscheint. Ob es dir gelingt, ein Einhorn auf ein Foto zu bekommen oder nicht, hängt von deiner Energie ab. Hier ein paar Tipps:

- Einhörner und Engel reagieren auf ein offenes Herz. Du musst also ein offenes Herz haben, um ein Foto mit einem Orb darauf machen zu können.
- Deine Schwingungsfrequenz als Fotograf muss mit der des von dir gerufenen Wesens übereinstimmen.
- Vitalität und Begeisterung erhöhen deine Schwingungsfrequenz.
- Entspannt zu sein, ist wichtig.
- Orbs können einzeln auftauchen oder ein paar davon oder auch Hunderte.
- Ihre Form und Farbe haben eine Bedeutung.

Verschiedene Arten von Orbs

Wir sind immer von spirituellen Wesen umgeben, die auf anderen Wellenlängen operieren als wir und daher für die meisten von uns unsichtbar sind. Dazu gehören Feen, Elementargeister, Engel, Geister von Verstorbenen, Gespenster, Geistführer, aufgestiegene Meister und natürlich Einhörner. Einer der Gründe, warum so viele Orbs auf Fotografien auftauchen, ist, dass die Schleier zwischen den Dimensionen dünner werden.

Ich habe Tausende von Engeln, Erzengeln und Liebesengeln auf Fotografien gesehen. Engel sind in der Regel opakweiß, es sei denn, sie schützen jemanden aktiv. Dann sind sie transparent.

Erzengel haben verschiedene Farben, während Liebesengel, die Erzengel in großer Zahl begleiten, aus reiner Liebe bestehen und strahlend weiß sind.

Einhorn-Orbs verstehen

Indem ich Tausende von Orbs untersuchte, erfuhr ich, welche davon Einhörner waren, und Kumeka brachte mir mehr über sie bei. Man findet sie oft, während sie harmonisch mit Engeln zusammenarbeiten und dabei noch leichter und heller erscheinen als ohnehin. Manchmal sind sie riesig und opak, während sie zu anderen Zeiten klein und klar sind und sich oft in der Nähe von jemandem aufhalten. Sie eilen herbei, um Menschen zu retten, die von negativer Energie bedroht werden. Ich erinnere mich, dass ein Orb von Erzengel Michael mit dem eines Einhorns verschmolz und jemandem zu Hilfe eilte, wobei er eine Energiespur hinter sich herzog, weil er sich so schnell bewegte. Auf einem Foto, das Sekunden zuvor aufgenommen worden war, war er nicht zu sehen. Ich habe gelernt, dass Engel und Einhörner lediglich eine Tausendstelsekunde brauchen, um sich in Position zu bewegen!

Ich habe großartige Bilder von mehreren Einhörnern gesehen, die gemeinsam über den Himmel schwebten und als reinweiße Orbs erfasst wurden. Einige von ihnen erschienen in der Ferne als strahlend weiße Lichtpunkte.

Wenn die Einhörner in deine Nähe kommen, müssen sie ihre Energie herunterstufen, weil sie sonst zu stark für dich wäre. Dann erscheinen sie als matte oder sogar undeutliche weiße Orbs. Wenn du einen davon direkt anschaust, nimmst du sein außergewöhnliches Licht in dich auf. Weil an Weihnachten eine Welle aus Christuslicht auf unseren Planeten fließt, bekommst du eine zusätzliche Ladung Einhornlicht ab, wenn du dich zu dieser Zeit auf einen Einhorn-Orb konzentrierst. Es ist auch eine besondere Zeit für Besuche von Einhörnern bei Einzelpersonen oder Familien.

Einen Einhorn-Orb herbeirufen
Hier ist eine wunderbare Geschichte, die zeigt, wie man Einhorn-Orbs herbeirufen kann. Essa Love schrieb:

> *Zu einem beeindruckenden und erstaunlichen Moment kam es im April 2018. Ich meditierte im Garten und erzählte den Einhörnern, dass ich sie gern auf meinen Fotos hätte. Dann stellte ich die Kamera auf Automatikmodus, schloss die Augen und bat sie zu kommen. Als ich mir die Fotos später anschaute, entdeckte ich überrascht, dass sich ihr Licht um mich drehte!*

Essa hängte ein Bild von sich an, auf dem sie im Garten meditierte und von einem riesigen Einhorn-Orb umgeben war! Es war unglaublich. Sie fügte hinzu:

> *Seitdem haben Einhörner in meinem Leben eine sehr wichtige Rolle gespielt und viele meiner Wünsche erfüllt. Beispielsweise wollte ich eine Reise nach Ägypten machen, um zu studieren, aber ich hatte nicht genug Geld. Ich bat die Einhörner, mir bei meinen Reiseplänen zu helfen. Zwei Wochen später besuchte mich mein Onkel, und während wir so plauderten, erzählte ich ihm von meinen Plänen. Er*

fragte mich, wie viel es kosten würde. Als ich es ihm sagte, war er sofort bereit, mir bei der Finanzierung zu helfen. Ich war wirklich glücklich! Plötzlich tauchte ein Einhorn in meinem Kopf auf, und mir wurde klar, dass es mich in Wirklichkeit unterstützt hatte. Die reine Hochfrequenz der Einhörner bringt mir immer Glück und Schutz. Sie erinnern mich auch daran, mich um mein inneres Kind zu kümmern und mir mein kindliches Staunen zu bewahren. In diesem Moment, in dem ich dies schreibe, kann ich sie um mich herum fühlen, und es treibt mir die Tränen in die Augen. Ich fühle mich gesegnet und bin sehr dankbar für ihre Hilfe und Ermutigung.

Einhorn-Energiebälle

Du kannst aber nicht nur Einhorn-Orbs herbeirufen, sondern mit fokussierter Aufmerksamkeit auch einen Einhorn-Energieball in deinen Händen bilden. Dazu rufst du ein Einhornlicht an und bittest es, eine reinweiße Kugel zu bilden, denn eine runde Form kann mehr hochfrequente Energie halten als jede andere.

Einen Einhorn-Energieball machen

- Bilde mit den hohlen Handflächen eine Art Schale.
- Rufe dein Einhorn herbei und bitte es, Licht aus seinem Horn in einen Ball zu gießen, der in der Schale zwischen deinen Händen liegt.

- Dabei können deine Hände kribbeln oder warm werden.
- Halte den Ball über einen beliebigen Teil deines Körpers. Bitte ihn, deine Frequenz zu erhöhen, und spüre, wie seine Energie in dich eindringt. Du kannst sie auch an eine Person oder einen Ort senden, der vom Einhornlicht berührt werden muss.
- Bedanke dich bei deinem Einhorn.

Einen Einhorn- und Erzengel-Energieball machen

Es ist ein wundervolles Gefühl, die Energie eines Erzengels anzurufen, um mit Einhornlicht zu verschmelzen. Du kannst jeden beliebigen Erzengel bitten, seine Energie wie oben beschrieben mit der Einhornenergie in einem Ball zu verschmelzen.

- Wenn du den smaragdgrünen Erzengel Raphael zusammen mit einem Einhorn bittest, einen weiß-grünen Energieball zu bilden, dann hat dieser eine große Heilkraft. Er ist auch unglaublich wirksam, um Hellsichtigkeit oder Wohlstand zu erschließen. Wenn du möchtest, kannst du ihn auch jemandem schicken, der in Not ist.
- Denke dann einfach an die Wirkung, die ein weiß-blauer Ball hat, der mit der Energie von Erzengel Michael und dem Einhorn gefüllt ist, und platziere ihn in deinem Halschakra für höhere Kommunikation oder um deine telepathischen Kräfte zu klären. Du kannst ihn auch jemandem

schicken, der Mut braucht, oder an einen Ort, der Schutz benötigt.
- Versuche nun, einen weiß-rosa Ball mit der Energie von Erzengel Chamuel und dem Einhorn zu machen.

Kapitel 16
Einhorn-Orakelkarten

Das Legen und Interpretieren von Orakelkarten ist sehr beliebt, und das schon seit langer Zeit. Selbst im Goldenen Zeitalter von Atlantis legten Familien gemeinsam Tarotkarten. Es galt als eine Möglichkeit, mehr über sich selbst und andere zu erfahren und weise Entscheidungen zum Wohle aller zu treffen.

Einhorn-Orakelkarten sind rein und haben eine hohe Frequenz. Daher stimmen sie dich eher auf dein Höheres Selbst oder auf die Seele der Person, für die du die Karten liest, ein als auf die Wünsche und Sehnsüchte deines Körpers.

Während ich darauf warte, dass eine Onlinesitzung beginnt, lege ich oft Orakelkarten für bestimmte Menschen oder auch ganz allgemein.

Alicia nimmt regelmäßig an meinen Programmen teil. Als sie mich bat, Einhorn-Orakelkarten für sie zu legen, mischte ich das Kartendeck und bat die Einhörner um die perfekte Botschaft für sie. Später schrieb sie mir diese E-Mail:

> *Du hast eine Karte für mich gezogen ... und es war der König der Einhörner. Ich habe einen Luftsprung gemacht, denn in der letzten Einhorn-Zoomsitzung, die du gegeben hast, fand ich mich in der Gegenwart des Königs und der*

Königin der Einhörner wieder. Sie haben mich gesegnet und mich mit allen Eigenschaften ausgestattet, die ich brauche, um meine Seelenmission zu erfüllen.

Sie fügte noch hinzu, es sei ihr sehr leichtgefallen, sich bei Vollmond mit der Einhornenergie zu verbinden, und sie habe nach der Zoomsitzung noch ein paar Fotos vom Mond gemacht, die sie sich aber nicht gleich angeschaut habe. Sie schrieb weiter:

Später spürte ich den Impuls, mir diese Fotos auf meinem Handy anzuschauen. Als ich das erste sah, beschloss ich, es zu vergrößern, und die Energie hat mich fast umgehauen. Ich spürte die großartige und majestätische Präsenz des Königs der Einhörner. Wow! Wow! Wow! Auf dem Bild war der Mond vollkommen verschwunden, und seine Energie hatte die Führung übernommen. Ich zeigte es Emmanuelle, meinem jüngsten Sohn, und er war ganz aus dem Häuschen. Er sagte: »Mama, wenn du deine Freiheit zurückhast (ich lebe im Moment ohne Dokumente in den USA), fliegen wir nach London, besuchen Diana und bedanken uns bei ihr.«

Gott segne ihn. Ich freue mich schon darauf, sie eines Tages kennenzulernen. Als ich die E-Mail las, konnte ich es gar nicht erwarten, mir das erstaunliche Foto im Anhang anzuschauen. In *Enlightenment Through Orbs* (deutscher Titel: Orbs: Boten der Liebe, Heilung und Weisheit, Ansata, 2009) gibt es ein Foto des Vollmonds, umgeben von Einhornenergie.

Kumeka hat bestätigt, dass die Einhornenergie enorm ist, viel größer als der Mond. Und in der Tat, als ich mir Alicias Foto anschaute, sah ich, dass sie recht hatte. Das strahlende Licht des Königs der Einhörner verschlang den Mond vollständig.

Kürzlich habe ich mit einigen Leuten darüber gesprochen, dass sie dem König und der Königin der Einhörner in der Meditation, in Visualisierungen oder in Träumen begegnet sind. Wie ihr Titel vermuten lässt, handelt es sich hier um die am meisten Ehrfurcht gebietenden Einhörner, mit denen wir Verbindung aufnehmen können, und um die mit der höchsten Frequenz. Der König segnet uns mit Majestät, Vision und Macht, während uns die Königin Liebe, Mitgefühl und Weisheit schenkt. Dann erwarten sie von uns, dass wir mit Würde handeln und die höheren Eigenschaften zum Einsatz bringen, mit denen wir ausgestattet wurden.

Alle Einhörner können unsere Hoffnungen und Träume durch Einhorn-Orakelkarten segnen und dazu beitragen, sie Wirklichkeit werden zu lassen. Elizabeth träumte davon, eine Ferienwohnung im Ausland zu besitzen. Sie sah sie vor ihren inneren Augen. Es fühlte sich jedoch wie eine Fantasievorstellung an, und sie fragte sich, ob sich dies jemals verwirklichen würde. Dann stand ihr plötzlich ein wenig Extrageld zur Verfügung. Also beschloss sie, Ferien an einem italienischen See zu machen und sich gleichzeitig nach passenden Objekten umzuschauen.

Zu dem Zeitpunkt besuchte sie das Mind-Body-Spirit-Festival in London. In diesem Jahr hatte die Diana Cooper School einen Stand dort, und einige unserer fähigsten Lehrer und Lehrerinnen legten kostenlos Einhorn-Orakelkarten. Elizabeth bat um eine Lesung mit drei Karten. Die Lehrerin fragte, worüber sie etwas wissen wolle. Also erzählte ihr Elizabeth, sie habe vor, Ferien in Italien zu machen und gleichzeitig nach Ferienwohnungen Ausschau zu halten. Sie zog die Wohlstandskarte, den

Wunschbrunnen und die Freiheitskarte! Die Lehrerin sagte, da sei nichts, was sie aufhalten könne. Sie würde die Immobilie kaufen. Also flog sie nach Italien und schaute sich drei Objekte an. Sie schrieb:

> *Das letzte Objekt war ein Apartment in einem Gebäude. Man hatte jedoch einen wunderbaren Blick auf einen See und Hügel. Die Person, der es gehörte, führte mich herum. Sie hatte genau die kleinen Kissen wie ich. Sie hatte auch eine kleine Statue von einem Wesen, wie ich mehrere zu Hause hatte. Ich hatte noch ein Gespräch mit einem anderen Mitglied meiner Familie, und wir beschlossen, es durchzuziehen. Jetzt gehört die Wohnung mir, und ich habe schon viele glückliche Urlaube dort verbracht. Ich habe das Bild eines Einhorns an einer Wand hängen. Ich weiß, dass die Einhörner dafür gesorgt haben, dass dieses Drama Wirklichkeit wurde. Ich weiß, dass sie mich mit dieser Orakelkarten-Sitzung gesegnet haben und dass die Karten recht hatten. Die Straße, in der die Wohnung liegt, heißt »Straße der Pferde«, und eine Mauer ziert das Bild eines Ritters auf einem weißen Pferd.*

Einhornkarten legen

Viele von euch sind bereits erfahrene und vermutlich auch inspirierte Kartenleger, aber diejenigen von euch, die Zweifel an ihren Fähigkeiten haben, sollten dies bedenken: Wenn du dieses Buch liest, kannst du dich mit ziemlicher Sicherheit auf die Einhörner einstimmen, um Einhornkarten zu legen und zu interpretieren!

Vorbereitung
Bevor du anfängst, solltest du dich jedoch mit deinen Einhornkarten vertraut machen und dich auf sie einstimmen. Nimm zunächst das Kartendeck in die Hand und spüre es. Schau dir dann jede Karte einzeln an, und bekomme einen Eindruck von ihr.

Du brauchst auch ein besonderes Tuch, auf dem du den Kartenstapel auslegen und in das du die Karten nach der Sitzung einwickeln kannst.

Eine Lesung mit drei Karten
Es gibt viele Möglichkeiten, Karten zu legen und zu interpretieren. Die einfachste ist die mit drei Karten, die man dafür zieht. Die erste steht für die Vergangenheit, die zweite für die Gegenwart und die dritte für die Zukunft.

Eine Sitzung mit drei Orakelkarten

- Zünde wenn möglich eine Kerze an und weihe sie dieser Sitzung mit Einhornkarten.
- Nimm das Kartendeck in die Hand und stimme dich darauf ein.
- Segne die Karten. Etwas Einfaches wie »Einhörner, bitte segnet diese Karten zum höchsten Wohl« ist in Ordnung. Du kannst aber hinzufügen, was immer sich für dich richtig anfühlt.
- Frage die Person, für die du die Sitzung machst, ob sie irgendwelche Fragen hat.

- Fächere den Kartenstapel auf dem besonderen Tuch aus, und bitte die Person, für die du die Sitzung machst, mit ihrer nicht dominanten Hand drei Karten zu ziehen.
- Wenn du dir die erste Karte anschaust, willst du deine Augen vielleicht »auf unscharf stellen«, um einen Eindruck zu bekommen. Was springt dich an? Wovon fühlst du dich angezogen?
- Sag einfach, was dir in den Kopf kommt. Je weniger du die Botschaften zensierst, die durchkommen, desto klarer ist dein Kanal.

Kapitel 17
Dienen mit den Einhörnern

In meinen Seminaren und Onlinekursen dienen wir oft anderen, und das ist sehr beliebt, weil sich alle Lichtarbeiter inkarniert haben, um dem Planeten zu helfen. Ich stelle fest, dass Menschen besonders gern Einhörner aussenden, um der Welt zu helfen, sie zu heilen und zu erleuchten. Wie alle Lichtwesen sind Einhörner immer gern bereit, auf unser Geheiß anderen zu dienen, zum höchsten Wohl aller.

Anderen zu dienen lässt dein Licht heller strahlen.

Hier ein paar Vorschläge, wie man mit den Einhörnern anderen dienen kann, um die Welt ein wenig besser zu machen.

Wasser segnen

Wenn du mit reinem Herzen ein Einhorn bittest, Wasser zu segnen, dann bringt es göttliche Eigenschaften und Christuslicht in das Wasser. Wenn du dieses Wasser dann in einen Bach, einen Fluss, das Meer oder sogar in den Ausguss gießt, breitet es sich dort aus und erhöht die Energie in der gesamten Umgebung. Es ist wunderbar, wenn du das physisch tun kannst, aber wenn nicht, kannst du dir auch vorstellen, dass es geschieht.

- Genauso wie du die Einhörner einfach bitten kannst, ihr Licht in das Wasser zu gießen, kannst du sie auch bitten, dem Wasser eine bestimmte Eigenschaft hinzuzufügen, etwa Freude oder Gelassenheit. Sei dir dann gewiss, dass diese Eigenschaft Menschen, Tiere, Bäume und alles beeinflusst, was mit dem Wasser in Berührung kommt.
- Bedanke dich bei den Einhörnern.

Einhörner an einen Ort schicken, der Frieden braucht

Leider gibt es immer noch viele Teile der Welt, in denen die Egos so sehr aneinandergeraten, dass die Menschen die Einheit nicht sehen können.

- Denke an einen solchen Ort.
- Rufe die Einhörner herbei. Vielleicht kommen Hunderte oder Tausende zu dir.
- Stell dir eine Brücke aus Licht vor, die dein Herz mit dieser Stadt oder diesem Land verbindet.
- Bitte die Einhörner, dieser Gegend Frieden zu bringen.

- Sieh, wie sie nach Anweisung wie ein Diamantschwarm über die Brücke fliegen.
- Zuerst gießen sie Licht aus ihren Hörnern über das ganze Gebiet aus, einen Regenguss des Friedens.
- Dann fliegen sie tiefer und berühren die Herzen der dort lebenden Kinder mit heiterer Gelassenheit.
- Sieh, wie sich dieses gelassene Gefühl von den Kindern auf ihre Familien überträgt.
- Visualisiere eine Kuppel des Friedens über dem ganzen Gebiet, und bitte darum, dass sie dort verankert wird.
- Bedanke dich bei den Einhörnern.

Babys willkommen heißen

Im Goldenen Zeitalter von Atlantis war jede Seele, die in die Inkarnation kam, gewollt und eingeladen und wurde willkommen geheißen. Dies ist nicht mehr der Fall. Und als Folge davon werden viele Babys mit einem halb oder ganz geschlossenen Herzen geboren.

- Denke an ein bestimmtes Baby oder an eine Entbindungsstation oder an die Babys, die in ein weniger ideales Umfeld hineingeboren werden.
- Rufe Hunderte von Einhörnern an und spüre, wie sie sich um dich versammeln.
- Öffne dein Herz und sende rosa Lichtstrahlen zu den Babys aus.

- Bitte die Einhörner, über dieses rosa Licht Verbindung zu den Kleinen aufzunehmen und ihre Herzen mit reiner Liebe zu berühren.
- Sende ein Gebet aus, dass diese Babys ihr Leben mit Liebe, Freude und Glück beginnen mögen.
- Sieh, wie die Einhörner jedes Baby in einen reinweiß-rosafarbenen Kokon aus Liebe einhüllen.
- Bedanke dich bei den Einhörnern.

Menschen helfen, die sich missverstanden fühlen

Millionen Menschen auf der Welt haben das Gefühl, dass niemand sie versteht. Sie haben das Gefühl, dass ihre Motive infrage gestellt werden, dass an ihren guten Absichten gezweifelt wird und dass niemand wirklich weiß, wer sie sind und wie sie sich fühlen. Ganze Gemeinschaften fühlen sich isoliert und missverstanden. Es ist wichtig, dass wir zur Einheit zurückkehren und erkennen können, wer Menschen wirklich sind. Eine der Möglichkeiten, wie wir helfen können, besteht darin, die Einhörner zu bitten, das Herz der Menschheit zu berühren, damit alle Religionen, Kulturen und Menschen einander akzeptieren und verstehen lernen.

- Forme einen riesigen Ball aus Engelenergie.
- Bitte Erzengel Uriel, den Engel der Zuversicht und Weisheit, goldenes Licht in diesen Ball zu gießen.

- Bitte dann Erzengel Chamuel, den Engel der Liebe, rosafarbenes Licht hinzuzufügen.
- Sieh, wie das goldene und das rosafarbene Licht verschmelzen, sodass der Ball jetzt in der Pfirsichfarbe der Liebe und Weisheit schimmert.
- Bitte die Einhörner, ihr diamantweißes Licht hineinfließen zu lassen.
- Lenke die Einhörner dann mit Bällen aus dem weiß-pfirsichfarbenen Licht hinaus in die Welt.
- Sieh, wie sie diese Bälle aus Liebe, Frieden und Einheit in das Bewusstsein all derer legen, die sich missverstanden fühlen.
- Sieh, wie sie die Welt in Liebe und Verständnis zusammenbringen.
- Bedanke dich bei den Einhörnern.

Weisheit und Licht in alle Schulen und an alle Lehrkräfte senden

Es würde der Welt bei ihrer Entwicklung helfen, wenn alle Lehrkräfte weise handeln und lehren würden. Es gibt überall Kinder und Schüler, die sich sehr gern von den Weisen inspirieren lassen würden. Erzengel Jophiel ist der blassgelbe Erzengel der Weisheit, und wenn er mit Einhörnern zusammenarbeitet, können unglaubliche Dinge geschehen.

- Rufe die Einhörner und Erzengel Jophiel an.

- Bitte sie, ihr Licht zu vermischen und es in die Köpfe von Lehrern auf der ganzen Welt zu gießen.
- Sieh, wie ein prachtvolles gelb-weißes Licht fließt.
- Denke an eine Schule, ein College, eine Universität oder einen einzelnen Schüler/Studenten oder Lehrer.
- Beobachte, wie das gelb-weiße Licht der Einhörner und des Erzengels Jophpiel den denkenden Geist der Schüler/Studenten oder Lehrer erfüllt, an die du gedacht hast.
- Sieh dann, wie sich das Licht in Bildungseinrichtungen aller Länder auf der ganzen Welt verbreitet.
- Sieh Schüler voller Interesse, die unbedingt etwas lernen wollen.
- Bedanke dich bei den Einhörnern und bei Erzengel Jophiel.

Ein Portal schaffen und damit arbeiten

Ein Portal ist ein hochfrequenter Raum, der einem bestimmten Zweck gewidmet werden kann. Es kann ein Tor sein, durch das Engelwesen in dein Heim gelangen oder Menschen und Tiere sicher und angenehm hinübergehen, oder ein Ort der Heilung, der Liebe, der Freude oder auf was immer du dich konzentrieren willst. Wenn du ein Portal schaffst, werden die Engel oder Einhörner derer, die diese Energie oder Eigenschaft brauchen, sie mitnehmen, um im Schlaf darin zu baden. Dann können Wunder geschehen.

Um ein Portal zu schaffen, brauchst du nur die Absicht, eines zu schaffen. Dies ist besonders effektiv, wenn eine Gruppe zusammenarbeitet, die einen gemeinsamen Schwerpunkt hat. Du kannst ein Portal irgendwo auf der Welt aufbauen und brauchst nicht in seiner Nähe zu sein. Manche Portale, etwa die an heiligen Orten, stehen ewig. Andere stehen vielleicht Stunden oder Tage oder auch länger. Lege fest, wie lange dein Portal aktiv sein soll. Wenn es ein langer Zeitraum ist, musst du ihm vielleicht kontinuierlich Energie geben.

Ein Einhornportal schaffen

- Entscheide, welche Art von Portal du schaffen möchtest.
- Sag dir selbst: »Ich schaffe jetzt ein Einhornportal für ...« (setze den Zweck ein).
- Rufe Einhörner herbei.
- Stell dir vor, wie sich Licht aufbaut. Es kann die Form einer Säule, einer Flamme oder von etwas anderem annehmen.
- Sieh, wie die Einhörner reines diamantweißes Licht mit der von dir gewünschten Eigenschaft hineingießen.
- Du hast jetzt ein Einhornportal für einen höheren Zweck geschaffen, und die Einhörner halten die Energie.
- Spüre oder sieh, wie Menschen, Tiere und andere Wesen aus dem Universum von ihrem Engel oder Einhorn hergebracht werden, um in diesem Portal zu baden.
- Bitte die Einhörner, sie zu beschützen und sich um sie zu kümmern.
- Lege fest, wie lange dein Portal an Ort und Stelle und aktiv bleiben soll.
- Bedanke dich bei den Einhörnern.

Einhornlicht zum Portal über dem Tafelberg bringen

Überfluss ist ein Bewusstseinszustand, der alles anzieht, was du für dein höchstes Glück und zu deinem Besten brauchst. Über dem Tafelberg in Kapstadt, Südafrika, steht bereits ein riesiges Portal für Überfluss, das nur darauf wartet, geöffnet zu werden, damit sich das entsprechende Bewusstsein in Afrika und dann in der ganzen Welt verbreiten kann. Wenn du die Einhörner bittest, ihr Licht dorthin zu bringen, wird dies der Welt helfen, schneller wohlhabend und glücklich zu werden.

- Rufe Einhörner herbei und spüre, wie mehrere von ihnen zu dir kommen.
- Bitte sie, ihr Licht des Überflusses zum Portal über dem Tafelberg in Kapstadt zu bringen.
- Visualisiere einen prachtvollen Regenbogen, der aus der Mitte deines Herzens zum Tafelberg strömt.
- Sieh, wie die Einhörner ihr strahlendes Licht über dem Berg ausgießen.
- Sieh, wie sich ein goldenes Tor über dem Berg immer weiter öffnet.
- Lass mehr und mehr goldenes Licht durch das Tor strömen und sich unter allen Menschen in Südafrika verbreiten.
- Sieh, wie all diese Menschen glücklich, wohlhabend, friedlich und miteinander verbunden sind.
- Beobachte dann, wie sich das Licht auf der ganzen Welt verbreitet.
- Bedanke dich bei den Einhörnern.

Du kannst Einhörner und ihr Licht an irgendeinen Ort auf dem Planeten senden oder sogar in den Kosmos, und zwar auf jede von dir gewünschte Weise. Hier ein paar weitere Vorschläge:

- Sende Einhornlicht in die Köpfe all derer, die bereit sind, auf fünfdimensional-spirituelle Weise zu leben.
- Sende Einhornlicht aus, um weltweit für Integrität und Ehrlichkeit zu sorgen.
- Sende einen Ball aus Einhornlicht in das dritte Auge all derer, die bereit sind, die Dinge aus einer höheren Perspektive zu sehen.
- Sende einen Ball aus Einhornlicht in die Erdsternchakren der Menschheit, um die Blaupause ihres höheren Potenzials erstrahlen zu lassen.
- Sende Einhornenergie aus, um die Seelengaben der Menschen erstrahlen zu lassen, damit sie ein Leben voller Erfüllung und innerer Zufriedenheit führen können.
- Schaffe ein Einhornportal aus Licht von diesem Planeten bis in die himmlischen Gefilde, durch das gefangene Seelen leicht passieren können.
- Gieße Einhornlicht in die Köpfe und Herzen aller, auf dass sie Tiere mit liebevoller Fürsorge behandeln.

Kapitel 18
Magische Einhorngeschichten

Tim Whild ist ein alter Freund von mir, Hellseher und Medium, der auf einer sehr hohen Frequenz arbeitet und schon viele Einhörner gesehen hat. Ich fragte ihn danach, und er erzählte mir, sein erstes Einhornerlebnis habe er im Frühjahr 2015 gehabt.

»Es war die Nacht des Frühlingsäquinoktiums«, sagte er. »Ich schaute zum Sternenhimmel auf und sah plötzlich ein riesiges Lichtkreuz, fast wie ein christliches Kreuz. Es war ein sich öffnendes Sternentor.«

Ein Sternentor ist ein Portal mit sehr hochfrequenter Energie, und das Licht, das durch dieses Portal fällt, verbindet sich mit der Erde. Es erhöht die Schwingung und verändert so das Leben der Menschen, überall.

Tim fuhr fort: »Ich sah Hunderttausende von Einhörnern in Lichtströmen, die sich durch das Sternentor ergossen. Vielleicht waren es sogar Millionen von ihnen.«

Ich fragte ihn, wie sie ausgesehen hatten, und er sagte: »Ich sah sie als traditionell reinweiße Pferde mit Lichthörnern, die sich in Strömen hereinbewegten, aber es waren so viele, dass ich sie kaum auseinanderhalten konnte. Sie waren fast miteinander verbunden. Es war etwas so Unglaubliches, dass ich mich für den Rest meines Lebens daran erinnern werde.«

»Warum sind sie gekommen?«

»Sie sind gekommen, um dem Planeten zu helfen und den Menschen zu ermöglichen, in einen höheren Seinszustand zu gelangen.«

»Haben sie dir das gesagt?«

»Nein, ich wusste es einfach. Sie haben nicht kommuniziert. Ich war nur Zeuge.«

Tim erzählte mir dann von einer fantastischen Begebenheit, als Einhörner mit ihm kommunizierten. »Zwei Jahre später lag ich auf dem Sofa in meinem Wohnzimmer und schaute aus dem großen Schiebefenster. Es war eine stürmische Nacht, und ich sah, wie der Wind durch die Bäume fegte. Plötzlich war mein ganzes Gesichtsfeld von zahllosen sehr hellen Lichtpunkten erfüllt. Das waren keine normalen Lichter. Sie waren so strahlend. Sie waren wie winzige Sonnen. Sie haben mit mir gesprochen. Mit ganz normaler Stimme, so wie ich gerade spreche. Sie stellten sich vor, indem sie sagten: ›Wir sind Einhörner. Wir kommen jetzt mit einer sehr hohen Frequenz herein.‹ Sie sagten, ihre Schwingungsfrequenz sei gestiegen. Bei der vorherigen Begebenheit hatten sie eine Engelform gehabt, die sehr rein und hoch war. Doch jetzt war ihre Form noch höher, und sie waren wie fliegende Diamanten.«

Die Einhörner fügten hinzu: »Wir nehmen deinen Kristall, um uns darin zu verankern.« Sie bezogen sich auf einen wunderschönen lemurischen Kristall, den Tim immer noch hat.

Ich fragte ihn, ob dieser Besuch sein Leben beeinflusst habe, und er antwortete: »Es war das erste Mal, dass ich etwas so Unglaubliches gesehen habe. Und es hat mich verändert. Plötzlich ging mein Weg von mittelmäßig zu sehr hochfrequent. Alles hat sich verändert. Meine Arbeit hat sich verändert. Ich habe drei

Nächte lang nicht geschlafen, weil ständig Einhörner kamen. Es war, als würde man an das Stromnetz angeschlossen. Am Ende habe ich sie gebeten, langsamer zu werden!«

Ich erkundigte mich, ob sich dies auf seine Beziehungen ausgewirkt habe, aber er schüttelte den Kopf. »Nein, es war eher so, dass es mein Verhältnis zum Geistigen verändert hat. Das hat sich dramatisch verändert. Es öffnete mir die Augen für viel höhere Möglichkeiten. Dinge, über die Menschen sprachen, sah ich mit absoluter Klarheit.«

Hier ist eine weitere außergewöhnliche Einhorngeschichte, die mir Kirsty Wade erzählte:

Vor etwa drei Jahren nahm ich übers Wochenende an einem spirituellen Retreat teil. Während einer der Meditationssitzungen begegnete ich plötzlich meinem Einhorn in seiner ganzen Pracht! Ich wusste, dass sein Name Orion war. Es hatte nämlich schon früher mit mir kommuniziert, aber diesmal war es anders. Es war, als liefe vor meinen inneren Augen ein Film ab. Ich konnte alles ganz klar sehen.

Plötzlich ritt ich auf Orions Rücken, und wir flogen durch das Universum, durch Sterne und Galaxien, und es war wirklich wunderbar! Er brachte mich an einen Ort, den ich nur als magisch bezeichnen kann. Es schien, als wären alle Seelen, Engel, Geistführer, Tiergeister und Lichtwesen dort, die in meinem Leben wichtig waren. Sie waren alle in einem Kreis um mich versammelt und erschienen als reinweiße Wesen, weißer als ich mir Weiß jemals hätte vorstellen können. Sie standen vor der zauberhaftesten Herbstkulisse, die ich je gesehen hatte: lodernde, strahlend bunte

Bäume. Atemberaubend ... Ich schien zu liegen, denn ich nahm diesen Anblick aus dieser Perspektive wahr. Mein Führer stand über mir und teilte mir zwei klare Worte mit: »Einweihung« und »Operation«. Sehr bald darauf endete die Meditationssitzung, und meine Vision war auch zu Ende. Ich fühlte mich großartig! Ich wusste, dass gerade etwas sehr Wichtiges passiert war. Den beiden Worten, die mir mitgeteilt worden waren, habe ich jedoch nicht genügend Aufmerksamkeit geschenkt!

Zu dieser Zeit versuchten mein Mann und ich, ein Baby zu bekommen. Ein paar Wochen nach meinem Retreat machte ich gerade Weihnachtseinkäufe, als ich plötzlich starke Bauchschmerzen bekam. Sie waren so heftig, dass ich kaum aufstehen konnte. Da wusste ich, dass etwas nicht stimmte. Also rief ich einen Krankenwagen und wurde ins Krankenhaus gebracht. Am Ende musste ich mich wegen einer Eileiterschwangerschaft einer Notoperation unterziehen. Als ich nach der Operation aufwachte, sagte mir der Chirurg, dass sie einen meiner Eileiter hatten entfernen müssen. Ich war am Boden zerstört.

Als ich in dieser Nacht zurück auf die Station gerollt wurde, ging es mir sehr schlecht, und ich fragte mich, was da gerade passiert war. Dann, nachdem die Krankenschwestern den Raum verlassen hatten, passierte etwas Erstaunliches: Plötzlich standen mein Einhorn Orion und Erzengel Gabriel direkt neben meinem Bett! Sie erschienen beide in diesem wunderbaren ätherischen Weiß, das auf der Erde einfach nicht zu existieren scheint! Ich wusste, dass es Erzengel Gabriel war, weil er sich vorstellte, und Orion hatte ich ja bereits kennengelernt! Erzengel Gabriel teilte mir sehr deutlich mit, dass mir dies passieren musste und dass es vor dem 30. Dezember passieren musste (warum, weiß ich immer noch nicht ganz genau). Gleichzeitig senkte Orion den Kopf und richtete einen wunderschönen Lichtstrahl oder ein »Horn« aus Licht direkt auf meinen Bauch, dorthin, wo ich operiert worden war. Ich kann gar nicht sagen, wie großartig sich das anfühlte! Der Heilungsstrahl hat den Schmerz, den ich spürte, wirklich gestillt, und Erzengel Gabriels Worte haben mir auch sofort Erleichterung verschafft. Ich wusste, es musste einen wichtigen Grund geben, aus dem mir das passiert war, und von diesem Moment an akzeptierte ich es.

Von Zeit zu Zeit kamen Krankenschwestern an mein Bett, um Flüssigkeiten etc. zu überprüfen. Dann verschwanden Orion und Erzengel Gabriel, tauchten aber wieder auf, sobald die Schwestern gegangen waren. Es war so beruhigend für mich, dass sie da waren. Ich erinnere mich, dass ich mich selbst gezwickt habe, um sicherzugehen, dass ich nicht träumte, aber ich wusste ganz genau, dass dies kein Traum war! Es war so magisch, dass ich gar nicht einschlafen wollte. Die Schmerzlinderung von Orion war wirklich ein Geschenk. Orion und Erzengel Gabriel blieben in dieser Nacht bei mir, bis ich ganz eingeschlafen war.

Als ich am nächsten Morgen aufwachte, wollte ich nur, dass wieder Nacht sein sollte, und sie sollten wieder an meiner Seite sein! Dann fiel mir plötzlich ein, dass ich operiert worden war. Und dann erinnerte ich mich an die Worte, die ich in meiner Vision während des Wochenendretreats erhalten hatte: »Einweihung« und »Operation«. Das war die Operation! Und ich wusste, dass diese Erfahrung Teil einer Einweihung für mich sein musste. Plötzlich ergab die Botschaft einen Sinn! Wie erstaunlich!

Danach hatte ich viel Heilungsarbeit zu leisten, aber die magische Erfahrung, die ich mit Orion und Erzengel Gabriel gemacht hatte, gab mir sehr viel Trost, Hoffnung und Optimismus für die kommenden Tage. Ich bin überglücklich, sagen zu können, dass ich fast genau ein Jahr später herausgefunden habe, dass ich mit unserer schönen Tochter Annabella schwanger war. Wir haben gerade ihren ersten Geburtstag gefeiert!

Von Einhörnern überstrahlt

Kumeka lehrt, dass deine Monade oder dein ursprünglicher göttlicher Funke, wenn er die Quelle verlässt, so programmiert ist, dass er engelhafte Energie enthält, insbesondere die von Erzengeln und Einhörnern. Und wenn er Seelen aussendet, enthält jede von ihnen etwas von diesem engelhaften Licht. Wenn du inkarnierst, ist diese Energie in dir. Sie ist dein Geburtsrecht, das darauf wartet, in Anspruch genommen zu werden. Wenn du deine Frequenz erhöhst und dir mehr von deiner Seelenenergie zur Verfügung steht, kannst du auch über mehr von deiner engelhaften Essenz verfügen.

Kumeka lehrt auch, dass Lichtwesen direkt in dich eindringen können, wenn dein Herz offen für sie ist. In einer Woche hatte ich ein langes Gespräch mit einer Frau, die glaubte, sie sei ein Einhorn, und mit einer anderen, die wusste, dass sie eine Fee war. Und ich war absolut erstaunt, als ich diese inspirierende Geschichte von April Aronoff erhielt:

Anfang Februar war ich unten in meinem Tempelraum. Ich stand da, und plötzlich veränderte sich meine Welt, und ich hatte ein Horn auf der Stirn und Hufe an den Beinen. Die Erkenntnis, dass ich ein Einhorn war, überwältigte mich, aber in Sekundenbruchteilen war alles wieder vorbei. Ich dachte nicht mehr darüber nach und ging zurück in meinen Alltag.

Später im Monat hatte ich ein paar Stunden Zeit für mich, die ich mal in meinem Tempelraum, mal im Garten verbrachte, wo ich schnitt und jätete und mit meinen Pflanzen sprach. Ich erinnere mich, dass es ein wunderschöner sonniger Tag war, ziemlich warm für Februar. Ich kam aus dem Garten und ging ins Haus, als sich meine Welt wieder veränderte. Ich hatte das Gefühl, an zwei Orten gleichzeitig zu sein. Der Boden, die Wände und die Decke neigten sich und wurden irgendwie verschwommen. Ich erinnere mich, dass ich meine Hände gegen die Wände presste, um mich zu stabilisieren. Es war, als fiele meine 3-D-Welt von mir ab. Also rappelte ich mich auf und stolperte nach draußen. Dabei wurde ich von einer ganzen Reihe von Erinnerungen überflutet. Ich war ein Einhorn, und meine gesamte Rasse wurde wegen ihrer Hörner gejagt und getötet. Eine riesige Welle der Trauer flutete ebenfalls herein, und ich landete auf Händen und Knien in meinem Garten und schluchzte unkontrolliert, während ich von den Erinnerungen überwältigt wurde.

Dann stand ich wieder auf und spürte, wie eine enorme Menge an Energie durch mich pulsierte. Ich verspürte eine intensive göttliche Liebe zu diesen schönen Wesen, über die ich von diesem Moment an wusste, dass sie ein Teil von mir

*sind. Die Christusliebe, die das Einhorn selbst ist, hatte mich von innen her aufgebrochen. In dieser Zeit waren meine Sinne geschärft, und ich konnte sehr viel intensiver sehen, hören und schmecken als je zuvor.
Von da an arbeitete ich täglich mit Einhörnern. Tatsächlich war ich seitdem nie mehr ohne sie. Vor allem ein Einhorn, Krystal, hat sich mir als mein persönlicher Verbündeter und Führer präsentiert. Es ist jetzt immer bei mir. Manchmal ist es puderblau und manchmal weiß. Ich liebe es von Herzen! Andere Einhörner leben in meinem Garten, zusammen mit Drachen und Feen, und kommen bei Bedarf zu mir. Ich muss sie nicht einmal rufen. Sie kommen einfach, wenn die Energie stimmt, und dann machen wir uns ans Werk.
Letztes Jahr wurde eines meiner Bienenvölker krank, und ich befürchtete, es würde sterben. Das ist nicht passiert! Einhörner kamen in Scharen, um sich darum zu kümmern. Ihre Liebe zu den Honigbienen und ihre hochfrequente Energie haben das Bienenvolk geheilt.
Ich spüre sie besonders um die Wintersonnenwende. Oft sehe ich sie mit Kränzen aus roten Rosen um den Hals. Ich rufe sie in mein Haus, wenn meine Jungs nicht miteinander auskommen oder wenn wir als Familie zu viel streiten und ein wenig gesegnete Energie brauchen. Ich habe gesehen, wie sie von oben aus dem Kosmos und von unten aus der inneren Erdebene auf unsere Ebene gekommen sind.
Sie kommen jetzt in Massen an, wenn Kinder geboren werden, die ihre Frequenz haben, und wenn Menschen generell allmählich aufwachen und ihr eigenes göttliches Licht erkennen. Wir sind alle ein Herz.*

Teil 2

Einhörner und Heilung

Kapitel 19
Einhornheilung

Alle Engelwesen der siebten Dimension und höherer Dimensionen haben die Macht, deinen Geistkörper, deinen Mentalkörper, deinen Emotionalkörper und deinen physischen Körper zu heilen. Blockaden aller Art im physischen Körper werden durch nicht hilfreiche geistige, mentale und emotionale Muster verursacht, die sich in einer Krankheit niederschlagen. Nicht erlöste Gedanken oder Emotionen verursachen letztendlich ein körperliches Problem. Daher ist selbst das Ergebnis eines Unfalls präzise und niemals zufällig.

Wenn die Quelle des mentalen oder emotionalen Ungleichgewichts oder der entsprechenden Blockade aufgelöst ist, ist die Person geheilt.

Beispielsweise machst du dir vielleicht schon lange Gedanken darüber, ob du in einem Job feststeckst, in dem du keine Erfüllung findest. Möglicherweise unterdrückst du großen Groll, weil du dich nicht erkannt fühlst. Letztendlich kristallisiert sich eine körperliche Erkrankung heraus, beispielsweise Krampfadern. Einhornheilung berührt dich vielleicht nur eine Sekunde lang, aber in diesem Lichtblitz steigt deine Frequenz. Du wertschätzt dich selbst, erkennst, dass du weitermachen und etwas tun kannst, das sich für dich lohnt, und lässt den Groll los. Du änderst dein Leben und deine Einstellung, und die Krankheit beginnt sich aufzulösen. Dies kann augenblicklich geschehen, dann wird es ein Wunder genannt. Oder es geschieht allmählich. Dann ist es ein verzögertes Wunder!

Wenn die Vergangenheit vergeben, losgelassen und durch ein höheres Verständnis ersetzt wird, findet Heilung statt.

In der Mittagspause während eines Seminars legte eine Dame einen Zettel auf meinen Tisch. Darauf stand, sie habe vor ein paar Jahren an einem meiner Wochenendworkshops teilgenommen, und nachdem wir mit Einhörnern gearbeitet hatten, sei eines ihrer langjährigen Gesundheitsprobleme verschwunden. Ein paar Jahre später stellte sie sich mir erneut vor und sagte, dieses Autoimmunproblem sei nie wieder aufgetreten. Für mich war dies eine schöne Erinnerung daran, dass einfach in der Gegenwart von Einhörnern zu sein, uns heilen kann.

Wann immer du an Einhörner denkst, mit anderen über sie sprichst, über sie schreibst oder sie bildlich darstellst, stellst du dich auf ihr Licht ein. Wann immer du dich in der Energie dieser erleuchteten Wesen befindest, kann Heilung stattfinden, und Wunder können geschehen.

*Tauche in die Einhornenergie ein
und erwarte, dass Wunder geschehen.*

Einhörner sind Wesen der Liebe und des Mitgefühls, und die Heilung der Menschheit ist eine ihrer Aufgaben. Sie heilen dich nicht nur, wenn du wach und dir ihrer Gegenwart bewusst bist, sondern auch im Schlaf, im Traum oder in der Meditation.

*Ein Einhorn heilt, indem es deine Frequenz erhöht,
bis sie höher ist als die Frequenz einer Krankheit.*

Können Einhörner dich immer heilen?
Ja, das können sie. Sie tun es aber vielleicht nicht, weil sie nicht gegen deinen freien Willen handeln können. Du musst also die Einhörner um die Heilung bitten, die du brauchst. Wenn du das tust, senden die Einhörner dir so viel Licht, wie du annehmen kannst. Sie werden nie zulassen, dass deine Sicherungen durchbrennen.

Es muss keine formelle Anfrage sein. Menschen bitten oft um Hilfe, ohne sich darüber bewusst zu sein, dass sie geistige Kräfte in Bewegung setzen. Indem du einfach erschöpft auf deinem Bett sitzt, dir die müden Augen reibst und denkst *Oh Gott, ich könnte etwas Hilfe gebrauchen,* ziehst du bereits geistige Hilfe an.

Was passiert, wenn du um Heilung bittest, aber keine Heilung stattfindet?
Einhörner senden nur dann keine Heilung, wenn deine Seele »Nein« sagt. Dies geschieht, wenn dein Höheres Selbst möchte, dass du aus deiner Krankheit oder deinem Trauma lernst. Hier ein paar mögliche Gründe:

- Vielleicht hat deine Seele mit jemand anderem vereinbart, sich um dich zu kümmern oder dich zu heilen.
- Es kann sein, dass deine Seele das Trauma braucht, um dich zu stärken oder dir Geduld beizubringen.

- Möglicherweise möchte es, dass du diese Erfahrung um deines eigenen spirituellen Wachstums willen machst.
- Möglicherweise brauchst du die Lektionen, die eine physische Operation bietet.
- Möglicherweise muss noch tief verwurzeltes Karma aus der Vergangenheit freigesetzt werden.
- Vielleicht glaubst du, dass du keine Heilung verdient hast oder dass sie bei dir nicht möglich ist. Dies wird deine Heilung blockieren.
- Vielleicht besagt eine Überzeugung im kollektiven Bewusstsein der Menschheit, dass deine Krankheit nicht heilbar ist.

Vor einigen Jahren brachte eine Mutter ihren Sohn zu mir. Er war seit einem Autounfall schwerbehindert und konnte nicht mehr gehen. Sie wollte dies jedoch nicht akzeptieren und glaubte, die Einhörner könnten ihn heilen. Natürlich könnten sie das, aber als ich mit Kumeka darüber sprach, sagte er, dass es nicht passieren würde, weil das kollektive Bewusstsein sehr stark davon überzeugt war, dass ein derartiger Schaden irreparabel sei. Interessanterweise lösen sich streng festgelegte einschränkende Überzeugungen wie diese allmählich auf, wenn sich die Frequenz des Planeten und der Menschheit erhöht und die Menschen ihren denkenden Geist für neue Möglichkeiten öffnen.

Wenn deine Seele darauf besteht, dass du eine körperliche oder geistige Krankheit oder einen Unfall erlebst, weil dies die einzige Möglichkeit ist, eine spirituelle Lektion zu lernen, müssen die Einhörner ihr Diktat akzeptieren und beiseitetreten. Zu diesem Zeitpunkt tritt jedoch Karma an die Oberfläche, um erforscht und umgewandelt zu werden. Es kommt also relativ selten vor, dass eine Seele die Heilung ablehnt.

Andere mit Einhornenergie heilen

Heiler heilen auf vielfältige Weise, etwa mit Massage, Gesang, Klang, Kräutern oder Handauflegen. Manche sind auch sehr geschickt darin, Einhornenergie einzubringen und zu nutzen, um andere zu heilen. Viele arbeiten auch intuitiv mit Einhörnern und leisten dabei Hervorragendes.

Katie erzählte mir, sie sei dreimal zu einer unglaublichen Heilerin aus Wicklow, Irland, gegangen. In der letzten Sitzung war die Heilerin regelrecht überwältigt, als Katies persönliches Einhorn hereinkam und sein Horn zuerst auf ihr Herz richtete und dann tatsächlich durch es hindurch. Es war riesig groß und reinweiß. Katie schrieb:

Es fühlte sich so unglaublich an, dass ich es gar nicht beschreiben kann, aber mein ganzer Körper zitterte und vibrierte in einer anderen Frequenz. Es hat so viel in meinem Herzen geheilt, und zwar nicht nur in diesem Leben. Es sagte mir, ich sei vom Leid aus diesem und allen anderen Leben befreit. Die Plejadier, die es umgaben, warteten auch nur darauf, dass ich sie um Hilfe bat. Es sagte, ich sei nun bereit und es würde nicht von meiner Seite weichen. Ich war unglaublich gerührt. Es war einfach die kraftvollste Heilung.

Katies Einhorn sagte ihr dann, sie könne sein Horn benutzen, wann immer sie wolle, aber zu diesem Zeitpunkt nur für sich. Interessanterweise hatte sie bereits an die Menschen gedacht, denen sie mit ihrer Arbeit als medizinische Akupunkteurin helfen konnte. Jetzt hat sie die Erlaubnis erhalten, Einhornheilung auch bei anderen anzuwenden. Sie setzt einen Selenitstab ein, bevor sie die Menschen behandelt, und spürt, dass dies ihr Einhorn ins Spiel bringt.

Sie fügte noch hinzu: »Nachts kommt es zu mir, und manchmal leuchtet mein Zimmer auf. Ich habe meinen Partner gefragt, ob es ihn weckt, aber das ist nicht der Fall!«

Hier ist eine Übung, mit der du Einhornheilung praktizieren kannst:

Einhornheilung

- Wenn du einen Selenitstab oder auch nur ein kleines Stück Selenit hast, dann halte ihn oder es ganz fest in deiner Hand.
- Sei ganz still, denn Einhörner berühren dich in der Stille.
- Bitte dein Einhorn zu dir zu kommen.
- Sei dir bewusst, dass es vor dir steht.
- Denk an etwas, das du in deinem Geistkörper, Mentalkörper, Emotionalkörper oder physischen Körper heilen möchtest.
- Bestätige still für dich, dass du bereit bist, dein Ego von allem zu befreien, was die Entwicklung deiner Beschwerden ermöglicht hat.

- Erlaube deinem Einhorn, sein Lichthorn dort zu platzieren, wo es am dringendsten benötigt wird.
- Entspanne dich und lass Heilmagie stattfinden.
- Bedanke dich bei deinem Einhorn.

Kapitel 20
Einhorn-Seelenheilung

Die meisten von uns haben Erfahrungen auf vielen Planeten, in vielen Sternensystemen und sogar in anderen Universen gemacht. Die meisten von uns waren schon viele Male auf der Erde inkarniert. Wir haben alle eine lange, ereignisreiche Seelenreise hinter uns, auf der wir viel gelernt und Traumata und magische Momente erlebt haben. Die Herausforderungen und Traumata, mit denen wir in der Vergangenheit konfrontiert waren, haben oft Narben in unserer Seele hinterlassen. Jetzt treten Einhörner auf den Plan, um sie zu heilen.

Als sie Anfang zwanzig war, hatte Jennifer Simis-Rapos häufig intensive Träume und Visionen von einem früheren Leben als Jeanne d'Arc. In diesem Leben hatte sie versucht, Frieden zu bringen, aber niemand hatte zugehört, und am Ende war sie auf dem Scheiterhaufen verbrannt worden. Sie hatte nicht gelitten, weil sie ins Licht aufgestiegen war, aber Erzengel Michael zeigte ihr, wie sich diese Inkarnation auf sie ausgewirkt hat. Als Folge davon hatte sie in diesem Leben große Angst, den Menschen zu sagen, dass sie ein außersinnliches Medium sei. Während eines Zoom-Workshops mit Tim Whild schickte ihr Einhorn Seelenheilung für ihr Halschakra. Danach sah sie auf hellsichtige Weise ein riesiges Einhorn. Sein Horn loderte in rein diamantweißem

Licht, das auf sie fiel. Sie hatte das Gefühl, jetzt sei es an der Zeit, ihre Lebensaufgabe anzugehen, und ihr Einhorn bewegte sie darauf zu.

Die Quelle deiner aktuellen Herausforderungen hat vielleicht aber auch gar nichts mit dir persönlich zu tun. Es kann sich um Familien- oder Ahnenkarma handeln oder sogar um Land- oder Weltkarma, das du angenommen hast, und das muss auf der Seelenebene geheilt werden.

Ich war sehr berührt und beeindruckt von der Geschichte, die Alicia mir erzählte. Ich hatte sie gebeten, ihre Einhorngeschichten zu teilen, und sie war ganz begeistert. Sie hatte bereits eine sehr gute Beziehung zu ihrem Einhorn namens Whisper und war der Ansicht, dies sei eine gute Gelegenheit, diese Verbindung noch zu vertiefen. Sie zündete eine Kerze an, schlug ihre Rosenquarzschale an und sang Whispers Namen. Das Einhorn verband sich mit ihr auf eine Weise, wie sie es noch nie zuvor erlebt hatte, und führte sie zurück zu den Entscheidungen, die sie vor diesem Leben getroffen hatte, zu ihrer Zeit im Mutterleib, in ihre Kindheit und Jugend und dann durch ihr bisheriges Erwachsenenleben. Es war eine magische und intensive, die Seele heilende Reise. Dies ist die Geschichte, die ihr Einhorn ihr enthüllte:

> *Drei Monate vor meiner Geburt hatte meine Mutter plötzlich den Wunsch, ihre Mutter zu besuchen. Die Busfahrt zur Farm meiner Großmutter, einem erstaunlichen und magischen Ort, dauerte drei Stunden. Meine Großmutter war bei bester Gesundheit und freute sich, ihre Tochter zu sehen. Glücklich und begeistert zeigte sie ihr eine schöne Decke, die sie für mich gemacht hatte. Ein paar Stunden*

später starb meine Großmutter plötzlich und unerwartet. Das Einhorn zeigte mir, dass ich, als dies geschah, auf den höheren Ebenen gefragt wurde, ob ich mein Schicksal ändern und der Menschheit dienen wolle. Ich zögerte nicht und erklärte mich bereit. In diesem Moment wurde ich in goldenes Christuslicht eingehüllt.

Drei Monate später wurde ich geboren. Meine Mutter beschloss, mir nicht den Namen zu geben, den sie für mich ausgesucht hatte, sondern ließ mich auf den Namen meiner Großmutter taufen.

Als ich drei Jahre alt war, zog meine Familie von Kolumbien nach Mexico City. Ich fühlte mich dort sehr zu Hause, aber eines Tages, ganz unerwartet, beschlossen meine Eltern, mich nach Kolumbien zurückzuschicken, wo ich bei meinem Großvater leben sollte. Ich nahm Abschied von ihnen und meinem kleinen Bruder, verstand aber nicht, warum ich weggeschickt wurde.

Manchmal nahm mich mein Großvater mit auf seine Farm, wo meine Großmutter gestorben war. Immer wenn ich dort war, ritt ich ein wunderschönes weißes Pferd mit blauen Augen, das er mir geschenkt hatte. Dieses Pferd war mein bester Freund, mein Begleiter, mein Führer. Es hatte etwas Besonderes und Einzigartiges, das ich bei den anderen Pferden dort nicht spürte. Es gab mir das Gefühl, in Sicherheit zu sein und dazuzugehören. Als ich älter wurde, galoppierte ich stundenlang auf ihm zu den magischsten Orten in den Bergen, führte lange Gespräche mit ihm und wurde eins mit ihm. Mein Lieblingsplatz war ein Wasserfall, umgeben von wunderschönen Bäumen, wo ich zusammen mit meinem Pferd einfach sitzen und ganz still sein konnte. Dort waren wir von Einhörnern und den Engelreichen umgeben.

Als meine Familie in mein Land zurückkehrte, zogen wir in eine andere Stadt, und die Magie verblasste allmählich.

Aber ich erinnere mich noch an den Tag, an dem mein Schutzengel mir sagte, meine Seele sei auf die Erde gekommen, um der Menschheit zu dienen.

Nachdem ich geheiratet hatte, suchte ich nach tieferen Antworten. Ich lernte etwas über Meditation und Engel und beschäftigte mich mit vielen Heilmethoden. Jahre später ließ ich mich scheiden und beschloss, nach Nordamerika zu ziehen. Ich hatte zwei Kinder und erwartete ein drittes. Ich hatte keine Ahnung, welche schwierigen Einweihungen auf mich warteten, aber ich bat von ganzem Herzen um Hilfe und verband mich auf sehr tiefe und intensive Weise erneut mit den Engelreichen.

Unmittelbar danach kam Whisper, mein Einhorn, bei Vollmond um Mitternacht und gab mir die Unterstützung, die ich brauchte. Whisper wurde ein großartiger Begleiter und heilte mich nach und nach auf einer tieferen Ebene. Sein Licht ist so hell und großartig, dass er mir nach und nach geholfen hat, mich an meine göttliche Essenz zu erinnern. Er hat mich gereinigt und die tiefsten Wunden meiner Seele geheilt. Er hat meine Frequenz erhöht und mir die Kraft gegeben, den nächsten Schritt auf meiner Seelenreise zu gehen, und die Energie, das zu tun, was ich für das höchste Wohl aller für richtig halte. Er hat mir geholfen, an meiner Vision festzuhalten, und mir den Mut und den Glauben gegeben, mich meinen Herausforderungen zu stellen und meinen Seelenauftrag zu erfüllen.

Ich teile eines der größten Geschenke, die ich in diesem Leben bekommen habe: die erneute Verbindung mit meinem prachtvollen Einhorn.

Sie fügte hinzu, dass sie mit ihrer Verbindung zu Whisper jetzt etwas habe, das ihr niemand jemals wegnehmen könne.

Viele Menschen haben mir von ihrer schönen Verbindung mit Einhörnern und anderen Wesen aus dem Engelreich erzählt. Jennifer Simis-Rapos war schon immer ein außersinnliches Medium und mit dem Geist verbunden. Als Kind sah sie ihren Schutzengel, der ihr als riesiges weißes Licht erschien, mit ihren physischen Augen. Jetzt steht sie in enger Verbindung mit ihrem Einhorn sowie mit Erzengeln und Drachen. Sie schrieb:

Ich habe immer an Einhörner geglaubt und als Teenager zum ersten Mal Verbindung mit meinem Einhornführer aufgenommen. Er stellte sich mir in einem Traum vor. Zu dieser Zeit war ich sehr krank und hatte im Krankenhaus die Diagnose aplastischer Anämie und Endometriose bekommen. Ich wäre fast an hohem Fieber gestorben, und mein Immunsystem hatte sich ausgeschaltet. Ich wurde operiert. Danach träumte ich von einem schönen Einhorn, das mir direkt in die Augen schaute und mich heilte. Also, eigentlich haben mich sowohl mein Schutzengel als auch mein Einhorn geheilt. Mein Einhornführer teilte später telepathisch mit, dass ich mit den Einhornreichen arbeiten würde, wenn ich älter wäre, und er sei schon in Atlantis mein Einhorn gewesen.

Einhorn-Seelenheilung aus dem Stirnchakra

Seelenheilung geschieht auf viele Arten. Wie Brenda bist du dir der erstaunlichen Einhorn-Seelenheilungsarbeit, die du leistest, möglicherweise nicht einmal bewusst. Brendas Töchter wollten eine Einhornparty, also machte sie sich daran, das ganze Zubehör zu besorgen. Sie erklärte:

> *Ich hatte keine Ahnung von der Schönheit dieser wundersamen Wesen, aber gegen Ende der Sitzungen, die ich als Massagetherapeutin gebe, bekomme ich immer ein helles Licht in mein Stirnchakra, das ich zur Heilung auf meine Klienten richte. Das Licht ist immer so hell, dass ich das Gefühl habe, direkt in die Sonne zu schauen. Ich habe nie gewusst, was das ist, habe es aber am Ende jeder Sitzung zum Heilen verwendet.*
>
> *Als ich für die Party einkaufte, stieß ich auf mein erstes Einhornbuch und war beeindruckt von den Worten, die ich darin las: »Ihr Horn kann mit einem Zauberstab verglichen werden, der göttliche Energie ausströmt. Wann immer sie dieses Licht auf jemanden oder etwas lenken, findet Heilung statt, und zwar nicht nur körperliche und emotionale Heilung, sondern auch Seelenheilung.« In diesem Moment sah ich die Verbindung zwischen dem Licht in meinem Stirnchakra und den Einhörnern wirklich. Das gefiel mir, weil ich Erzengel Michael aufgefordert hatte, die Seelen meiner Klienten zu heilen und ein Licht in ihr Stirnchakra zu lenken. Das Wunder des Einhorns bestätigte alles, was ich für meine Klienten getan hatte! Jetzt, wo ich das Einhornbuch gelesen habe, weiß ich mehr darüber, womit*

ich mich verbinde. Ich bin begeistert, mich mit der Magie der Einhörner verbunden zu haben!

Hier ist eine die Seele heilende Einhornvisualisierung, die du für jemanden machen kannst. Es spielt keine Rolle, ob die Person anwesend ist oder nicht, die Schritte sind dieselben. In beiden Fällen musst du die Person jedoch zuerst um Erlaubnis bitten. Wenn dies physisch nicht möglich ist, bittest du dein Höheres Selbst mental um Zustimmung. Fahre erst fort, wenn du das klare Gefühl hast, dass die Person mit der Heilung einverstanden ist.

Seelenheilung mit Einhörnern

- Fasse die Absicht, jemandem Seelenheilung anzubieten, und stell dir vor, dass diese Person vor dir steht.
- Rufe dein Einhorn an und spüre, dass ihr euch beide in einem Kokon aus reinweißem Licht befindet.
- Atme das weiße Licht in dich hinein und spüre, wie es sich in deinem dritten Auge sammelt.
- Sei dir der Seelenreise der anderen Person bewusst, die von ihrem dritten Auge ausgeht und bis ins Universum führt. Vielleicht empfängst du Bilder oder spürst eine niedrigere Schwingung in Teilen ihrer Seelenreise.
- Lass weißes Licht aus deinem dritten Auge strömen, um ihre Seelenreise zu berühren und zu erleuchten, wo immer es nötig ist.
- Sieh, wie ihr bisheriger Weg von weißem Feuer beleuchtet wird.

- Wenn du das Gefühl hast, dass die Heilung beendet ist, schließe ihren Seelenweg ab.
- Trenne dich mental von der Person, mit der du gearbeitet hast.
- Bedanke dich bei deinem Einhorn und mach die Augen wieder auf.
- Es kann für euch beide sehr hilfreich sein, über das Erlebte zu sprechen und darüber, was es für dich bedeutet.

Kapitel 21

Einhörner heilen das innere Kind

Einhörner lieben Kinder, weil sie so unschuldig sind. Dies gilt auch für das innere Kind. Einhörner lieben diesen Teil von dir!

Viele Krankheiten haben ihren Ursprung in der Verletzung, Angst oder Wut des inneren Kindes, denn so liebevoll und engagiert die Eltern auch sein mögen: Kein Kind kann all die Liebe, das Verständnis oder die Unterstützung erhalten, die es braucht. Ein zerbrechliches Baby interpretiert seine Umgebung und alles, was seine Eltern tun, aus der Sicht seiner Verletzlichkeit und auch seiner früheren Lebenserfahrungen. Außerdem sind die meisten Menschen sehr geschickt darin, sich und einander niederzumachen, oft aus Gewohnheit, und dies ist für einen Jugendlichen sehr beängstigend oder demütigend. Solche Eindrücke können tief in deinem Bewusstsein liegen. Sie alle mit Liebe und Verständnis zu heilen, ist Teil deiner Reise.

Als Ursula das Kapitel Einhorn-Orb in *Das Wunder des Einhorns* las, inspirierte es sie, sich mit Einhörnern und Pegasi zu verbinden und Energiearbeit zu leisten. An einem besonderen Ort in der Natur, der sich für sie sehr magisch anfühlte, rief sie nach ihnen. Sie schrieb:

> *Ich spürte ihre Gegenwart und konnte sie mit meinen inneren Augen sehen. Ich war mir normalerweise der erwachsenen Tiere bewusst und manchmal auch eines Einhorn- oder Pegasusfohlens. Ich liebe ihre friedliche, liebevolle Energie einfach. Sie ist so beruhigend und glückselig und macht Spaß. Ich fing dann an, mit Pegasi und Einhörnern zu arbeiten, um mein inneres Kind zu heilen und zu trösten. Ich brauchte dringend emotionalen Trost, also rief ich nach einem Pegasus, und mein inneres Kind schmiegte sich an ihn. Das hat ein wenig geholfen, aber ich hatte das Gefühl, dass noch mehr Unterstützung nötig war. Dann wurde ich von dem Pegasus eingeladen, auf seinen Rücken zu klettern und mich zwischen seine Flügel zu legen. Das tat ich und stellte fest, dass ich dort ganz loslassen konnte. Wir flogen eine Weile zusammen durch den Himmel. Ich fühlte mich absolut sicher und von seiner Kraft und tiefen Liebe voll unterstützt. Es war eine derart intime, bedingungslose, von Liebe erfüllte Verbindung, dass ich auf einer tiefen Ebene geheilt wurde.*

Jede Heilung, die du in deiner inneren Welt bewirken kannst, kannst du auch in deinem physischen Leben bewirken. Deshalb ist die Visualisierung so leistungsfähig und effektiv.

Einhörner können deinen Visualisierungen zusätzliche Energie geben.

In der folgenden Visualisierung hilft dir dein Einhorn, dein inneres Kind zu heilen. Dieser verletzliche Teil von dir trägt noch immer viel von deinem vergrabenen Schmerz, deiner Schuld und deiner Wut in sich. Jedes Mal, wenn du denkst, dass du nicht gut genug oder nicht würdig, nicht gut aussehend oder nicht klug genug bist, wird dein inneres Kind ein wenig kleiner. Und selbst wenn dein äußeres Selbst übermäßig selbstbewusst, dreist oder mobbend auftritt, ist dies nur eine Vertuschung des unsicheren inneren Selbst.

Dein weises Erwachsenenselbst kann dein Kind ermutigen und ihm helfen. Aber wenn du Einhörner, die reine göttlich-weibliche Liebe in sich tragen, bittest, dein inneres Kind zu heilen, findet eine viel tiefere Transformation statt.

Reise mit deinem Einhorn zur Heilung deines inneren Kindes

- Suche dir einen Ort, an dem du dich entspannen und ungestört sein kannst.
- Schließe die Augen und spüre, dass du von einer sehr weichen, reinweißen Wolke umgeben bist.
- Du stellst fest, dass du dich auf eine Heilungsreise vorbereitest.
- Wenn du deinen ersten Schritt machst, erscheint dein Einhorn neben dir, und du weißt, dass Wunder geschehen können.
- Du gehst den Weg weiter und siehst ein Haus vor dir. Dieses Haus ist dir vielleicht vertraut, aber vielleicht erkennst du es auch nicht. Ist es groß oder klein?
- Dein Einhorn wartet geduldig, während du das Haus betrittst und erkundest.

- Du stellst fest, dass es einen Raum gibt, dessen Tür fest geschlossen ist. Sie kann einfach geschlossen oder verriegelt oder sogar mit einem Vorhängeschloss gesichert sein.
- Wenn du einen Schlüssel brauchst, gibt dir dein Einhorn den richtigen. Achte darauf, wie er aussieht. Ist er groß oder klein, schlicht oder verziert, aus Messing, Eisen oder Gold?
- Es ist an der Zeit, die Tür zu öffnen. Sei ruhig empfänglich, bevor du den Raum betrittst, während dein Einhorn einen Ball aus reinweißem Mitgefühl in dein Herzchakra legt. Akzeptiere ihn voll und ganz und spüre ihn.
- Dein inneres Kind ist in dem Raum und wartet auf dich. Es braucht Heilung. Ist es ängstlich, wütend, verletzt oder kurz davor, dich zu manipulieren?
- Umarme dein inneres Kind. Hör ihm zu. Sag ihm, dass du es liebst.
- Nimm dein inneres Kind zum Spielen mit in die Sonne.
- Wenn es lächelt und glücklich ist, schüttet dein Einhorn einen heilenden Strom aus weißer Liebe in sein Herz.
- Nimm dein inneres Kind in dein Herzchakra auf.
- Lass dich von deinem Einhorn in einen wunderschönen weißen Heilkokon einwickeln.
- Bedanke dich bei deinem Einhorn, und sei bereit, freundlicher und unterstützender über dich selbst zu denken.

Interpretation

Das Haus repräsentiert dein Bewusstsein. Wenn es dir bekannt vorkam, deutet dies darauf hin, dass du die Gefühle deines inneren Kindes möglicherweise sehr wohl erkennst oder dass etwas aus dieser Zeit einen bedeutungsvollen Eindruck auf dich gemacht hat. Wenn du das Haus nicht erkannt hast, bist du dir der Gefühle, die du begraben hast, vielleicht gar nicht bewusst.

Wenn das Haus groß war, weist es darauf hin, dass dies eine ziemlich große Sache für dich ist. Daher ist es sehr wichtig, diesen Aspekt deines inneren Kindes zu heilen.

Der Raum mit der geschlossenen Tür repräsentiert einen verborgenen Teil von dir.

War die Tür nur geschlossen? Dies zeigt an, dass die Verletzung nicht anerkannt wurde, du aber bereit bist, darauf zuzugreifen.

War die Tür verschlossen? Dies deutet darauf hin, dass du dir die Verletzung nicht anschauen wolltest.

War sie mit einem Vorhängeschloss versehen? Du hast die Verletzung wirklich begraben. Daher ist es wichtig, Einhornheilung zu erhalten.

Der Schlüssel ist deine Art, Zugang zu deinem verletzenden Aspekt zu bekommen.

Wenn er klein war, ist dies etwas, auf das du bereit bist, dich einzulassen.

Wenn er groß war, ist es eine große Sache für dich, diese Tür aufzuschließen. Gehe also entsprechend respektvoll mit dir um.

Ein goldener Schlüssel weist darauf hin, dass sich ein sehr weiser und besonderer Teil von dir vorsichtig Zugang zu deinem inneren Kind verschaffen muss.

Ein eiserner Schlüssel zeigt an, dass dein inneres Kind robust genug ist, deine Hilfe anzunehmen.

Ein leichter, eher filigraner Schlüssel warnt dich, vorsichtig und taktvoll mit deinem inneren Kind umzugehen.

Das innere Kind der Menschheit heilen

Ein Kind, das sich zutiefst geliebt, akzeptiert und wertvoll fühlt, wächst automatisch heran, um Frieden, Freude und Trost zu verbreiten und andere zu ermächtigen. Aber auf der ganzen Welt gibt es Menschen, die auf der Ebene des inneren Kindes verletzt sind. In jedem Terroristen, Diktator oder Soziopathen steckt ein wütendes, verletztes Kleinkind, das sich nach Bestätigung und Liebe sehnt.

Manche Seelen geraten in die schwierigsten Umstände wie Krieg, Armut oder sogar Hunger, und sie haben sicherlich Gefühle aus dieser Zeit auf der Ebene ihres inneren Kindes gespeichert. Andere sind Waisenkinder, die erlebt haben, im Stich gelassen zu werden. Außerdem sind Eltern nie perfekt, egal wie gut ihre Absichten sind und wie sehr sie es auch versuchen! Ein Kleinkind mag liebevolle Eltern haben, die ihr Bestes geben, aber der Same für ein verletztes inneres Kind ist dennoch gesät. Dies liegt daran, dass er im Individuum liegt. Ein Baby fühlt sich vielleicht allein und verlassen, wenn seine Mutter es nicht gleich auf den Arm nimmt, wenn es aufwacht. Ein anderes gurgelt zufrieden und entspannt vor sich hin, während es auf Aufmerksamkeit wartet. Ein Kind ist eifersüchtig oder fühlt sich ungerecht behandelt, wenn ein Geschwisterkind mehr Aufmerksamkeit bekommt. Ein anderes akzeptiert dies mit offenem Herzen.

Es scheint jedoch, als würden die Gedanken und Reaktionen des Babys seine DNA vom Moment seiner Geburt an beeinflussen und entweder für ein Leben in Not und Konflikt oder in Glück und Gesundheit sorgen.

Einhörner können nur die Menschen berühren, deren Frequenz hoch genug ist. Wer hat, dem wird gegeben. Doch selbst unter den schrecklichsten Bedingungen können einige Seelen innere Entscheidungen treffen, die zu Vergebung und Akzeptanz führen. Sobald sie das tun, kann ihnen die Energie des Einhorns helfen.

Um das innere Kind der gesamten Menschheit zu heilen, muss sich die Frequenz der Welt erhöhen. Jedes einzelne Gebet, das du für den Planeten aussendest, macht einen Unterschied, denn die Engel reagieren darauf. Das Gebet dauert vielleicht nur den Bruchteil einer Sekunde, aber es macht den Weg frei für die Energie des Einhorns, damit diese diejenigen berühren kann, die sie am meisten brauchen.

Das innere Kind der Menschheit heilen

- Suche dir einen ruhigen, friedvollen Ort, an dem du ungestört bist.
- Schließe die Augen, und nimm dir ein paar Momente Zeit, um ruhig und entspannt zu atmen.
- Dein Einhorn taucht neben dir auf und weiß, dass du eine Mission zu erfüllen hast.
- Danke ihm, dass es zu dir gekommen ist, und finde dich dann auf seinem Rücken wieder.
- Sag ihm, während es in die Luft steigt, dass du die Einhörner bittest, das innere Kind der gesamten Menschheit zu heilen.
- Es bestätigt die enorme Tragweite dieser Mission, indem es mit den Ohren zuckt.
- Gemeinsam fliegt ihr über die Welt.

- Mach dir ein Bild von den Milliarden Menschen auf der Erde. Manche sind glücklich und zufrieden, aber viele sind auf irgendeine Weise verletzt.
- Sieh die verletzten Menschenmassen als kleine Kinder, die mit geschlossenen Augen nach Hilfe und Mitgefühl schreien.
- Sag mental: »Ich rufe jetzt die Engelreiche auf, die Frequenz der Welt zu erhöhen, damit Einhörner das innere Kind eines jeden Individuums berühren können.«
- Sieh, wie Engel Maria auf der ganzen Welt aquamarinfarbene Lichtsäulen platziert, die vom Himmel bis zur Erde reichen. Sie strahlen eine wunderschöne mitfühlende und fürsorgliche Energie aus.
- Dann platziert Erzengel Michael tiefblaue Lichtsäulen im Herzen von Kriegsgebieten und bringt den Menschen dort Kraft.
- Erzengel Chamuel fügt jetzt herrliche rosa Lichtsäulen hinzu, die hoffnungsvolle Liebe ausstrahlen.
- Dann sieht man überall Säulen aus reinem Erzengellicht, das zur Erde hinabströmt.
- Erzengel Gabriels weißes Licht bringt Reinigung.
- Erzengel Jophiels blassgelbes Licht bringt Weisheit.
- Erzengel Raphaels smaragdgrünes Licht verbreitet Heilung und Erleuchtung.
- Du siehst vielleicht viele andere Lichtsäulen, die sich durch die Dimensionen zwischen Himmel und Erde erstrecken.
- Es gibt einen Donnerschlag und einen Lichtblitz, wenn jede dieser Lichtsäulen auf eine höhere Frequenz umschaltet.
- Für einen Moment öffnen Milliarden von Kindern ihre Augen und sehen das Licht.

- Millionen von Einhörnern schweben über der Welt und strömen reinweißes Licht aus. Das ist ein spektakulärer Anblick.
- Reinweiße Liebe aus der Quelle berührt das Herz und die Seele jedes dafür empfänglichen Kindes.
- Spüre den Herzschlag des Friedens und der Dankbarkeit auf der ganzen Welt.
- Und so schnell, wie sie sie eingeschaltet haben, ziehen die Erzengel die Säulen in die himmlischen Bereiche zurück.
- Lass die Liebe, den Frieden, die Kraft und die Weisheit, die die Welt berührt haben, in dich eindringen, während du dich auf deinem Einhorn ausruhst.
- Und dann schwebt dein geliebtes Einhorn leise und langsam mit dir zurück zur Erde.
- Steige ab und streichle es, während du dich bei ihm bedankst.
- Mach die Augen wieder auf.

Kapitel 22
Einhörner heilen die Überzeugungen und Probleme der Ahnen

Du stehst unter dem Einfluss deiner Vorfahren, und zwar bis zu sieben Generationen zurück. Alle restriktiven Gedanken, die auf die Überzeugungen deiner Eltern, Großeltern und Urgroßeltern zurückgehen, und zwar seit Jahrhunderten, finden sich jetzt in deinem Leben. Und mehr noch: Wenn du in diesem Zeitraum Tanten und Onkel und Großtanten und Großonkel hattest, die selbst keine Kinder hatten, dann wirst du, genau wie deine Geschwister, Cousins und Cousinen, ihre ungelösten Überzeugungen übernehmen. Wenn du ein Einzelkind bist, trägst du sie allein. Wenn du sie aus irgendeinem Grund nicht akzeptierst, teilen deine Cousins und Cousinen sie mit dir. Auch wenn du adoptiert wurdest, trägst du die Überzeugungen deiner Blutsvorfahren in dir. Und vielleicht hast du es zusätzlich mit den Überzeugungen deiner Adoptivfamilie zu tun.

Manche Menschen haben mutige Seelenentscheidungen getroffen und sich einer großen Herausforderung gestellt. Viele dieser Individuen haben sich immer und immer wieder in einer bestimmten Familie physisch verkörpert und sind mit ihren Energien sehr vertraut, was die Herausforderung nicht geringer macht. Andere haben sich die Situation vor ihrer Geburt aus der geistigen Welt angeschaut, und obwohl ihnen ihre Familie auf der Seelenebene unbekannt ist, haben sie entschieden, dass sie stark genug sind, um damit umzugehen. Interessanterweise können manche IVF-Kinder (Kinder, die aus einer künstlichen Befruchtung *[In-vitro-Fertilisation]* stammen; Anm. d. Übers.) ganze Familien heilen, weil sie in der Lage sind, Herausforderungen aus einem neuen und frischen Blickwinkel zu betrachten.

Ahnenüberzeugungen heilen

Stell dir eine Familie vor, in der die feste Überzeugung herrscht, dass der älteste Sohn in die Fußstapfen seines Vaters treten und das Familienunternehmen übernehmen oder beispielsweise Müllmann oder Rechtsanwalt werden muss. Wenn sich eine Seele als dieser älteste Sohn inkarniert und den inneren Drang verspürt, Musiker zu werden, braucht er Entschlossenheit, Mut, möglicherweise die Bereitschaft, sich von der Familie loszusagen, und viele andere Eigenschaften, um seine Seelenmission zum Ausdruck zu bringen. Wenn er sich dem Familienmuster unterwirft, wird sein wahres Licht niemals scheinen, und er wird seine Bestimmung nicht ausleben können.

Ein Geistleser sagte mir, einer meiner Großväter, der vor meiner Geburt gestorben war, habe die Überzeugung gehabt, man müsse allen anderen den Vortritt lassen. Diese Überzeugung war nie aufgelöst worden, und niemand sonst hatte sie übernommen. Also hatte meine Seele sie akzeptiert, aber der Leser sagte, sie würde meinen Aufstieg behindern. Meine erste Reaktion war, dass dies nicht stimmen konnte, aber am nächsten Tag kam ein Freund zum Mittagessen. Er schlug mir ein Projekt vor und wollte, dass ich es jemandem präsentiere. Dann fügte er hinzu: »Aber ich kenne dich. Du wirst mich über ihn ausfragen, und dann hast du keine Zeit, über das Projekt zu sprechen.« Plötzlich machte es klick bei mir. Solche Muster manifestieren sich auf viele Arten.

Danach bemerkte ich, wie sich die Überzeugung meines Großvaters auf mich auswirkte. Ich bat die Einhörner, mir zu helfen, sie loszulassen. Innerhalb einer Woche hatte ich beschlossen, an einen Ort zu ziehen, an dem ich mehr ich selbst sein konnte!

Überzeugungen erkennen

Wie kannst du Ahnenüberzeugungen und -muster erkennen? Achte ständig auf deine eigenen Worte und Gedanken. Hier ein paar Beispiele für solche Überzeugungen, die dir vielleicht in den Sinn kommen oder von den Lippen gehen, und es gibt noch viele mehr:

- »Es ist einfach nicht fair, niemand versteht mich/hört mir zu/glaubt mir/schätzt mich/liebt mich.«
- »Ich bekomme nie, was ich will/verdiene/brauche.«
- »Ich muss hier weg, ich brauche Zeit für mich.«
- »Ich werde niemals frei sein. Ich fühle mich regelrecht erstickt.«
- »Es ist zu spät.«

Möglicherweise sind sie nicht alle so. Vielleicht hast du auch lebensbejahende, glückliche und erfolgreiche Überzeugungen aus deiner Ahnenlinie übernommen. Dann sei dankbar und genieße sie.

Hilfe von den Einhörnern

Manche Menschen sehen sich zu Beginn ihres Lebens mit Herausforderungen konfrontiert, andere in der Mitte und wieder andere am Ende. Einige Mutige durchlaufen während ihrer Inkarnation mehrere Einweihungen. Manchmal bist du dir nicht einmal bewusst, dass du geprüft wirst. Du hast nur das Gefühl, eingeengt zu sein, oder leidest unter einem Mangel an Freiheit oder fühlst dich kontrolliert. Bitte die Einhörner um Hilfe, wenn du feststellst, dass du nicht mehr frei bist, du selbst zu sein. Sie arbeiten mit Erzengel Michael zusammen, um dich zu befähigen, für dich selbst einzutreten und deine Wahrheit offen auszusprechen.

Manchmal führen deine Herausforderungen dazu, dass du dich niedergeschlagen oder hoffnungslos fühlst, unwürdig oder unfähig, deine Visionen zu verwirklichen. Bitte die Einhörner um Hilfe, wenn du dich so fühlst. Sie arbeiten mit Erzengel Uriel zusammen, um dir zu helfen. Sie können dir helfen, alte Schuldgefühle loszuwerden.

Überzeugungen können ein Gewirr aus widerborstigen Energien sein. Sie können dich lächerlich machen, verletzen oder blockieren. Wenn du dich von ihnen befreist, kannst du fliegen.

Hier ist eine Visualisierung, in der du auf eine Reise gehst mit Einhörnern, die dir helfen, das Gewirr aus nicht hilfreichen Ahnenüberzeugungen, die du möglicherweise mit dir herumträgst, aufzulösen. Jedes Mal, wenn du das tust, wird sich in deinem Unterbewusstsein etwas verändern.

Einhörner helfen dir, nicht hilfreiche Ahnenüberzeugungen zu entwirren und loszulassen

Bevor du anfängst, solltest du über einige der Herausforderungen nachdenken, mit denen du konfrontiert warst. Achte beim Nachdenken über diese Herausforderungen und darüber, wie sie sich auf dein Leben ausgewirkt haben, auf deine Gedanken. Schreib diese Gedanken auf. Dies ist sehr wichtig.

- Finde einen ruhigen Ort, an dem du ungestört bist.
- Schließe die Augen, und bitte dein Einhorn, zu dir zu kommen.
- Begrüße es mit Liebe und Ehrfurcht, wenn du siehst oder spürst, dass es kommt.
- Sag: »Geliebtes Einhorn, bitte löse die Überzeugungen der Ahnen auf, die mich zurückhalten. Ich bin bereit, sie freizugeben.«
- Dein Einhorn schaut dich an und nickt. Dann lädt es dich ein, auf ihm zu reiten.
- Gemeinsam fliegt ihr zu einem riesigen Berg und landet am Abhang.
- Vor euch liegt ein Dickicht aus Dorngestrüpp. Diese Dornen stehen für die unerwünschten Ahnenüberzeugungen in deinem Bewusstsein.
- Dein Einhorn präsentiert dir alles, was du brauchst, um das Dickicht auszulichten oder zumindest einen Weg hindurch zu finden.
- Ist das Dickicht groß oder klein? Fühlt es sich leicht oder schwierig an, es auszulichten? Ist es dornig? Gibt es tote

- Äste, die ausgeräumt werden müssen? Verstecken sich irgendwelche Tiere darin?
- Nimm dir Zeit, und tu alles, was nötig ist, um deine Blockaden zu beseitigen.
- Wenn du fertig bist, berührt dein Einhorn deine Stirn mit seinem Lichthorn und gießt heilendes weißes Licht in deinen denkenden Geist.
- Entspanne dich und spüre, wie diamantweißes Licht in deinem Mentalkörper aufleuchtet, während die Einhornenergie nicht hilfreiche Ahnenüberzeugungen auflöst.
- Jetzt trägt dich dein Einhorn höher den Berg hinauf.
- Vor dir siehst du einen wunderschönen Wasserfall, der wie ein Brautschleier fällt.
- Ohne innezuhalten führt dich dein Einhorn direkt hindurch, und du findest dich im schönsten sonnigen Garten voller üppiger Früchte und wunderschöner Blumen wieder.
- Dein Einhorn sagt dir, dass dein Leben ein Füllhorn der Freude sein wird, wenn du die wunderbaren, das Leben bejahenden und die Seele befriedigenden Überzeugungen deiner Vorfahren annimmst.
- Genieße den Garten.
- Dein Einhorn trägt dich durch den Wasserfall, den Berg hinunter, durch den Ort, wo das Dickicht war, zurück zu deinem Ausgangspunkt.
- Sei dir bewusst, dass die Reise mit deinem Einhorn etwas in dir erleuchtet hat.

Heilung ungelöster Familien- und Ahnenprobleme

Energien aller Art werden in Familien weitergegeben. Wenn einer deiner Vorfahren beispielsweise in einer Ordensgemeinschaft war und ein Gelübde abgelegt hat, das er nicht widerrufen hat, wird die Energie dieses Gelübdes über deine Familienlinie weitergegeben. Wenn die Vorfahren Kinder hatten, hat sich eines oder haben sich mehrere von ihnen verpflichtet, es weiterzuführen. Wenn es keine Kinder gab, geht es an Neffen und Nichten. Diese Vereinbarungen werden auf der geistigen Ebene getroffen, und zwar ohne unsere bewusste Beteiligung oder unser Wissen.

Wunderbare Gaben und Eigenschaften können über die Familienlinie weitergegeben werden. Vielleicht war eine Ururgroßmutter eine talentierte Flötistin, und lange nach ihrem Tod hat ein Kind einer späteren Generation dieses Talent.

Du kannst Einhörner auffordern, ihr Licht auf die Talente der Ahnen zu werfen, um sie für dich zu aktivieren.

Es kann beispielsweise auch sein, dass eine unverheiratete Tante eine unglaublich freundliche und fürsorgliche Person ist. Nach ihrem Tod fällt auf, dass eine ihrer Nichten ihr sehr ähnlich ist. Dies liegt oft daran, dass die Eigenschaften der Tante an die Verwandte weitergegeben werden.

Bei solchen Entdeckungen wird nicht um Heilung gebeten, aber manche energetischen Vermächtnisse sind sehr viel problematischer:

- Wenn ein Verwandter vor bis zu sieben Generationen Schulden hatte und gestorben ist, ohne sie zurückzahlen zu können, setzt sich das Karma durch die Familienlinie fort, und manche Familienmitglieder verlieren vielleicht plötzlich selbst viel Geld.
- Alkoholismus, Drogenabhängigkeit und jede Form von Sucht, die nicht erlöst wurde, taucht häufig Generationen später wieder auf. Dann sagen die Leute vielleicht mit einem Seufzen: »Jack ist ein schwerer Trinker, genau wie sein Urgroßvater.« In der Tat trägt er diese Ahnenwolke mit sich herum.
- Ein Mensch begeht vielleicht Selbstmord, weil er eine Stimme hört, die ihn in die geistigen Reiche zurückruft. Dies kann jedoch auch eine Möglichkeit sein, den Umgang mit einer Situation zu vermeiden. In diesem Fall muss sich jemand aus der Familienlinie statt seiner darum kümmern.

Diese und viele andere ungelöste Probleme der Vorfahren sind wie schwere Steine. Sie haben vielleicht nichts mit dir zu tun, aber du musst sie tragen, entweder weil sich deine Seele freiwillig dazu bereit erklärt hat oder weil du dazu verpflichtet bist, wenn karmische Schulden der Familie eingefordert werden.

In der Vergangenheit konnten die Menschen die ungelösten Probleme ihrer verstorbenen Verwandten umgehen. Das ist jetzt nicht mehr möglich, weil das neue Goldene Zeitalter im Jahr 2032 beginnt und bis dahin alles Karma abgebaut sein muss. Ungelöste familiäre und überlieferte Probleme klopfen auf eine Weise an unsere Türen, die nicht länger ignoriert werden können.

Viele Menschen tragen jetzt schwere Rucksäcke, voll von unvollendeten Anliegen ihrer Vorfahren, aber die Einhörner sind bereit, die Last zu erleichtern.

Deine Ahnenlast erleichtern

- Suche dir einen ruhigen Ort, an dem du ungestört bist.
- Schließe die Augen und entspanne dich.
- Spüre, wie bei jedem Ausatmen ein weiches weißes Licht mit deinem Atem um deinen Körper fließt, bis du ganz von einem weißen Lichtball eingehüllt bist.
- Sei dir bewusst, dass dein Einhorn dir zur Seite steht und dir gern helfen will.
- Du streichelst es und sagst ihm, dass du die Last der Ahnensteine, die du trägst, leichter machen möchtest, und bittest es, dir zu helfen.
- Ein Rucksack taucht vor dir auf. Ist er groß, klein, schwer oder leicht?
- Du hebst ihn hoch und bemerkst die tote Energie. Schau hinein. Wie viele Steine sind drin? Setze ihn auf den Rücken. Wie fühlt es sich an? Vertraut?
- Steige auf den Rücken deines geliebten Einhorns und spüre die Liebe und Sicherheit, die es bietet.
- Mit dir auf dem Rücken trabt dein Einhorn langsam ein dunkles, enges, steiniges Tal hinauf.
- Die Felsen scheinen sehr nah, als seien sie kurz davor, dich zu zerquetschen. Möglicherweise hast du das Gefühl, eingeengt zu sein und kontrolliert zu werden. Du kannst

dieser Enge nicht entkommen, ohne ein paar Felsen zu verschieben.
- Alles, was du brauchst, um den Weg frei zu machen, steht dir zur Verfügung. Du steigst von deinem Einhorn und tust, was getan werden muss.
- Wenn der Weg ganz frei ist, stellst du deinen Rucksack vor deinem Einhorn ab.
- Sag ihm, dass du Räumungsarbeiten durchgeführt hast, und bitte es, die Energie dieser Steine zu verwandeln.
- Dein Einhorn gießt reine Liebe aus der Quelle über und in den Rucksack, bis dieser ganz verschwunden ist.
- Du atmest tief durch und stellst fest, dass du unbewusst Ahnenblockaden beseitigt hast.
- Achte darauf, wie du dich fühlst.
- Erzengel Michael erscheint vor dir. Spüre sein wunderbares Licht.
- Er legt die dunkelblaue Kugel der Wahrheit in deinen Hals und teilt dir mit, dass die Wahrheit dich befreit hat.
- Er befiehlt dir, ab jetzt für dich selbst einzustehen, deine Wahrheit zu sagen.
- Beobachte, wie du das tust. Nimm dir Zeit, um zu sagen, was du zu sagen hast.
- Jetzt gießt dein Einhorn liebevoll eine schimmernde Kaskade von Segnungen über dich aus und beleuchtet alle Ahnengeschenke, die du bereit bist, in dein Leben zu lassen.
- Nimm dir Zeit, um dich wirklich daran zu freuen.
- Sieh mit einem Lächeln auf den Lippen, dass sich die enge Schlucht geöffnet hat und dir jetzt einen weiten Ausblick bietet.

- Rechne mit neuen Möglichkeiten und Wundern, wenn du wieder da bist, wo du angefangen hast, und sei dir darüber klar, dass sich in deinem Bewusstsein etwas verändert hat.
- Bedanke dich bei deinem Einhorn und Erzengel Michael.

Kapitel 23
Einhörner tragen die Wünsche der Seele zur Quelle

Wahre Seelenzufriedenheit ist eine der größten Gaben, die du in deinem Leben haben kannst. Wenn du dich vollkommen erfüllt fühlst, ist dein tägliches Leben von Zufriedenheit geprägt, und Probleme werden unbedeutend. Alles wird relativiert. Eines der schönsten Angebote, das die Einhörner dir machen, ist, die Wünsche deiner Seele zur Quelle zu tragen und sie segnen zu lassen.

Diese Segnung ist so mächtig, dass deine Bitte normalerweise zuerst an die Meister des Himalaya weitergeleitet wird. Dies erhöht ihre Schwingung so weit, dass die Einhörner sie dann zu den Seraphim tragen können, die sie an die Quelle weitergeben. Dann können Wunder geschehen.

Hier ein paar Informationen zu den Meistern des Himalaya und den Seraphim.

Die Meister des Himalaya

Der Himalaya ist immer noch der reinste Ort auf dem Planeten. Über seinen schneebedeckten Gipfeln liegt der ätherische Zufluchtsort der Meister des Himalaya. Es sind zwölf Meister, alles weise alte Wesen, die das Licht der Berge und viel Weisheit für den Planeten in sich tragen, und ihr Zufluchtsort ist ein Raum voll unglaublicher Schönheit, Reinheit und Licht.

In diesem Bereich ist das Land selbst reich an alter Weisheit. Und, was am wichtigsten ist, alle fühlenden Wesen, einschließlich der Berge, geben Klänge von sich, und das Lied des Himalaya enthält die Melodien der dort eingebetteten Kristalle, Mineralien und Edelsteine. Die Meister überwachen dies alles und halten dieses reine Licht für die Welt stabil.

Oft bringen die Einhörner niedrigere Energie, die irgendwo auf dem Planeten freigesetzt wurde, zur Reinigung in den Himalaya. Sie können aber auch irgendwelchen »Kram« in andere Teile des Universums bringen, wo er umgewandelt wird.

Wenn du eine Petition an den Intergalaktischen Rat herantragen willst, um dir selbst oder der Welt zu helfen, bringen dich die Einhörner manchmal zuerst an diesen besonderen Zufluchtsort, damit du von den Meistern Anleitung und Weisheit bekommen und dein Licht stärken kannst, bevor du vor den Rat trittst.

Die Seraphim

Die Seraphim sind reinweiße Engelwesen der zwölften Dimension. Sie umgeben die Gottheit und singen die Visionen der Quelle in die Manifestation. Als sich die Quelle beispielsweise das ursprüngliche Konzept für die Erde vorstellte, konzentrierten sich die Seraphim darauf, während sie »Om« sangen. Dies projizierte das entsprechende Bild ins Universum. Dort konnte es die Energie sammeln, die benötigt wurde, um es wahr werden zu lassen. Dann brachten andere Engel und Drachen den Planeten in die physische Realität.

Zwei der mächtigen Seraphim arbeiten derzeit mit der Menschheit, nämlich Seraphina und Seraphiel. Einhörner arbeiten mit ihnen zu unserem höchsten Wohl zusammen.

Was bringt dir Seelenzufriedenheit?

Was immer dir Freude, Frieden, Zufriedenheit oder tiefes Vergnügen schenkt, bringt dir Seelenzufriedenheit. Das kann eine kreative oder künstlerische Tätigkeit sein oder eine bestimmte Berufung, etwa Therapeut oder Lehrer. Viele Menschen finden Frieden und Zufriedenheit in der Natur, wenn sie mit Bäumen und Vögeln zusammen sind. Andere finden sie am Meer. Manchen verschafft es größte Befriedigung, ihren physischen Körper im Sport herauszufordern. Vielleicht möchtest du Erfinder sein oder ein integres Unternehmen gründen.

Ich werde oft gefragt: »Was ist mein Seelenauftrag?« Die Antwort lautet immer: »Das, was dir Freude und Befriedigung schenkt.«

Manchmal glauben Menschen, ihren Seelenauftrag nicht erfüllen zu können. Sie sagen dann beispielsweise, sie wären gern Maler, aber das können sie nicht, weil sie ihre Familie ernähren müssen. Oder sie wollten schon immer reisen, konnten es aber nie. Einhörner lassen Wunder geschehen.

Mit Einhörnern zusammenarbeiten, damit sie die Wünsche deiner Seele zur Quelle tragen

Vorbereitung

- Nimm dir Zeit, um zu entscheiden, was du wirklich willst. Hier geht es nicht darum, dass dein Ego gefüttert oder dein Herz erfreut wird, sondern vielmehr um etwas, das dir echte Erfüllung schenkt.
- Schreib es auf. Die Wünsche deiner Seele zu Papier zu bringen, ist ein wichtiger Schritt zu ihrer Verwirklichung.
- Zünde eine Kerze an, um die Frequenz zu erhöhen.
- Suche dir einen ruhigen Ort, an dem du ungestört bist.

Visualisierung: Die Wünsche deiner Seele zu den Meistern des Himalaya tragen

- Schließe die Augen und atme bequem, bis du dich ganz entspannt fühlst.
- Stell dir ein üppiges grünes Tal vor, in dem Vögel singen und Wasserfälle über Felsen stürzen. Achte darauf, wie blau der Himmel und wie golden die Sonne ist. Es ist so still und friedlich hier.
- Rufe dein Einhorn mental herbei und sehe es sofort vor dir stehen, ein reinweißes, schimmerndes Pferd, das Liebe, Frieden und weißes Licht ausstrahlt.
- Spüre, wie seine Liebe dich umgibt.
- Flüstere ihm alle Wünsche deiner Seele zu.
- Achte darauf, wie geduldig es wartet, bis du fertig bist.

- Bitte es anschließend, dir zu helfen, diese Wünsche zu erfüllen.
- Es nickt feierlich und lädt dich ein, auf seinem Rücken Platz zu nehmen.
- Du steigst sicher und entspannt in einer Lichtsäule auf, höher und immer höher. Du bist über dem Tal. Du bist über den Gipfeln der Berge.
- Die herrlichen ätherischen Tempel der Meister des Himalaya liegen vor dir.
- Das Einhorn fliegt mit dir durch zwölf Säulen aus weißen Flammen in einen zentralen Innenhof.
- Hier erwarten dich die zwölf Meister. Sie begrüßen dich mit zum Namaste zusammengelegten Handflächen.
- Du händigst ihnen die Liste mit den Wünschen deiner Seele aus, die du geschrieben hast.
- Einer von ihnen nimmt sie und hält sie fest, während sie alle ihr Licht hineingießen, bis sie zu einem lodernden Diamanten wird.
- Der Meister gibt dir den Diamanten, und du nimmst ihn mit einer kleinen Verneigung an.

Die Wünsche deiner Seele durch die Seraphim der Quelle übermitteln

- Das Einhorn sagt dir, dass es Zeit für die letzte Stufe deiner Mission ist. Du musst die Seraphim bitten, deine Bitte um Segen an die Quelle zu übermitteln.
- Ihr bewegt euch durch die zwölf Säulen aus weißen Flammen zurück und schwebt gemeinsam in die höheren Dimensionen.

- Sei dir der unbeschreiblichen Seraphim bewusst, die das weiße Feuer der Gottheit umgeben. Du kannst sie sogar singen hören.
- Sanft bewegt sich das Einhorn auf Seraphiel zu, einen der Seraphim, der von Regenbogenlichtern erleuchtet ist.
- Demütig gibst du ihm deinen lodernden Diamanten, die erleuchtete Energie deiner Seelenwünsche, und bittest ihn, ihn für einen Segen zur Quelle zu tragen.
- Seraphiel nimmt ihn an und verschwindet im weißen Feuer der Gottheit.
- Du wartest geduldig, und schließlich kehrt er zurück.
- Er gibt dir den Diamanten zurück. Wie sieht er aus? Ist er größer oder heller? Hat er eine andere Farbe? Oder ist er etwas ganz anderes?
- Nimm dir, während das Einhorn friedlich mit dir zurückschwebt, ein wenig Zeit, um zu überlegen, was dieser Segen für dein Leben bedeutet.
- Und dann bist du wieder da, wo du angefangen hast. Bedanke dich bei dem Einhorn und öffne die Augen.

Kapitel 24
Einhörner entfernen die Schleier der Illusion

Jede Seele, die auf die Erde kommt, muss durch den Schleier des Vergessens gehen. Dieser besteht aus den sieben Schleiern der Illusion. Wenn sie sich einer nach dem anderen auflösen, wirst du immer erleuchteter. Wenn sie sich alle aufgelöst haben, erreichst du die absolute Erleuchtung. Einhörner sind die Engelwesen, die dir dabei helfen können.

Das Chaos und die Unruhe der Welt sind das Drama der dritten Dimension. Es mag schrecklich anzuschauen und noch schlimmer durchzumachen sein, aber es ist aufregend, und deshalb hängt ein Großteil der Menschheit immer noch daran. Alle diese Schmerzen und Verletzungen, die Eifersucht, die Wut und die Liebe machen süchtig, und während du eine Rolle in dem Drama spielst, fühlst du dich lebendig – unglücklich oder verängstigt vielleicht, aber definitiv lebendig. Jeder, der an irgendeiner Form von Drama beteiligt ist, erklärt sich dazu bereit. Es ist eine Erfahrung, die in der dritten Dimension möglich ist und für die man sich entscheidet. Diese turbulente Energie vernebelt jedoch, wer du wirklich bist, und macht es Einhörnern schwer, dich zu erreichen. Wenn du in ein weniger wünschenswertes menschliches Drama verwickelt bist, sei es ein Familienkonflikt, wirtschaftliche Probleme, Krieg oder politische Umwälzungen, können Einhörner dich nicht einmal sehen. Dann solltest du aufhören, dich zu engagieren, weil das dem Drama noch mehr Energie gibt. Hör auf, alle Seiten zu beurteilen. Zentriere dich. Betrachte alles aus einer höheren Perspektive, und bring dich in Harmonie. Dann wird dein Licht hell scheinen, und die Einhörner können dich sehen, sich dir nähern und dein Leben verändern.

Wenn du mitten in einer dunklen Geschichte steckst, ist es dir möglicherweise unmöglich, zu glauben, dass die Prüfung umso schwieriger ist, je intensiver die Herausforderung ist. Es gibt aber Menschen, die auch in verzweifelten Situationen ruhig und zentriert bleiben und nicht werten. Sie beobachten, was passiert, ohne sich darauf einzulassen. Dies ist erleuchtetes Bewusstsein, und das Licht dieser Menschen wird ganz rein.

Die beste Möglichkeit, dir selbst und der Welt zu helfen, besteht darin, in Harmonie zu bleiben und dich über das zu erheben, was geschieht. Der göttliche Plan funktioniert, also vertraue darauf. Konzentriere dich auf Liebe und Einheit, und vielleicht taucht ein Einhorn in deinem Leben auf und hilft dir, den nächsten Schritt zu tun. Dies wird dich schließlich aus dem Szenario holen, um das Leben aus einer anderen Perspektive zu leben.

Die sieben Schleier der Illusion

Die sieben Schleier der Illusion vernebeln dein drittes Auge auf der Erde mit dem Ergebnis, dass du deine Seelenreise ebenso vergisst, wie wer du wirklich bist. Möglicherweise hast du einige oder sogar die meisten dieser Schleier in diesem und anderen

Leben teilweise entfernt, aber du musst sie alle entfernen, um auf dem Höhepunkt der Erleuchtung anzukommen. Die Einhörner haben zugesagt, mit dir zusammenzuarbeiten, um einen großen Teil dieser Schleier zu entfernen oder einen sogar ganz zurückzuziehen, wenn du eine Weile auf einen Einhorn-Orb schaust und darum bittest. Dies beschleunigt sowohl deinen Aufstieg als auch deine Erleuchtung und macht es dir möglich, das Leben aus einer göttlichen Perspektive zu sehen.

Der siebte Schleier
Der siebte Schleier ist rot und am weitesten vom dritten Auge entfernt. Er ist der erste, der entfernt wird, wenn du auf einer Seelenebene aufwachst und die Verantwortung dafür übernimmst, dass du jedes einzelne Ding in deinem Leben erschaffst oder anziehst. Wenn dieser Schleier dünner wird, gibst du nicht länger einer anderen Person die Schuld an deiner Situation, sondern fragst stattdessen: »Wie habe ich diese Umstände geschaffen oder angezogen?« Wenn du die Einhörner bittest, helfen sie dir, die Antwort zu enthüllen. Auf diese Weise unterstützen sie dich auf deinem Weg zur Meisterschaft.

Affirmation
»Es liegt voll und ganz in meiner Verantwortung, jeden einzelnen Umstand in mein Leben zu ziehen oder ihn zu erschaffen.«

Der sechste Schleier
Der sechste Schleier ist gelb und löst sich auf, wenn du an die geistige Welt glaubst und darauf vertraust, dass sich die unsichtbaren Reiche um dich kümmern und dich unterstützen. Hier ein Beispiel: Du hast deinen Ehering verloren, und dein erster

Gedanke ist, Erzengel Michael anzurufen und ihn zu bitten, sich darum zu kümmern. Du vertraust vollkommen darauf, dass er dies auch tut, und machst dir keine Sorgen mehr um deinen Ring. Mit anderen Worten: Du gibst die Angelegenheit ab, damit Erzengel Michael tun kann, worum du gebeten hast. Dann wird dieser Schleier entfernt. Natürlich ist dies eine physische Welt. Also ergreifst du auch selbst Maßnahmen, um deinen Ring zu finden. Aber du weißt, dass Erzengel Michael ihn sicher für dich aufbewahrt.

Affirmation
»Ich vertraue voll und ganz darauf, dass sich die geistigen Reiche um mich kümmern.«

Der fünfte Schleier
Der fünfte Schleier ist wunderschön rosafarben und löst sich auf, wenn du anfängst, bedingungslose Liebe zum Ausdruck zu bringen. Dieser Schleier ist eng mit deinem Herzzentrum verbunden. Je öfter du Liebe als Antwort wählst, desto schneller schmilzt dieser Schleier dahin und desto enger kann sich dein Einhorn mit dir verbinden.

Affirmation
»Es gibt nur Liebe. Wir sind eins.«

Der vierte Schleier
Der vierte Schleier ist strahlend grün und steht mit der natürlichen Welt in Verbindung. Wenn du anfängst, die Tierwelt zu verstehen, zu respektieren und zu ehren, beginnt sich dieser Schleier zu heben. Wenn du die gesamte Natur sowie das Elementarreich

in Ehren hältst, wird er vollständig entfernt. Wann immer du Bäume umarmst, sie segnest und dich bei ihnen bedankst oder sie mental in höheren Aufstiegsenergien badest, wird dieser Schleier zurückgezogen. Wenn du köstliches Gemüse isst oder bunte Blumen siehst, dann denke daran, den Elementargeistern für ihren Beitrag zu deren Reifung zu danken. Wenn du das tust, kommen die Einhörner näher zu dir.

Affirmation
»Ich liebe die gesamte Natur und danke ihr.«

Der dritte Schleier
Wenn du mehr und mehr in den Engelreichen lebst und mit Engeln, Einhörnern und Drachen arbeitest, löst sich der dritte Schleier auf, der hellblau ist. Denke also im Laufe deines Alltags oft an diese wundersamen himmlischen Wesen. Danke ihnen, dass sie dir geholfen haben. Bitte sie, Menschen oder Situationen zu helfen oder sie zu segnen, und du wirst den Segen des Einhornreiches erhalten.

Affirmation
»Ich handle wie ein Engel.«

Der zweite Schleier
Wenn du ganz verstanden hast, dass alles miteinander verbunden ist, hebt sich der zweite Schleier, der tiefblau ist. Du schaust in die Sterne und weißt, dass wir alle ein intimer und ganzheitlicher Teil des riesigen Universums sind. Du siehst Menschen verschiedener Religionen, Kulturen und Hautfarben und weißt, dass alle eins sind. Wenn du nach dem Licht in den Seelen der

Menschen suchst, wird dir mehr vom Wunder des Universums offenbart, und Einhörner erleuchten dein drittes Auge.

Affirmation
»Ich bin eins mit allem, was ist.«

Der erste Schleier
Der erste Schleier, der violett schimmert, hebt sich, wenn du in die siebte Dimension aufsteigst. Seit 2012 können wir erstmals auf diese Frequenz zugreifen und diesen letzten Schleier mithilfe der Einhörner teilweise auflösen. Sie können dich dorthin bringen, besonders in der Meditation, wenn auch nur für Momente. Aber wenn du aufsteigst oder mit deiner mächtigen ICH-BIN-Präsenz verschmilzt, wirst du zu reinweißem Licht wie die Einhörner selbst.

Affirmation
»Ich verschmelze mit den Engelreichen.«

Kapitel 25
Einhörner und das Christuslicht

Einhörner tragen wundervolles Christuslicht, das reine Liebe aus der Quelle ist. Es strömt mit zwölfdimensionaler Frequenz als unbeschreibliches diamantweißes Licht aus der Quelle. Dann wird es über weißgoldene und goldene Schwingungen heruntergestuft, bis es eine Ebene erreicht hat, auf die wir zugreifen können. Gegenwärtig badet uns die höchste Frequenz des Christuslichts, auf die wir auf der Erde zugreifen können, auf einer neundimensionalen Ebene, wo es weißgolden ist. Mit dieser Frequenz wird es in einem goldenen Tetraeder auf Lakumay gespeichert, dem aufgestiegenen neundimensionalen Aspekt von Sirius. Dieser Tetraeder ist von einem vollständigen Regenbogen umgeben.

Sobald du auf der Erde deine fünfdimensionalen Chakren öffnest, kannst du vom goldenen Strahl der Liebe aus der Quelle berührt werden, der das Christuslicht transportiert. Viele Engel arbeiten an diesem goldenen Christusstrahl und hüllen dich darin ein, wenn du dazu bereit bist.

Ein goldener Mantel aus Christuslicht ist ein wunderbarer Schild, denn Christuslicht wandelt alle niederen Energien um, die versuchen, auf dich einzuwirken. Christuslicht heilt auch auf der Zellebene. Wenn du es in dir trägst, leuchtet dein Herz auf und entzündet gleichzeitig das Licht in den Herzen anderer. Es ist eine weibliche Energie, die dein Bewusstsein erweitert und dich für eine erleuchtete Sichtweise auf das Universum öffnet. Es beleuchtet auch die Schlüssel und Codes des Wissens, der Weisheit und der geistigen Technologie, die in deinen Energiefeldern schlummern.

Die Frequenz, mit der das Christuslicht schwingt, kann nicht niedriger sein als die der fünften Dimension, aber es ist eine perfekte Energie für diejenigen, die sich auf den Aufstiegspfad begeben. Es öffnet dich für bedingungslose Liebe auf einer echten Zellebene und bereitet dich darauf vor, auf Engelenergien zuzugreifen.

Engel und Einhörner berühren dich immer mit der höchsten Schwingung, mit der du umgehen kannst. Vertraue darauf. Sie handeln immer zu deinem höchsten Wohl.

Tiere, die das Christuslicht in sich tragen

Weiße Tiere, Albinos eingeschlossen, tragen etwas vom Christuslicht in ihrer Seele. Sie werden sowohl von Erzengel Gabriel als auch von den Einhörnern betreut. Die Einhörner stehen mit allen Kreaturen in Verbindung, die das Christuslicht in sich tragen.

In der heutigen Zeit werden auf der ganzen Welt heilige Tiere mit weißem Fell und blauen Augen geboren. Dazu gehören weiße Büffel, Löwen, Hirsche und andere. Diese besonderen Tiere bringen das Christuslicht ein und strahlen es aus, um bedingungslose Liebe auf der ganzen Welt zu verbreiten.

Weiße Vögel wie der anmutige, elegante Schwan tragen auch Christuslicht in sich und werden von dem Wasser, auf dem sie schwimmen, rein gehalten.

Drachen, die das Christuslicht in sich tragen

Wasserdrachen hinterlassen eine Spur aus Christuslicht, wo immer sie schweben, auch in deinem physischen Körper! Goldene Christusdrachen gehören zu denen, die dieses Licht verbreiten. Einhörner sind immer in ihrer Nähe und über die Christusenergie mit ihnen verbunden.

Namen

Erzengel Christine, die Zwillingsflamme von Erzengel Uriel, strahlt ein sehr intensives Christuslichts aus, ebenso wie Erzengel Christiel, der über das Einhornreich wacht.

Wenn das Wort »Christ« im Namen einer Person vorkommt, trägt sie auf der Seelenebene Christusenergie in sich. Wenn du also einen Namen wie Christine, Christian, Christopher oder einen anderen mit der Christusschwingung hast, zieht dieser Name jedes Mal, wenn er ausgesprochen wird, Christuslicht zu dir. Dies zieht automatisch auch Einhornenergie an.

Bevor du geboren wurdest, hat dein Höheres Selbst deinen Vornamen gewählt und ihn deiner Mutter telepathisch mitgeteilt.

Seen aus Christuslicht

Einhörner bringen dich sehr gern zu Sirius und Lakumay, seinem aufgestiegenen Aspekt, damit du dort in den Seen aus Christuslicht baden kannst. In der folgenden Visualisierung wirst du zuerst zum goldenen See der fünften Dimension geführt. Während du dessen Energien auf einer tiefen Ebene in dich aufnimmst, öffnen sich deine Zellen und dein Herz. Dann bringen sie dich zum See der siebten Dimension. Während du dich dort entspannst, stellst du möglicherweise fest, dass sich dein Potenzial und deine Möglichkeiten erweitern. Das wird dich in die Lage versetzen, Licht aus der neunten Dimension aufzunehmen. Wenn du allerdings noch nicht dazu bereit bist, schwächen die Einhörner die Energie so weit ab, dass du sie annehmen kannst.

Visualisierung: Baden in den Seen aus Christuslicht auf Sirius und Lakumay

Dies ist eine gute Visualisierung, die du kurz vor dem Schlafengehen machen kannst. Denke daran, dass du nicht jeden Schritt genauso befolgen musst. Lies dir den folgenden Text durch, damit du eine allgemeine Vorstellung von der Reise bekommst, bevor du sie antrittst.

- Sieh dich in einer warmen, klaren, sternenklaren Nacht an einem friedlichen See sitzen.
- Atme die duftende Luft ein.
- Während du still dort wartest, erscheint in der Ferne ein helles weißes Licht, das langsam näher kommt.
- Und dann geht ein prächtiges, schimmernd weißes Einhorn aus dem Licht hervor und steht vor dir.
- Es segnet dich mit einem Strom aus Liebe und Licht.
- Du streckst deine Hand nach diesem Wesen der Liebe aus und berührst es.
- Wenn du die Verbindung hergestellt hast, lädt das Einhorn dich ein, auf ihm Platz zu nehmen, damit es dich zu Sirius und Lakumay tragen kann.

- Du schwebst ruhig und gelassen durch den Kosmos, bis du Sirius erreicht hast.
- Dein Einhorn führt dich durch eine grüngoldene Tür nach Lakumay.

Im Christuslichtsee der fünften Dimension baden

- Vor dir liegt ein wunderbarer See, der mit funkelndem goldenem Christuslicht der fünften Dimension gefüllt ist. Er ist von Kaskaden aus bunten Blumen umgeben.
- Du steigst von deinem Einhorn und gleitest in das Wasser der bedingungslosen Liebe.
- Entspanne dich, und nimm diese Liebe in dich auf, so lange du willst.
- Wenn du wieder aus dem See steigst, bist du von vielen Arten von sanften weißen Tieren umgeben, die dich liebevoll begrüßen.
- Dein Herz platzt fast vor Liebe und Frieden.

Im Christuslichtsee der siebten Dimension baden

- Dein Einhorn führt dich einen Pfad hinauf, der auf beiden Seiten mit lodernden Fackeln bestückt ist.
- Am Ende des Weges schimmert ein Torbogen wie ein goldener Regenbogen.
- Wenn du hindurchgehst, siehst du den weißgoldenen Christuslichtsee der siebten Dimension, umgeben von goldenen Blumen mit einer Regenbogenaura.
- Du steigst von deinem Einhorn und verschmilzt mit dem Christuslicht im See.

- Während du dich ausruhst, nimmst du Lichtblitze wahr. Und du kannst einen Engelchor singen hören.
- Wenn du alles in dich aufgenommen hast, wofür du bereit bist, findest du dich erneut auf dem Rücken deines Einhorns wieder.

Im Christuslichtsee der neunten Dimension baden

- Jetzt hat sich die Energie vollkommen verändert. Das Licht deines Einhorns funkelt wie Diamanten.
- Die prächtigen Tore zur neunten Dimension sind zu hell, als dass man sie sehen könnte, denn sie schimmern in einem glitzernden Weiß.
- Dein Einhorn führt dich durch sie hindurch, und du stehst vor dem funkelnden weißgoldenen Christuslicht im See der neunten Dimension.
- Noch bevor du eintrittst, kannst du die Energie spüren, die auf der Zellebene in dich eindringt.
- Du entspannst dich im schäumenden und glitzernden Wasser der höheren Liebe, die das ganze Leben verändert.
- Engel singen: »Da ist nur Liebe.« Und du spürst es in deinem innersten Wesen.
- Verbringe so viel Zeit, wie du möchtest, damit, die Liebe in dich aufzunehmen.
- Dann bringt dich dein Einhorn dorthin zurück, von wo du ausgegangen bist.
- Bedanke dich bei deinem Einhorn.

Wenn du diese Visualisierung mehrmals gemacht hast, fühlst du dich möglicherweise bereit, direkt zum Christuslichtsee der siebten oder sogar der neunten Dimension zu gehen.

Teil 3

Einhörner, Edelsteine und Kristalle

Kapitel 26
Einhörner, Engel und Edelsteine

Einhörner arbeiten mit Erzengeln zusammen und können ihre Energie mit deren Energie verschmelzen, um Menschen und Gegenden zu erleuchten. Besonders gern legen sie ihr Licht in Erzengel-Edelsteine, um sehr hohe Frequenzen an dich weiterzugeben. Du kannst diese unglaublichen kosmischen Edelsteine, die von Einhörnern zum Leuchten gebracht wurden, dann aussenden, um Orten und Situationen zu helfen.

Pharaonen, Könige und Menschen von Rang trugen ganz bewusst Saphire, Diamanten, Rubine, Smaragde und Perlen. Und wenn sie mit reiner Absicht getragen wurden, stellten diese Edelsteine eine Verbindung zwischen den Erzengeln und dem Individuum her, damit der Mensch sich auf die Engel einstellen und kluge Entscheidungen treffen konnte. Sie gaben ihm auch das Charisma und die Kraft, geeignete Maßnahmen zu ergreifen.

Jedes Juwel trägt das konzentrierte Licht eines Erzengels in sich und schwingt in einem bestimmten Farbspektrum. Aus diesem Grund schwören sich verliebte Paare oft mit einem Edelsteinring ewige Treue. Wenn einem solchen Ring oder irgendeinem Edelstein Einhornlicht hinzugefügt wird, steigt die Frequenz und Wunder können geschehen.

Ätherische Erzengel-Edelsteine

Physische Edelsteine sind zwar mächtig, aber ätherische enthalten die Erzengelqualitäten in einer noch höheren Frequenz. Wenn die Frequenz des Engelfarbspektrums ansteigt, wird der Farbton transparenter, bis er fast klar ist und nur noch einen Hauch der Erzengelfarbe enthält.

- Ein Saphir nimmt einen sehr blassen, durchscheinenden, weiß-blau schimmernden Farbton an.
- Ein Smaragd bekommt ein sehr blasses, durchscheinendes, schimmerndes Weißgrün.
- Ein Rubin bekommt ein sehr blasses, durchscheinendes, schimmerndes Weiß mit einem Hauch von Rot und Gold.
- Ein Diamant wird transparent und funkelnd weiß.
- Eine Perle bekommt einen weichen transparenten Silber-Creme-Ton und leuchtet in Pastelltönen.

Wertvolle Edelsteine werden in schöne klare Facetten geschliffen. Auch ätherische Juwelen, außer Perlen, haben solche Facetten. Niedere Energien, die dir nicht mehr dienen, wurden abgeschliffen.

Ätherisch-kosmische Erzengel- und Einhorn-Edelsteine

Wenn ein Einhorn einen ätherischen Erzengel-Edelstein um sein Licht und seine Reinheit bereichert, verzehnfacht sich dessen Kraft, und seine Energie wird außergewöhnlich stark und großartig. Dieser Edelstein kann nur zum höchsten Wohl eingesetzt werden. Die Einhornenergie zieht sich nämlich zurück, wenn eine Absicht nicht ganz rein ist. Ein ätherisch-kosmischer Erzengel- und Einhorn-Edelstein kann einen Menschen nicht ausbrennen, denn er wird einfach niemanden berühren, der nicht bereit ist, sein Licht zu empfangen. Es gibt viele Menschen auf diesem Planeten, deren Frequenz noch nicht hoch genug ist, um dieses Geschenk anzunehmen. Wenn du einen solchen Edelstein jedoch mit reiner Absicht erschaffst, ist dies niemals eine Verschwendung deiner Zeit und Energie, weil der Edelstein in den See aus kosmischem Licht eingeht und ihn ergänzt. Wenn dann jemand die richtige Frequenz hat und um Hilfe bittet, kann er wunderschönes Licht und Unterstützung aus diesem See beziehen.

Einen Erzengel- und Einhorn-Edelstein erschaffen

- Stell dir ein riesiges ätherisches Juwel der neunten Dimension vor, einen kosmischen Saphir, Smaragd, Rubin, Diamanten oder eine Perle. Es ist ein riesiger durchscheinender, schimmernder, kosmischer Edelstein von unvorstellbarer Schönheit.
- Stell sicher, dass deine Absicht absolut rein ist, rufe mental ein Einhorn an und bitte es, in den kosmischen Edelstein einzutreten und ihn zu aktivieren.
- Sei dir bewusst, dass ein reinweißes Einhorn den Edelstein mit seinem Lichthorn berührt.
- Beobachte dann, wie der Edelstein aufleuchtet und glüht, während seine kostbaren Facetten das Licht des Universums einfangen:
  - Ein kosmischer Saphir der neunten Dimension, der von einem Einhorn beleuchtet wird, ist von einem durchscheinenden Weißblau.

- Ein kosmischer Smaragd der neunten Dimension, der von einem Einhorn beleuchtet wird, ist von einem durchscheinenden Weißgrün.
- Ein kosmischer Rubin der neunten Dimension, der von einem Einhorn beleuchtet wird, ist von einem durchscheinenden Weißrosa mit Gold.
- Ein kosmischer Diamant der neunten Dimension, der von einem Einhorn beleuchtet wird, ist von einem durchscheinenden Weiß.
- Eine kosmische Perle der neunten Dimension, die von einem Einhorn beleuchtet wird, hat einen leuchtend transparenten Silber-Creme-Ton.

Erleuchtete Gnade aussenden

Wenn du dienen möchtest, kannst du sehr viel für den Planeten bewirken, selbst wenn du nur ruhig zu Hause sitzt, indem du einer Person, einem Ort oder einer Situation erleuchtete Gnade sendest. Das kannst du auch tun, während du spazieren gehst, vor allem an ruhigen und friedlichen Orten in der Natur.

- Entscheide, wohin du die erleuchtete Gnade senden willst. Welche Erzengelqualitäten braucht diese Person, dieser Ort oder diese Situation?
- Erschaffe ein riesiges kosmisches Erzengeljuwel vor deinen geistigen Augen, und bitte ein Einhorn, es zu erleuchten.

- Visualisiere, wie sich der kosmische Edelstein durch Raum und Zeit zu der Person, dem Ort oder der Situation bewegt, die oder der geheilt, gestärkt, gereinigt oder dem der Frieden gebracht werden muss.
- Sieh, wie das Juwel dort ruht und intensives und herrliches Erzengel- und Einhornlicht ausstrahlt.
- Sei dir bewusst, dass es die Frequenz dieser Person, dieses Ortes oder dieser Situation erhöht.

Einhörner, Erzengel Michael und Saphire

Der Saphirstrahl ist eine Kombination aus dem blauen Strahl der Heilung und Kommunikation, dem Gelb des Wissens und der Weisheit und dem Rot des Handelns. Dies ist eine starke Mischung aus Kraft und Integrität.

Erzengel Michael, der saphirblaue Erzengel, bietet dir unter anderem Schutz, Mut, Stärke, Würde, Wahrheit und Vertrauen. Er ist verantwortlich für die Entwicklung des Halschakras von Individuen und der ganzen Menschheit sowie des Halschakras des Planeten. Saphire sind die physisch gewordene Form seiner Energie, und wenn sie richtig eingesetzt werden, verbinden sie dich mit ihm. Sie helfen dir, absolut integer und in Übereinstimmung mit deinem göttlichen Selbst zu handeln.

Mit Erzengel Michaels ätherisch-kosmischem, von Einhörnern erleuchtetem Saphir der neunten Dimension Erfahrungen machen

- Suche dir einen ruhigen Ort, an dem du ungestört bist.
- Zünde, wenn möglich, eine Kerze an, um die Energie zu erhöhen und deine Absicht zu fokussieren.
- Schließe die Augen, und atme bequem, bis du ganz entspannt bist.
- Erzengel Michael, in seinem tiefblauen Gewand, steht vor dir.
- Er hält einen wunderschönen tiefblauen Saphir in der Hand, in dem das Licht glitzert und funkelt.
- Sag mental: »Geliebter Erzengel Michael, ich bitte dich, einen ätherisch-kosmischen Saphir der neunten Dimension für mich zu erschaffen.«
- Sieh oder spüre, wie er zustimmend lächelt.
- Während er den Saphir vor deinen Augen in der Hand hält, kannst du beobachten, wie der Stein sich allmählich ausdehnt und dabei immer heller wird.
- Wenn er blasser und durchscheinender wird, schimmert er vor Licht und Kraft.
- Erzengel Michael bittet dich mental, dich auf die Übernahme vorzubereiten.
- Entspann dich und sei empfänglich.
- Sehr langsam hebt der Erzengel Michael den riesigen kosmischen Saphir, der Mut, Kraft, Wahrheit, Integrität, Ehrlichkeit, Macht und sein Licht in sich trägt, über deinen Kopf.

- Dann senkt er ihn langsam ab, bis du in der Mitte dieses riesigen ätherischen Edelsteins sitzt oder stehst.
- Nimm dir einen Moment Zeit, um dies zu erleben.
- Rufe dann mental ein Einhorn herbei und bitte es, den kosmischen Saphir zu betreten und zu aktivieren.
- Sei dir eines reinweißen Einhorns bewusst, das den kosmischen Edelstein mit seinem Lichthorn berührt.
- Das Einhornlicht füllt den kosmischen Saphir und fließt Welle für Welle durch dich hindurch.
- Nimm es in tiefer Stille auf.
- Jetzt können Wunder geschehen.
- Du kannst die Augen öffnen und in deine wachbewusste Wirklichkeit zurückkehren oder weitermachen, indem du den kosmischen Saphir mit Einhornenergie (wie folgt) aussendest, um der Welt zu helfen.

Mit dem kosmischen Saphir und der Einhornenergie arbeiten

- Schwebe zum Weißen Haus in Washington und platziere den kosmischen Saphir darüber. Mach dann dasselbe mit dem Europäischen Parlament in Brüssel, dem Palace of Westminster (Houses of Parliament) in London und anderen Orten, an denen Entscheidungen getroffen werden.
- Bitte die Einhörner und Erzengel Michael, dafür zu sorgen, dass Entscheidungen an diesen Orten mit Integrität

getroffen werden und dass eine bessere und ehrlichere Kommunikation stattfindet.
- Sende den kosmischen Saphir an Einzelpersonen und Gruppen, die den Mut brauchen, für sich selbst oder ihre Überzeugungen einzutreten.
- Setze ihn auf eine Weise ein, die deinem höchsten Wohl ebenso dient wie dem des Planeten.
- Bedanke dich bei dem Erzengel und den Einhörnern.

Einhörner, Erzengel Raphael und Smaragde

Der Smaragdstrahl ist eine Kombination aus dem blauen Strahl der Heilung und dem gelben Strahl des Wissens und der Weisheit. Er erleuchtet das dritte Auge und stimuliert auch das Herzchakra.

Erzengel Raphael, der smaragdgrüne Erzengel, ist der Engel der Heilung und des Überflusses. Er ist verantwortlich für die Entwicklung des dritten Auges von Individuen und der Menschheit und öffnet dich für die Erleuchtung, damit du das ganze Leben aus einer spirituellen Perspektive sehen kannst. Er zeigt dir auch, wie du ein Bewusstsein des Überflusses erreichen kannst. Wenn du ein umfassendes Bewusstsein des Überflusses hast, verstehst du vollkommen, dass du zu hundert Prozent für dein Schicksal verantwortlich bist. Daher kannst du alles, was du deiner Überzeugung nach verdient hast, aus dem großzügigen und wohlwollenden Universum ziehen.

Erzengel Raphael heilt auch unter Gnade. Smaragde sind die materialisierte Form seiner Energie. Sie bringen Klarheit,

Loyalität, Freundschaft, Vertrauen, Heilung, Wohlstand und andere Eigenschaften.

Mit Erzengel Raphaels ätherisch-kosmischem, von Einhörnern erleuchtetem Smaragd der neunten Dimension Erfahrungen machen

- Versinke noch einmal in der Entspannung.
- Erzengel Raphael kommt zu dir. Er schimmert im smaragdgrünen Licht.
- Er hält einen pulsierenden, funkelnden tiefgrünen Smaragd in der Hand und lächelt dir in die Augen, während er ihn dir hinhält.
- Sag mental: »Geliebter Erzengel Raphael, ich bitte dich, einen ätherisch-kosmischen Smaragd der neunten Dimension für mich zu erschaffen.«
- Sieh oder spüre, wie er zustimmend lächelt.
- Während er den Smaragd vor deinen Augen in der Hand hält, kannst du beobachten, wie sich der Stein allmählich ausdehnt und dabei immer heller wird.
- Wenn er blasser und durchscheinender wird, schimmert er vor Licht und Wahrheit.
- Erzengel Raphael bittet dich mental, dich auf die Übernahme vorzubereiten.
- Entspann dich und sei empfänglich.
- Sehr langsam hebt er den riesigen kosmischen Smaragd, der heilende Energie, Klarheit des denkenden Geistes, Loyalität, Freundschaft, Überflussbewusstsein, höhere

- Erleuchtung, Vertrauen und sein Licht in sich trägt, über deinen Kopf.
- Dann senkt er ihn langsam ab, bis du in der Mitte dieses riesigen ätherischen Edelsteins sitzt oder stehst.
- Nimm dir einen Moment Zeit und bleib in der Stille, um dies zu erleben.
- Rufe dann mental ein Einhorn herbei und bitte es, den kosmischen Smaragd zu betreten und zu aktivieren.
- Sei dir eines reinweißen Einhorns bewusst, das den kosmischen Edelstein mit seinem Lichthorn berührt.
- Das Einhornlicht füllt den kosmischen Smaragd und hüllt dich ein.
- Nimm es in Stille auf, und lass zu, dass eine tiefe Transformation stattfindet.
- Du kannst die Augen öffnen und in deine wachbewusste Wirklichkeit zurückkehren oder weitermachen, indem du den kosmischen Smaragd, der von Einhornenergie beleuchtet ist, aussendest, um der Welt zu helfen.

Mit dem kosmischen Smaragd und der Einhornenergie arbeiten

- Lass den kosmischen Smaragd in Krankenhäuser und Heiltempel schweben. Bring ihn über die Gebäude und gib ihnen höhere heilkräftige Energie.
- Sende ihn an jemanden, um die perfekte gesundheitliche Blaupause dieser Person zu wahren.

- Lass ihn zum Tafelberg in Südafrika schweben, dem großen Portal für Überfluss. Er öffnet es, damit sich das Bewusstsein des Überflusses in der Welt ausbreiten kann.
- Bedanke dich bei dem Erzengel und den Einhörnern.

Einhörner, Erzengel Uriel und Rubine

Der Rubinstrahl ist eine Kombination aus Rot für Aktion, Gold für Weisheit und Blau für Frieden und höhere Kommunikation.

Uriel, der rubinrotgoldene Erzengel, ist der Engel des Friedens und der Weisheit. Er ermutigt diejenigen, die bereit sind, intergalaktische Verantwortung zu übernehmen, galaktische Meister zu werden.

Er ist verantwortlich für die Entwicklung des Solarplexuschakras der Menschheit und des Planeten. Rubine enthalten seine konzentrierte Energie. Sie bringen Vertrauen, Selbstwertgefühl, Weisheit und Handlungsfähigkeit.

Mit Erzengel Uriels ätherisch-kosmischem, von Einhörnern erleuchtetem Rubin der neunten Dimension Erfahrungen machen

- Versinke in der Entspannung.
- Erzengel Uriel kommt zu dir. Er schimmert im rubinroten Licht.

- Er hält einen leuchtend tiefroten Rubin in der Hand, den er dir als Geschenk anbietet.
- Strecke liebevoll eine Hand aus, um ihn zu berühren.
- Sag mental: »Geliebter Erzengel Uriel, ich bitte dich, einen ätherisch-kosmischen Rubin der neunten Dimension für mich zu erschaffen.«
- Sieh oder spüre, wie er zustimmend nickt.
- Während er den Rubin vor deinen Augen in der Hand hält, kannst du beobachten, wie sich der Stein allmählich ausdehnt und dabei immer heller wird.
- Wenn er blasser und durchscheinender wird, schimmert er vor Licht und Glauben.
- Erzengel Uriel bittet dich, dich auf die Übernahme vorzubereiten.
- Entspann dich und sei empfänglich.
- Sehr langsam hebt er den riesigen kosmischen Rubin, der die Energie des Friedens, der höheren Kommunikation, des Vertrauens, des Selbstwertgefühls, der Weisheit, der Kraft und seines Lichts in sich trägt, über deinen Kopf.
- Dann senkt er ihn langsam ab, bis du in der Mitte dieses riesigen ätherischen Edelsteins sitzt oder stehst.
- Nimm dir einen Moment Zeit, um dies zu erleben.
- Rufe dann mental ein Einhorn herbei und bitte es, in den kosmischen Rubin einzutreten und ihn zu aktivieren.
- Sei dir eines reinweißen Einhorns bewusst, das den kosmischen Edelstein mit seinem Lichthorn berührt.
- Das Einhornlicht füllt den kosmischen Rubin und fließt durch dich hindurch.
- Nimm es in Stille auf, und lass zu, dass eine tiefe Transformation stattfindet.

- Du kannst die Augen öffnen und in deine wachbewusste Wirklichkeit zurückkehren oder weitermachen, indem du den kosmischen Rubin, der von Einhornenergie beleuchtet ist, aussendest, um der Welt zu helfen.

Mit dem kosmischen Rubin und der Einhornenergie arbeiten

- Sende den mit Einhornenergie beleuchteten kosmischen Rubin in die Teile der Welt, in denen die Menschen unterdrückt sind.
- Bring ihn über Schulen oder andere Orte, an denen Kinder Selbstvertrauen und Selbstwertgefühl brauchen.
- Bitte die Einhörner, ihn in Teilen der Welt zu platzieren, in denen es Konflikte gibt, damit er dort Frieden ausstrahlen kann.
- Bedanke dich bei dem Erzengel und den Einhörnern.

Einhörner, Erzengel Gabriel und Diamanten

Der glitzernde diamantweiße Strahl trägt die Eigenschaften aller Farbstrahlen in sich.

Erzengel Gabriel, der schimmernd weiße Erzengel, überwacht die Läuterung der ganzen Welt. Er ist verantwortlich für das Basis-, das Sakral- und das Nabelchakra aller Individuen und des

Planeten. Über das Basischakra hilft er den Menschen, Gleichgewicht und Selbstdisziplin zu finden. Über das Sakralchakra hilft er ihnen, transzendente Liebe zu heilen und zu entwickeln, und durch den Nabel bringt er ein universelles Verständnis der Einheit. Der Diamant ist die physische Form seines Lichts und schimmert vor Reinheit, Freude, Klarheit und einem ewigen Versprechen.

Mit Erzengel Gabriels ätherisch-kosmischem, von Einhörnern erleuchtetem Diamanten der neunten Dimension Erfahrungen machen

- Atme bequem, bis du dich wirklich entspannt fühlst.
- Erzengel Gabriel kommt zu dir. Er schimmert im reinweißen Licht.
- Er hält einen wunderschön funkelnden Diamanten in der Hand, den er dir anbietet.
- Strecke liebevoll eine Hand aus, um ihn zu berühren.
- Sag mental: »Geliebter Erzengel Gabriel, ich bitte dich, einen ätherisch-kosmischen Diamanten der neunten Dimension für mich zu erschaffen.«
- Sieh oder spüre, wie er zustimmend nickt.
- Während er den Diamanten vor deinen Augen in der Hand hält, kannst du beobachten, wie sich der Stein allmählich ausdehnt und dabei immer heller wird.
- Während er immer durchscheinender wird, schimmert er im Regenbogenlicht.
- Erzengel Gabriel bittet dich, dich auf die Übernahme vorzubereiten.

- Entspann dich und sei empfänglich.
- Sehr langsam hebt er den riesigen kosmischen Diamanten, der die Energie der Klarheit, der Reinheit, der Freude, der Einheit, der bedingungslosen Liebe sowie die Fähigkeit, weise Entscheidungen zu treffen, und sein Licht in sich trägt, über deinen Kopf.
- Dann senkt er ihn langsam ab, bis du in der Mitte dieses riesigen ätherischen Edelsteins sitzt oder stehst.
- Nimm dir einen Moment Zeit, um dies zu erleben.
- Rufe dann mental ein Einhorn herbei und bitte es, in den kosmischen Diamanten einzutreten und ihn zu aktivieren.
- Sei dir eines reinweißen Einhorns bewusst, das den kosmischen Edelstein mit seinem Lichthorn berührt.
- Das Einhornlicht füllt den kosmischen Diamanten und fließt durch dich hindurch.
- Nimm es in Stille auf, und lass zu, dass eine tiefe Transformation stattfindet.
- Du kannst die Augen öffnen und in deine wachbewusste Wirklichkeit zurückkehren oder weitermachen, indem du den kosmischen Diamanten, der von Einhornenergie beleuchtet ist, aussendest, um der Welt zu helfen.

> **Mit dem kosmischen Diamanten und der Einhornenergie arbeiten**
>
> - Sende den von Einhornenergie erleuchteten kosmischen Diamanten in Teile der Welt, in denen die Menschen verwirrt sind und Klarheit suchen.
> - Senke ihn über Flüchtlingslagern, Gefängnissen, Schulen oder anderen Orten ab, an denen Menschen Freude brauchen.
> - Bitte die Einhörner, ihn über Orten zu platzieren, wo Entscheidungen getroffen werden, damit die Entscheidenden Inspiration und Weisheit bekommen.
> - Bedanke dich bei dem Erzengel und den Einhörnern.

Einhörner, Erzengel Christiel und Perlen

Der hell schimmernde Perlenstrahl gehört zu den neuen Strahlen, welche die Erde aus der neunten Dimension erreichen. Er transportiert höhere Liebe, Reinheit, Frieden, Mut und Christuslicht.

Erzengel Christiel, der Erzengel des Friedens, überwacht das Sternentor der Lyra oder Leier, durch das die Einhörner in dieses Universum kommen. Die Perle ist die physische Form seines Lichts. In ihr leuchten die göttlich-weiblichen Eigenschaften Liebe, Fürsorge, Pflege, Schönheit, Kreativität, Frieden, Erleuchtung und inneres Glück.

Erzengel Christiel ist sowohl für unser Kausalchakra verantwortlich als auch für das des Planeten. Auch Erzengel Joules, der

Engel, der für die Meere verantwortlich ist, gibt sein Licht einer natürlichen Perle, die sich um ein Sandkorn oder einen Fremdkörper in einer Auster im Meer entwickelt.

Mit Erzengel Christiels ätherisch-kosmischer, von Erzengel Joules und den Einhörnern erleuchteter Perle der neunten Dimension Erfahrungen machen

- Trinke, wenn möglich, ein Glas Wasser, bevor du diese Verbindung eingehst, denn die kosmische Perle gehört zum Element Wasser.
- Erlaube dir, in einen bequemen, entspannten Zustand zu versinken, und schließe die Augen. Spüre die Ruhe, die dich umfängt.
- Stell dir vor, du sitzt in einer mondhellen Nacht am Strand eines friedlichen Ozeans.
- Erzengel Christiel steht in seinem schimmernden silberweißen Licht vor dir.
- Er hält eine prächtige Perle in der Hand, die vor Licht glüht.
- Sag mental: »Geliebter Erzengel Christiel, ich bitte dich, eine ätherisch-kosmische Perle der neunten Dimension für mich zu erschaffen.«
- Sieh oder spüre, wie er zustimmend lächelt.
- Beobachte, wie sich die Perle allmählich ausdehnt und dabei immer heller wird.
- Während sie immer durchscheinender wird, schimmert sie im Licht und im Frieden.

- Erzengel Christiel bittet dich mental, dich auf die Übernahme vorzubereiten.
- Entspann dich und sei empfänglich.
- Sehr langsam hebt er die riesige kosmische Perle, die Frieden, göttlich-weibliche Weisheit und sein Licht in sich trägt, über deinen Kopf.
- Er senkt sie langsam ab, bis du in der Mitte dieses riesigen ätherischen Juwels sitzt oder stehst.
- Dann kommt Erzengel Joules, der Engel der Meere, in seinen blaugrünen Gewändern und berührt die kosmische Perle mit Liebe. Spüre das.
- Rufe dann mental ein Einhorn herbei und bitte es, in die kosmische Perle einzutreten und sie zu aktivieren.
- Sieh oder spüre, wie ein reinweißes Einhorn das kosmische Juwel mit seinem Lichthorn berührt.
- Das Einhornlicht füllt die kosmische Perle und fließt durch dich hindurch.
- Nimm es still in dich auf.
- Du kannst die Augen öffnen und in deine wachbewusste Wirklichkeit zurückkehren oder weitermachen, indem du die kosmische Perle, die von Einhornenergie erleuchtet ist, aussendest, um der Welt zu helfen.

Mit der kosmischen Perle und der Einhornenergie arbeiten

- Sende die von Einhornenergie erleuchtete kosmische Perle in Teile der Welt, die immer noch männlich dominiert sind und den Einfluss des Göttlich-Weiblichen brauchen.
- Lass sie in den Meeren schweben, um das Wasser aufleuchten zu lassen und zu reinigen.
- Lass sie über der Welt ruhen, von wo sie ihr Licht an alle Frauen überall senden und sie mit göttlich-weiblicher Weisheit berühren kann.
- Bedanke dich bei den Erzengeln und den Einhörnern.

Kapitel 27
Einhörner und Kristalle

Zu den Faktoren, die es den Bewohnern von Atlantis möglich machten, das sagenumwobene Goldene Zeitalter mit seiner außergewöhnlichen spirituellen Technologie hervorzubringen, gehörten ihre Erkenntnisse über Kristalle. Die damaligen Hohepriester und Hohepriesterinnen lehrten, dass Kristalle ein Bewusstsein und eine Energie haben, die genutzt werden können. Die Atlanter aktivierten Kristalle, um ihre Häuser zu beleuchten, ihre Fahrzeuge anzutreiben und die ganze Energie zu liefern, die sie brauchten. Viele Kristall-Adepten dieser Zeit sind jetzt wiedergeboren worden, um ihr spezielles Wissen auf den Planeten zurückzubringen.

Einhornkristalle

Selenit
Die hoch entwickelten Menschen von Atlantis arbeiteten mit Einhörnern und erkannten, dass der Kristall Selenit ganz besonderes in Resonanz zu ihnen ging. Ich liebe die milchig weiße Weichheit von Selenit und habe überall in meinem Haus Stücke davon. Ich lege winzige Selenitstreifen auf die Schwellen von

Türen und Schränken, sodass Einhornenergie hereinströmt und Menschen badet, die vorbeigehen.

Selenit muss nicht gereinigt werden, weil er von innen strahlt. Er löst sich in Wasser auf. Lass ihn also nicht zu lang im Regen oder im Bad liegen.

Quarz

Sehr gern stellen Einhörner über Quarzkristalle, die eine reine, klare Energie haben und leicht programmiert werden können, eine Verbindung zu uns her.

Wenn du mit Quarz arbeitest, musst du ihn möglicherweise reinigen. Es gibt viele Möglichkeiten, dies zu tun. Du kannst eine Klangschale darüber anschlagen, das heilige *Om* singen, ihn in Wasser waschen, in ungekochten Reis geben oder darüberblasen. Du kannst ihn auch mit Klang aufladen oder zum Aufladen an einen Wasserfall oder ins Mondlicht stellen, vor allem bei Vollmond.

Einsatz eines Einhornkristalls

Wenn du deinen Einhornkristall verwendest, wird er automatisch mit Christuslicht aufgeladen, sodass er niedere Energie aus einer Person, einer Situation oder einem Ort zieht und durch bedingungslose Liebe ersetzt.

Hier ein Beispiel: Ich kenne eine Frau, die in einer Sackgasse lebte. Dort waren in jüngerer Zeit aus nicht immer nachvollziehbaren Gründen mehrere Ehen zerbrochen, und es war zu Gewalt gekommen. Sie lud einen Kristall mit Einhornenergie auf und platzierte ihn auf einer Straßenkarte ihres Wohngebietes auf ihrer Straße. Seitdem gab es keine neuen Trennungen mehr, und einige der Paare kamen auch wieder zusammen.

Deine Absicht formulieren
Welchen Kristall du auch verwendest: Es lohnt sich, dir Zeit für die Frage zu nehmen, was die Einhornenergie wirklich herbeiführen soll. Sei es eine persönliche Vision oder etwas für die Menschheit oder den Planeten, deine fokussierte Absicht ist mächtig. Wenn du Darts spielst und beispielsweise auf das Bullauge zielen möchtest, wäre es lächerlich, sich vorzustellen, dass dein Pfeil in die Zwei oder Sechs fliegt. Du würdest an das Bullauge denken.

Sobald du entschieden hast, was deine Kristall- und Einhornenergie bewirken soll, willst du den Kristall vielleicht an dein drittes Auge halten und deiner Arbeit widmen. Er ist noch mächtiger, wenn du ihn auf deinen Hals legst und sagst, flüsterst oder überlegst, was du damit erreichen willst. Dann legst du ihn einen Moment lang an dein drittes Auge.

Hier ein Vorschlag: »Ich widme diesen Kristall der Verbindung mit meinem Einhorn.« Oder: »Meine Absicht ist, dass dieser Kristall Einhornenergie einsetzt, um mir gleichgesinnte Freunde zu bringen.«

Solange du dich auf das höchste Wohl aller konzentrierst, kannst du jeden Wunsch in deinem Kristall platzieren.

Deine Absicht nach dem Gesetz der Gnade formulieren
Wenn du nicht sicher bist, ob dein Wunsch dem höchsten Wohl dient, formulierst du ihn nach dem Gesetz der Gnade. Wenn du beispielsweise einer Person oder einem Tier Heilung senden möchtest, sendest du sie unter Gnade, weil Heilung gegen das

Diktat ihrer oder seiner Seele verstößt, wenn sie oder es etwas aus der Krankheit lernen muss. Gnade bedeutet, dass du jeden persönlichen Wunsch nach einer besseren Person oder einem besseren Tier losgelassen hast. Du hast einfach die Energie ausgesendet. Auf diese Weise ist dein Ego nicht involviert, und daher kann kein Karma entstehen.

Ein anderes Beispiel wäre, wenn du ein bestimmtes Haus kaufen oder einen bestimmten Job angeboten bekommen möchtest. Auch hier solltest du deine Absicht unter Gnade formulieren, weil es möglicherweise einen höheren Plan gibt.

Natürlich würden Einhörner niemals etwas tun, das dem zuwiderläuft, was das Höhere Selbst eines Menschen von ihm verlangt. Doch sobald die Energie dieses Menschen mit einem Kristall verbunden ist, ist sie sehr mächtig, und Wunder können geschehen. Das Gesetz der Gnade anzuwenden ist eine Möglichkeit, sich vor karmischen Konsequenzen zu schützen.

Wenn du deine Absicht erst einmal formuliert hast, wird dein Einhornkristall energisch daran arbeiten, deine Vision zu verwirklichen. Du kannst ihn bei dir tragen oder an einem besonderen Ort platzieren. Vielleicht möchtest du dir einen Altar aus Einhornkristall einrichten.

Einrichten eines Altars aus Einhornkristall

Ein Altar ist ein heiliger Ort, der dem großen Geist gewidmet ist. Er strahlt eine hohe und starke Schwingung aus, wenn seine Reinheit und die entsprechende Absicht aufrechterhalten werden.

Seine Größe ist nicht wichtig. Selbst ein kleiner Altar, etwa auf einem Regalbrett oder einem kleinen Tisch, kann ein sehr starkes Licht mit hoher Frequenz aussenden. Der Altar muss auch nicht offen ausgestellt sein. Wenn du einen Altar in deinem Schlafzimmer oder Büro haben möchtest, kannst du ihn in einer Schublade einrichten, wo er nicht sofort sichtbar, aber genauso effektiv ist.

Einen Altar aus Einhornkristall einrichten

- Suche dir zunächst einen (noch so kleinen) Platz, den du ausschließlich für deinen Altar nutzen kannst. Er kann drinnen oder draußen sein. Wenn er in einem Innenraum ist, kannst du ein spezielles Tuch darauflegen, vielleicht ein goldenes oder ein weißes. Wenn das nicht möglich ist, nimmst du, was du hast, denn die Absicht ist stärker als die physische Perfektion! Im Freien kann dir die Natur eine bemooste Ecke, einen flachen Stein oder einen Abschnitt im Blumenbeet zur Verfügung stellen.
- Egal, ob dein Altar drinnen oder draußen ist: Wenn Kinder, Hunde, Füchse oder Menschen ihn verwüsten, dann bleib ruhig, zentriert und in Harmonie! Mach dir klar, dass du dir jetzt einen noch besseren Altar einrichten kannst. Vielleicht fängst du an einem anderen Ort damit an.
- Viele Objekte eignen sich für deinen Altar. Versuche, wenn möglich, einen Repräsentanten für jedes der vier Elemente – Feuer, Erde, Luft und Wasser – zu finden. Beispielsweise kannst du eine Kerze für Feuer aufstellen. Oder du kannst das Bild eines Feuers ausschneiden und hinlegen, einen kleinen Feuerdrachen dazustellen oder ein Stück

rotes Tuch hinlegen. Ein Kieselstein (wenn möglich ein weißer), ein Kristall oder etwas Erde kann das Element Erde symbolisieren. Eine Feder wird oft für Luft verwendet, aber du kannst auch den Samen eines Löwenzahns oder das Bild eines Vogels nehmen. Eine Wasserschale oder eine Blumenvase mit Wasser kann Wasser symbolisieren.

- Segne alle Gegenstände, die du liebst, etwa eine Muschel, ein Foto, das Bild eines aufgestiegenen Meisters oder ein Deck mit Einhornkarten, und lege sie auf deinen Altar.
- Und vergiss nicht, dort einen geladenen Einhornkristall zu platzieren. Seine Kraft wird vervielfacht.

Kapitel 28
Einhorn-Crystal-Grids

Ein Crystal Grid (siehe auch S. 77) ist ein starkes Symbol, das kosmische Energien aktiviert und große Veränderungen bewirken kann. Es kann einfach oder komplex sein und aus Kristallen oder weißen Kieselsteinen bestehen, die groß oder klein sind. Das Wichtigste ist die Absicht, die du hineinlegst.
Einhorn-Crystal-Grids sind extrem effektiv. Ich hatte einmal ein solches Kristallmandala der violetten Flamme aus Amethysten, Seleniten und weißen Kieselsteinen auf einem kleinen Tisch in meinem Wintergarten liegen. Es sollte jede Form von negativer Energie in meinem Haus umwandeln. Eines Tages kam eine Freundin zum Kaffee, und wir sprachen über alle möglichen Dinge. Plötzlich fragte sie: »Warum ist dieses Kristallmandala plötzlich heller geworden?« Ich erklärte seinen Zweck, und wir stellten fest, dass wir über etwas ziemlich Schreckliches gesprochen hatten, das gerade in den Nachrichten erwähnt worden war. Getreu ihrem Zweck hatte das Einhorn-Crystal-Grid der violetten Flamme die Negativität verwandelt. Jemand, der ein ähnliches Grid hatte, erzählte mir, es leuchte immer dann auf, wenn gerade Nachrichten gesendet wurden.
Unterschätze die Leistung eines Grids nicht. Als ich einmal mit einem Kollegen an einem geschäftlichen Projekt arbeitete,

legte ich ein Einhorn-Crystal-Grid aus, um alles zusammenzuhalten, und in der Tat lief das Projekt sehr gut an. Dann schaute ich eines Tages auf das Grid und fand, dass es etwas langweilig und staubig wirkte. Also zerlegte ich es. Gleich am nächsten Morgen nahm ich meinen Kollegen ganz anders wahr. Ich sah manche Dinge in einem anderen Licht, und das gesamte Projekt brach zusammen. Dieses Grid hatte seine Aufgabe erfüllt und alles zusammengehalten, und ich nehme an, dass die Einhörner mich auf der feinstofflichen Ebene anstupsten und ermutigten, es freizugeben, als es dafür nicht mehr geeignet war.

Ein Einhorn-Crystal-Grid auslegen

Entscheide zunächst, was dein Einhorn-Crystal-Grid leisten soll. Hier ein paar Beispiele:

- Für Frieden und Harmonie in deinem Zuhause sorgen.
- Die Energie von etwas bewahren, das du geschehen lassen möchtest.
- Deine Chakren fünfdimensional halten.
- Dir den perfekten Job, das perfekte Projekt oder das perfekte Zuhause bringen.
- Dir helfen, die Wünsche deiner Seele zu manifestieren.

Ein Einhorn-Crystal-Grid auslegen und aktivieren, um die Wünsche deiner Seele zu manifestieren

- Finde heraus, was du manifestieren möchtest. Stell sicher, dass es etwas ist, das dir Freude und Seelenzufriedenheit gibt.
- Schreib es auf. Dadurch wird es klar und bekommt mehr Energie.
- Entscheide, welche Form dein Grid haben soll. Die Form, die du wählst, löst die kosmischen Energien aus, die erforderlich sind, um deine Absicht umzusetzen. Einfache Kreise, Quadrate und Dreiecke sind sehr wirkungsvoll.

Die Elf ist eine sehr heilige Zahl. Sie zeigt an, dass etwas auf eine höhere Ebene als zuvor gebracht wird, und zieht Energien an, um Seelenwünsche zu erfüllen. Hier sind die Schritte, die du ausführen kannst, um ein Grid mit der Schwingung der Elf anzulegen und zu aktivieren:

- Wähle elf Selenite oder klare Quarzkristalle oder weiße Kieselsteine. Wasche die Quarzkristalle oder Kieselsteine und segne alle Steine. Ich halte Kieselsteine oder Kristalle gern in meinen Händen und bitte die Einhörner, sie zu segnen.
- Platziere einen speziellen Kieselstein oder Kristall, und lege die anderen um ihn herum in einem Kreis, einem Quadrat oder einer anderen Form, für die du dich entschieden hast. Erschaffe jede geometrische Form, die sich richtig anfühlt.

- Wenn du Selenitstreifen oder Stäbe aus lemurischem Kristall oder Quarz hast, lass sie aus dem Grid ausstrahlen.
- Sei so kreativ mit deinem Grid, wie du willst. Weiße Blumen und eine weiße Kerze schwingen wunderschön mit der Reinheit der Einhörner und steigern die Energie entsprechend.
- Schließe die Augen, während du Einhörner herbeirufst.
- Berühre dann jeden Stein oder Kristall mit einem Kristallstab oder mit dem Finger.
- Nimm den Stein aus der Mitte, und halte ihn locker in den hohlen Händen.
- Atme langsam weißes Licht in deinen Körper, und fülle mit jedem Ausatmen deine ganze Aura damit.
- Sei dir bewusst, dass das weiße Licht in das Grid eindringt und die Manifestation deiner Seelenwünsche aktiviert.

Ein Einhorn-Crystal-Grid der kosmischen diamantvioletten Flamme

Die violette Flamme, für die Erzengel Zadkiel und Saint Germain, der Herr der Zivilisation, verantwortlich sind, ist ein sehr mächtiges Werkzeug für die Umwandlung. Sie wurde im Goldenen Zeitalter von Atlantis von allen eingesetzt, um die Energie rein und klar zu halten, weil sie alle niedrigeren Frequenzen aufzehrt und transformiert. Als das Licht von Atlantis schwächer wurde, wurde die violette Flamme dem allgemeinen Gebrauch entzogen, weil nicht mehr darauf vertraut werden konnte, dass die Menschen sie zum höchsten Wohl nutzten. Bei der Harmonischen Konvergenz im Jahr 1987 beteten weltweit so viele

Leute um Hilfe für die Menschheit, dass sich Saint Germain bei der Quelle für ihre Rückkehr einsetzte.

Innerhalb weniger Jahre verschmolz die violette Flamme mit der silbernen Flamme der Anmut und Harmonie, um dann mit der goldenen Flamme die gold- und silberviolette Flamme zu bilden. Als großartiges Geschenk und um den Aufstieg der Menschheit zu unterstützen, haben die Erzengel Gabriel und Zadkiel 2015 ihre Energie zusammengeführt und die kosmische diamantviolette Flamme erschaffen, eine sehr reine Hochfrequenzenergie. Der Diamant des Erzengels Gabriel zerschneidet und zerstreut alles, was dem Allgemeinwohl nicht mehr dient. Einhörner schwingen perfekt mit dem reinweißen Erzengel Gabriel.

Erzengel Zadkiels Energie ist in Amethystkristallen eingekapselt. Es wäre also hervorragend, einen Amethyst in dieses Crystal Grid einzubringen, um die violette Flamme zu verankern. Dies ist jedoch nicht unbedingt erforderlich.

Die violette Flamme öffnet unsere Energiezentren. Deshalb rufe ich immer den goldenen Christusstrahl als Schutzschild hinzu, wenn ich diese Flamme anrufe. Ein Citrin, der das Christuslicht in sich trägt, kann deinem Crystal Grid mehr Schutz geben.

Das Symbol für dieses Crystal Grid ist ein sechszackiger Stern mit einem Amethyst im Zentrum. Wenn es darum geht, einen sechszackigen Stern auszulegen, finde ich es einfach und effektiv, ein gleichschenkliges »X« zu legen und dann mit Selenitstreifen eine senkrechte Linie von oben nach unten durch dessen Mittelpunkt zu ziehen. Ich füge gern einen Citrin hinzu, um den goldenen Christusstrahl hereinzuziehen und einen Herkimer-Diamanten für Erzengel Michael. Aber selbst wenn du es einfach mit Kieselsteinen aus deinem Garten legst, macht die Kraft deiner gezielten Absicht dieses Einhorn-Crystal-Grid sehr wirkungsvoll.

Ein Crystal-Grid der kosmischen diamantvioletten Flamme erstellen und aktivieren

- Entscheide dich für deine Absicht. Es bieten sich u.a. folgende Möglichkeiten:
  - dich umgebende niedrigere Schwingungen gezielt umzuwandeln und dann deine Frequenz zu erhöhen, damit Einhörner dich in der fünften Dimension halten können
  - die kosmische diamantviolette Flamme in deinem Haus, deinem Büro oder einem bestimmten Bereich des Planeten zu halten, um niedrigere Energien zu beseitigen und diesen Ort auf einer höheren Frequenz zu halten
  - eine Situation oder Person in der kosmischen diamantvioletten Flamme zu baden
- Konzentriere dich auf deine Absicht, während du das Crystal Grid anlegst, und segne die Kristalle oder Kieselsteine, während du sie platzierst. Denke daran, dass Blumen, Kerzen, geeignete Fotos und heilige Statuen deinem Crystal Grid mehr Licht geben.
- Rufe die Erzengel Zadkiel und Gabriel, das Christuslicht und die Einhörner herbei und bitte sie, mit deinem Crystal Grid zu arbeiten.

- Aktiviere das Crystal Grid, indem du nacheinander jeden Stein oder Kristall berührst, mental segnest und dich bei ihm bedankst. Das kannst du mit einem Kristallstab, einem lemurischen Kristall oder deinem Finger tun.
- Lass dein Crystal Grid der kosmischen diamantvioletten Flamme seine Arbeit machen.
- Lade es jeden Tag neu auf oder wann immer du das Gefühl hast, dass es einen Schub braucht, indem du die Steine absichtsvoll berührst.

Ein Einhorn-Crystal-Grid für Segen und Heilung anlegen

Dieses Crystal Grid bringt dir Einhornsegen und -heilung. Du kannst es auch so einstellen, dass es Segen und Heilung an andere ausstrahlt.

Einhörner segnen dich mit den Eigenschaften, die du brauchst, um deine Seelenmission zu erfüllen.

Bis 2015 konnten nur siebendimensionale Einhörner der Menschheit helfen. Jetzt können dir auch die Einhörner der neunten und zehnten Dimension helfen, indem du dich mit diesem Kristallgitter verbindest.

Ein Einhorn-Crystal-Grid für Segen und Heilung aktivieren und damit arbeiten

Deine Absicht formulieren

- Deine Absicht könnte sein, dich selbst zu heilen und zu segnen oder jemand anderem oder einer Gruppe von Menschen oder einer Situation oder einem Ort Heilung und Segen anzubieten. Vielleicht willst du karmische Verletzungen oder Ahnenwunden heilen oder deine eigene oder die göttliche Mission eines anderen segnen. Du kannst sogar um Erleuchtung für dich selbst, einen Politiker, einen Schulleiter oder eine Gruppe, die Entscheidungen trifft, bitten.
- Wenn du dich entschieden hast, welchen Zweck dein Crystal Grid erfüllen soll, zündest du eine Kerze an.
- Wieder kannst du jede gewünschte Form anlegen. Ich lege dieses spezielle Crystal Grid gern in Form eines langen Dreiecks an, um den Umriss des Horns des Einhorns widerzuspiegeln. Dann lasse ich Selenitstreifen von ihm ausstrahlen, damit der Wunsch oder die Absicht ausgesendet werden kann.

Eine Zeremonie kreieren, um deine Absicht zu stärken
Zeremonien sind sehr mächtig, und vielleicht willst du eine kreieren, um die Wirksamkeit deiner Absicht zu erhöhen. Mehrere Personen, die zusammenarbeiten, verbessern die Aktivierung dieses Crystal Grids, und Rituale oder Zeremonien geben ihm Energie.

Stell sicher, dass du in einem gereinigten Hochfrequenzraum arbeitest. Um dies zu erreichen, willst du vielleicht

- die kosmische diamantviolette Flamme herbeirufen, um niedrigere Energien umzuwandeln und den Bereich zu beleuchten
- Feuerdrachen bitten, niedrigere Energien zu verbrennen und eine ätherische Brandwand um das Crystal Grid zu platzieren
- den Raum mit Räucherstäbchen, Engelspray oder durch Klatschen reinigen
- Kristallschalen, Brummen, Singen oder Musik einsetzen, um die Frequenz zu erhöhen
- Kerzen anzünden oder Blumen hinzufügen
- alles Zeremonielle hinzufügen, was sich für dich richtig anfühlt

Einhörner herbeirufen

Wie du weißt, kommt ein Einhorn zu dir, wenn du einen Gedanken aussendest, der es einlädt. Doch für dieses Crystal Grid willst du möglicherweise eine spezielle Anrufung mit Absicht machen; das ist gar nicht schwierig, es geht wie folgt:

- Rufe die Einhörner dreimal an, entweder mental oder laut, und zwar mit den Worten: »Ich rufe jetzt Einhörner, Einhörner, Einhörner herbei.«
- Halte inne und sprich dann dieses Gebet: »Bitte verbinde deine Energie mit mir und bring mich mit dem Crystal Grid in Verbindung, damit ich die Heilung und den Segen,

die du aktivierst, zum größten Wohl aller nutzen kann. So sei es. Es ist geschafft.«

Das Crystal Grid aktivieren und mit Energie versorgen

- Halte deine Hände über das Crystal Grid, um ihm Energie zu geben.
- Berühre jeden Stein oder Kristall mit einem Kristallstab.
- Vergiss nicht, dich bei den Einhörnern zu bedanken.

Möglicherweise willst du auch die folgende Visualisierung verwenden.

Ein Einhorn-Crystal-Grid für Segen und Heilung aktivieren

- Setze dich mit einem Kristallstab in der Hand in die Nähe deines Einhorn-Crystal-Grids und schließe die Augen.
- Stell dir das Strahlen eines Vollmonds vor, der deine innere Szene in ein magisches milchig weißes Licht taucht.
- Rufe Einhörner herbei, und warte in aller Ruhe, bis eines auf einem Mondstrahl auf dich zugleitet.
- Spüre seine Liebe, seinen Frieden, seine Gelassenheit und seine Freude.
- Es schüttet Segensschauer aus seinem Horn über dich. Entspann dich, und lass zu, dass sie deine Energiefelder füllen. Sei dir bewusst, dass etwas in dir erweckt wird.

- Nimm dir all die Zeit, die du brauchst, um deine Bitte um Heilung und Segen zu erklären und auch, für wen du bittest.
- Wenn du fertig bist, dann neigt das große reinweiße Einhorn seinen Kopf, sodass sein Horn den Kristallstab berührt, den du in der Hand hältst, und füllt ihn mit dem Segen und der heilenden Energie, um die du gebeten hast.
- Jetzt erscheint neben dir ein reinweißer Lichtstrahl.
- Dein Einhorn lädt dich ein, auf seinem Rücken zu reiten, und kniet nieder, damit du leichter daraufklettern kannst.
- Ihr bewegt euch leicht, glücklich und sicher geradewegs den Schacht hinauf durch die Dimensionen, bis du die Stufen siehst, die zum Licht der Quelle führen.
- Glorreiche Seraphim grüßen dich und singen über dir. Du gibst einem von ihnen deinen Kristallstab, und er trägt ihn in eine Höhle.
- Endlich taucht er wieder auf, und du siehst, dass dein Kristallstab wach ist und vor Licht strahlt.
- Der Seraphim händigt ihn dir aus, und seine Augen baden dich in reinster Liebe.
- Das Einhorn bringt dich durch den Schacht zurück, hinunter zu dem Ort, von dem du ausgegangen bist.
- Danke ihm, dass es zu dir gekommen ist und dich auf diese Reise mitgenommen hat.
- Öffne die Augen, und sei dir des Kristallstabs in deiner Hand sehr bewusst.
- Lege ihn in das Crystal Grid, wenn du so weit bist.
- Entspanne dich in den nächsten Tagen und Wochen, und erlaube den Einhörnern und dem Crystal Grid, mit den universellen Energien zum höchsten Wohl aller zu arbeiten.

Teil 4

Einhörner und Chakren

Kapitel 29
Einhörner erleuchten deine zwölf Chakren

Im Goldenen Zeitalter von Atlantis hatten alle Menschen zwölf voll funktionsfähige Chakren, die auf den höheren Ebenen der fünften Dimension vibrierten. So konnten sie in Liebe, Frieden und Harmonie leben. Es erlaubte ihnen auch, sich fortgeschrittener außersinnlicher Gaben zu erfreuen und die unglaublichen Kräfte der geistigen Technologie zu entwickeln.

In den 10.000 Jahren seit dem Untergang von Atlantis haben wir in einer dreidimensionalen Welt gelebt, und nur sieben kleine, niederfrequente Chakren waren aktiv. Jetzt, wo wir uns ernsthaft auf das neue Goldene Zeitalter vorbereiten, führen viele von uns ein spirituelleres Leben und verankern ihre zwölf fünfdimensionalen Chakren. Bis 2032 sollte fast jeder von uns alle zwölf Chakren offen und aktiviert haben.

Im 1500 Jahre dauernden Goldenen Zeitalter von Atlantis waren sich alle Menschen der Einhörner um sich herum bewusst. Diese Lichtwesen gossen ihren Segen über allen Bürgern aus und halfen ihnen damit, ihre Reinheit zu bewahren. Jeder kannte sein persönliches Einhorn, das ihm half, seine Chakren klar und offen zu halten. Dies war einer der wichtigsten Faktoren, um die Schwingung der goldenen Jahre aufrechtzuerhalten.

Während wir uns in das neue Goldene Zeitalter des Wassermanns bewegen, das 2031 beginnt, verbinden sich Einhörner mit Individuen, die ihre spirituellen Zentren mit den höheren Frequenzen in Einklang bringen, die dem Planeten jetzt zufließen. Kürzlich haben sie sich bereit erklärt, mit unseren Chakren zu arbeiten. Kurz nach 2032 werden sie Verbindung zu den meisten Menschen aufgenommen haben, um sie auf ihrem jeweiligen Aufstiegspfad zu erleuchten.

Einhörner helfen beim Etablieren der zwölf fünfdimensionalen Chakren.

Wie Einhörner dir helfen, deine Chakren zu entwickeln

Einhörner arbeiten auf natürliche Weise mit Erzengeln zusammen, die über die Blaupause, das Potenzial und die höchsten Möglichkeiten für jedes deiner Chakren verfügen. Erzengel unterstützen, aktivieren und beleuchten jedes Chakra, während Einhörner Energie aus ihrem Horn hineinlenken, um es zu aktivieren und zu erleuchten. Sie arbeiten besonders mit dem dritten Auge und dem Herzen, können aber alle Chakren verstärken. Sie gießen auch Licht in deine Energiefelder, was die Umwandlung deiner Chakren beschleunigt. Sie helfen deinen Chakren auf unterschiedliche Weise, sich zu entwickeln:

Expansion

Wenn ein Einhorn seine Kraft in eines deiner Chakren sendet, erleuchtet es dieses nicht nur, sondern erweitert es auch. Ein Chakra mit einem Durchmesser von 30 Zentimetern kann sich beispielsweise zu einem mit einem Durchmesser von 60 Zentimetern ausdehnen. Bei erleuchteten Seelen können sich die Chakren sogar auf einen Kilometer erweitern mit Energiefingern, die bis weit in den Kosmos reichen. Deine geistigen Energiezentren sind räumlich unbegrenzt!

Reinigung

Jedes Chakra hat eine bestimmte Anzahl von Blütenblättern oder Kammern, die Lektionen und Erfahrungen enthalten, die du durchmachen und meistern musst, bevor sich das Chakra vollständig öffnen kann. Wenn Einhörner ihre reine, schimmernd weiße Energie in deine Chakren gießen, kann diese in die Kammern gelangen und alles in ihnen reinigen, was gereinigt werden muss, solange die Kammertüren offen stehen.

Gleichgewicht

Selbst in den goldenen Jahren von Atlantis konnten Chakren aus dem Gleichgewicht geraten, und dieses Ungleichgewicht war die Ursache für jede Krankheit und jedes Unwohlsein. Zu dieser Zeit war das Priestertum in der Lage, die Chakren für einen perfekten Gesundheitszustand wieder ins Gleichgewicht zu bringen. Einhörner (und Tempelkatzen) halfen oft dabei. Selbst jetzt kann dein Einhorn deine Chakren neu ausrichten, wenn du nur leicht aus deiner Mitte bist.

Höhere Möglichkeiten zünden

In deinen Energiezentren sind die Schlüssel und Codes höherer Möglichkeiten gespeichert. Die meisten Menschen erkennen das Potenzial, das in ihnen kodiert ist, oder wer sie wirklich sind, nicht vollständig, und es kann einen Schub an Einhornenergie erfordern, bis ihr wahres Licht zum Vorschein kommt.

Eine hohe Frequenz aufrechterhalten

Wenn du dich an einem Ort befindest, an dem die Energie niedrig ist, oder unter entsprechenden Menschen, kann es schwierig sein, eine hohe Schwingung aufrechtzuerhalten. Dann solltest du die Einhörner anrufen, denn sie können alle deine Energiezentren um ihr perlmuttfarbenes Licht bereichern, damit sie unabhängig von deiner Umgebung eine hohe Frequenz aufrechterhalten.

Bitte die Einhörner, dich zu beruhigen, wenn die niedrige Energie aus deinem Innern kommt, etwa als Folge von Verlust oder Enttäuschung.

Weisheit voranbringen

Mit ziemlicher Sicherheit hast du Zugang zu mehr innerer Weisheit, als du denkst. Manchmal sind Menschen so in ihren Mustern oder Vorstellungen von ihrem Selbstwert gefangen, dass sie die Tiefen ihrer eigenen Erkenntnis gar nicht ausloten. Aber das göttlich-weibliche Licht der Einhörner ermöglicht es dir, die Weisheit, die in deinen Chakren enthalten ist, zu aktivieren und voranzubringen.

Außersinnliche Fähigkeiten entwickeln

Wir alle haben außersinnliche Fähigkeiten, aber die meisten Menschen misstrauen ihren Instinkten und ihrer Intuition. Die größte Quelle außersinnlicher Verbindungen ist dein Herzzentrum. Wenn du mit Einhörnern arbeitest, dann kannst du das Wissen und die Weisheit deines Herzens voranbringen.

Die zwölf Chakren aufleuchten lassen

Einhörner senden einen hochfrequenten Lichtstrahl durch deine zwölf Chakren und lässt sie alle prächtig aufleuchten.

Die kosmischen Chakren

Planeten und Sterne sind die Chakren des Universums. Einige wie Orion sind vollständig aufgestiegen. Andere wie Sirius haben nur einen aufgestiegenen Aspekt. Der aufgestiegene Teil von Sirius heißt Lakumay, wie bereits erwähnt wurde.

Möglicherweise hast du deine persönlichen Chakren bereits mit den kosmischen in Verbindung gebracht. Wenn du dich mit diesem Kapitel beschäftigt hast, bist du bereit für den nächsten Schritt, in dem Einhörner eine Zwei-Wege-Verbindung herstellen können.

Einhörner stellen eine Zwei-Wege-Verbindung zwischen deinen persönlichen Chakren und den kosmischen her und aktivieren die kosmischen Codes in dir.

Eine Zwei-Wege-Verbindung zu den kosmischen Chakren herstellen

Einhörner können die Codes in deinen persönlichen Chakren aufleuchten lassen, damit sie ihre kosmischen Gegenstücke erreichen und sich mit ihnen verbinden können. Einhornenergie kann dann die Rückverbindung zwischen diesem Stern und dir stärken, sodass du herausragende Informationen und Weisheit herunterladen kannst.

Beispielsweise kann Einhornenergie die Codes in deinem Erdsternchakra aufleuchten lassen, damit es sich mit Neptun und Toutillay, seinem aufgestiegenen Teil, verbinden kann. Dann können sie die Energie unterstützen, die von Toutillay zu deinem Erdsternchakra fließt, und dort die höheren Codes zünden. Ich werde dies in den folgenden Kapiteln näher erläutern.

An anderer Stelle habe ich über die Zeit berichtet, in der ich meditativ im Wald spazieren ging und alle meine zwölf Chakren spontan geöffnet wurden. Plötzlich ging ein Lichtstrahl von jedem einzelnen meiner Chakren aus und strahlte bis zu dem jeweiligen Stern, und meine Energiefelder wurden riesig. Die Einhörner formten diese Energie zu einer riesigen kosmischen Kugel. Und in diesem großartigen Moment wurde mir klar, dass wir alle Sterne sind, die mit allem in Verbindung stehen.

Jetzt regen Einhörner die Rückkehr von Wissen und Weisheit von den Sternen und Planeten an, wie sie es im Goldenen Zeitalter von Atlantis getan haben.

Kapitel 30
Einhörner und das Erdsternchakra

Erzengel Sandalphon ist verantwortlich für die Entwicklung deines Erdsternchakras. Er ist als einer der großen Engel bekannt, weil seine Energie vom Erdmittelpunkt bis zur Gottheit reicht. Seine Zwillingsflamme, Erzengel Metatron, ist der andere große Engel.

Dein Erdsternchakra liegt unter deinen Füßen. Es ist und war immer fünfdimensional. Nach dem Untergang von Atlantis, als der Planet die höhere Frequenz nicht länger aufrechterhalten konnte, wurde es zurückgezogen. Jetzt bekommen wir es zurück. Wenn du es durch spirituelle Praxis und reine Absicht großartig machst, schaltet Erzengel Sandalphon sein Licht ein, und es wird unglaublich mächtig.

Dein Erdsternchakra ist das Chakra, das dich für den Aufstieg erdet. Wenn du dreidimensional bist und nicht nach dem Göttlichen strebst, bewohnst du sozusagen einen spirituellen Bungalow, und dein Basischakra stellt eine ausreichende Grundlage für dich dar. Wenn du dich jedoch mit Engeln und Einhörnern verbindest und allmählich aufsteigst, bist du darauf aus, einen spirituellen Wolkenkratzer oder eine Burg zu errichten. Dann brauchst du ein viel größeres, tieferes und solideres Fundament, das bis ins Herz von Lady Gaia reicht. Dein Erdsternchakra ist das fünfdimensionale Fundament, ein wunderschöner Ort, an dem die Blaupause für deine Inkarnation und dein göttliches Potenzial bewahrt wird.

Indem du ein Einhorn einlädst, dein Erdsternchakra zu segnen und zu erleuchten, schaffst du ein Paradies.

Wenn die Frequenz deines Erdsternchakras steigt, ändert es seine Farbe. Am Anfang ist es schwarz und weiß. Dann wird es dunkelgrau, dann wechselt es in ein helleres Grau, und schließlich, wenn es vollständig erweckt ist, schimmert es in funkelndem Silber.

In deinem Erdsternchakra geht es auch um deine Beziehung zur Erde und zu Lady Gaia. Es hat 33 Kammern, von denen jede eine Lektion enthält, die du lernen kannst. Möglicherweise hast du einige oder alle bereits in anderen Leben gemeistert. Wenn ja, sind die entsprechenden Kammern offen und beleuchtet.

Einhörner können die Lichter, die in den Kammern bereits eingeschaltet sind, noch heller aufleuchten lassen. Das macht es dir möglich, mehr von deiner göttlichen Blaupause zu erkennen und damit von deinem Potenzial, deinen Gaben und Talenten. Wenn du regelmäßig mit deinem Erdsternchakra arbeitest und Einhörner bittest, die Schlüssel und Codes deines göttlichen Potenzials zu aktivieren, wird dich dies auf deiner Aufstiegsreise erheblich voranbringen.

Deine einheitliche Lichtsäule
Wenn deine zwölf fünfdimensionalen Chakren alle etabliert, ausgeglichen, mit Energie versorgt und aktiviert sind, bilden sie eine einheitliche Lichtsäule. Einhörner fluten ihre reine Energie durch

diese integrierte Lichtsäule, und diese Energie fließt in deinen silbern schimmernden Erdstern, der sich dann enorm ausdehnt und mit einem perlmuttfarbenen Schimmer aufleuchtet.

Hohlerde

Wenn die Energie aus deiner einheitlichen Lichtsäule in dein Erdsternchakra fließt, ergießt sie sich durch goldene Wurzeln in die goldene Kristallpyramide von Serapis Bey in Hohlerde. Hier sammelt dieser mächtige Meister die Energie des Erdsterns aller Menschen auf der Welt und gibt sie an drei mächtige Engelwesen weiter, um die Ley-Linien des Planeten und des Kosmos zu erleuchten. Diese drei Engelwesen sind Lady Gaia, die eine Throne und der neundimensionale Engel, der die Erde beseelt, ist, sowie Roquiel mit der Seraphim-Schwingung und Erzengel Gersisa. Sie arbeiten im Mittelpunkt der Erde. Wir gehen in der Regel davon aus, dass das Zentrum unseres Planeten aus Gestein oder Gas besteht. Doch in Wirklichkeit ist Hohlerde ein unvorstellbar großes und leichtes Paradies der siebten Dimension mit seiner eigenen Sonne.

Verbindung zum kosmischen Erdstern aufnehmen

Wenn das Licht deines persönlichen Erdsternchakras hell genug ist, macht dein Einhorn eine reine Verbindung zwischen ihm, Neptun und dessen aufgestiegenem Aspekt Toutillay möglich. Hier werden das höhere Wissen sowie die Informationen und Geheimnisse von Atlantis und Lemurien in einem heiligen Orb bewahrt.

Im nächsten Schritt bekommt die Einhornenergie Zugang zum heiligen Orb von Toutillay und entzündet darin eine Flamme. Dann geschieht ein Wunder, und die göttliche Weisheit von Atlantis und Lemurien strömt durch den Einhorn-Lichtstrahl in dein Erdsternchakra. Dann hilfst du dem Planeten und vielen Menschen auf ihrem Aufstiegspfad. Du wirst zu einem Instrument, um das Große Licht von Atlantis und Lemurien auf die Erde zurückzubringen.

Hier eine Visualisierung, die dir beim Herstellen der Verbindung hilft:

Deinen Erdstern mit Neptun verbinden

- Suche dir einen ruhigen Ort, an dem du ungestört bist.
- Schließe die Augen und atme dich in deine innere Welt ein.
- Konzentriere dich auf dein Erdsternchakra unter deinen Füßen und sieh es als riesigen Ball. Welche Farbe hat dieser Ball?
- Erzengel Sandalphon hält ihn in Position.
- Du bist jetzt in der Mitte des Chakras und kannst die Schatzkiste sehen, die deine göttliche Blaupause und dein Potenzial enthält. Wie groß ist sie? Ist sie offen oder geschlossen?
- Du siehst, wie sich 33 Kammern aus der Mitte des Chakras herausdrehen wie eine Spirale. Wie viele Türen zu diesen Kammern stehen offen? Wie viele sind geschlossen?

- Du rufst dein Einhorn herbei. Sofort steht es vor dir und erhellt dein Erdsternchakra mit seinem reinen weißen Licht.
- Dann trägt dich dein Einhorn zum Neptun. Dort wirst du von den mächtigen Meistern des Neptuns den zwölf großen kosmischen Wesen und Hütern dieses Planeten, herzlich begrüßt.
- Sie alle zeigen auf eine sehr große Tür, die sich zum inneren Neptun öffnet, zu Toutillay, seinem aufgestiegenen Aspekt.
- Du betrittst eine Kammer, die mit dem geheimen und heiligen Wissen von Atlantis und Lemurien gefüllt ist. Es steht dir zur Verfügung. Nimm in dich auf, was du zu akzeptieren bereit bist.
- Dein Einhorn schickt jetzt einen weißen Lichtstrahl durch den Kosmos zu deinem Erdsternchakra.
- Schlüssel und Codes der alten Weisheit fließen durch den Lichtschacht in deine Schatzkiste, die sich weit öffnet. Wie groß ist sie jetzt?
- Auch Kammern, die zuvor fest verschlossen waren, öffnen sich.
- Nimm deine göttliche Blaupause aus deiner Schatzkiste und sieh, wie hell sie leuchtet.
- Spüre, wie sich dein gesamtes Erdsternchakra ausdehnt, während Licht durch es hindurch in die goldene Kristallpyramide von Hohlerde strömt.
- Serapis Bey sammelt das Licht und gibt es an Lady Gaia, Seraphim Roquiel und Erzengel Gersisa weiter.
- Sie nehmen das Licht an und verteilen es über die Ley-Linien.

- Der gesamte Planet leuchtet auf und pulsiert mit neuer Energie.
- Entspanne dich einen Moment, bevor du die Augen wieder öffnest.

Kapitel 31
Einhörner und das Basischakra

Die an der Basis der Wirbelsäule liegenden Chakren der Menschheit haben in den letzten Jahren einen dramatischen Wandel durchgemacht, weil sich ihre Farbe vom dreidimensionalen Rot zum prächtigen Platinlicht der fünften Dimension gewandelt hat. Das Basiszentrum ist die Wurzel, und zwar seit Jahrtausenden, in denen sich Menschen sehr auf die Familie und die lokale Gemeinschaft als Quelle des Schutzes und der Sicherheit verlassen haben. Die sich verändernde Welt hat viel Entwurzelung mit sich gebracht und Individuen gezwungen, sich eine tiefere spirituelle Grundlage zu schaffen. Das Vertrauen in die geistige Welt ist ein Schritt in Richtung Erleuchtung und Aufstieg.

Das Basischakra wird von Erzengel Gabriel, dem reinweißen Erzengel der Reinheit, Freude und Klarheit, überwacht. Weil er reinweiß ist, hat er eine natürliche Affinität zu Einhörnern. Wenn sie seine Energie um ihr Licht bereichern, wird dieses Chakra zu einem durchscheinenden Diamanten, der in einer noch höheren Frequenz schwingt. Dies ermöglicht es den von Erzengel Gabriel erweiterten Chakren, schneller zum höheren Aufstieg zu gelangen.

Wenn deine fünfdimensionale Energie stärker wird, dann strahlt dein Basiszentrum mehr Platinlicht aus. Dann fühlst du dich glücklich, harmonisch und sicher, und es hilft dir, deine wahre Großartigkeit zu verstehen.

Das Basischakra ist als Sitz der Seele bekannt, denn wenn es Platinlicht enthält, kannst du dich nach und nach mit deinem Höheren Selbst verbinden, um spirituelle Erleuchtung zu erlangen. Wenn Einhörner dieses Chakra um ihr unbeschreibliches Licht bereichern, fließt deine Kundalini schneller und herrlicher und hilft dir, die Antakarana-Brücke zu bauen, die Regenbogenbrücke zu deiner Monade und letztendlich zur Quelle.

Die Kammern des Basischakras

Es gibt nur zwei Kammern im Basischakra. In der einen geht es um männliche, in der anderen um weibliche Energien. Zu den weiblichen Energien gehören Liebe, Mitgefühl, Weisheit, Fürsorge, Nähren, Kontemplation und Weitsicht. Zu den männlichen Energien gehören Denken, Handeln, Entscheiden, Bereitstellen und Fortschreiten. Ziel des Basischakras ist es, diese Energien ins Gleichgewicht zu bringen. Wenn sie in perfekter Harmonie zusammenarbeiten, fließt Energie aus deinem Erdsternchakra frei nach oben und nährt alle Energien in deinem Basischakra.

Das Basischakra enthält auch deine Überzeugungen zu deiner materiellen Sicherheit. Wenn hier ein Ungleichgewicht vorliegt, ist das Zentrum angespannt, und die Basis deiner Wirbelsäule verengt sich. Dies kann den Fluss deines Wohlstands blockieren.

Das Basischakra ist beispielsweise ausgeglichen, wenn die männliche Energie etwas bereitstellt, während die weibliche nährt, oder wenn die männliche Energie denkt, während die weibliche Weisheit hinzufügt. Dann bist du innerlich ausgeglichen, und dein Basischakra entspannt sich.

Einhörner tragen zwar das Göttlich-Weibliche in sich, aber sie sind vollkommen ausgeglichen, und wenn sie ihr Licht in dein Basischakra gießen, schafft es Ganzheit.

Kundalini
Die Kundalini oder Lebenskraft wird manchmal mit einer Schlange verglichen, die sich im Basischakra zusammengerollt hat und durch die Wirbelsäule erhebt, wenn du erwachst und zur Erleuchtung gelangst. Eine andere Analogie ist das Samenkorn, das im Boden darauf wartet, sprießen und wachsen zu können, sobald die Bedingungen stimmen. Dies geschieht, wenn du dich für höhere Frequenzen öffnest. Indem du Einhornenergie in dein Basischakra einlädst, reicherst du den Kompost dort an, sodass die Kundalini beim Aufsteigen perfekt gepflegt und unterstützt wird.

Saturn und spirituelle Disziplin

Im Basischakra lernst und praktizierst du spirituelle Disziplin. Wenn du es perfektionierst, beherrschst und kontrollierst du alle Facetten deines Geistes, deiner Emotionen und deines Körpers. Die Energie der spirituellen Disziplin wird in diesem Universum von Quichy, dem aufgestiegenen Aspekt von Saturn, verankert. Dies ist die Grundlage deiner wahren Macht.

Große Meister wie Saint Germain und Merlin, die ein und dieselbe Seele sind, stammen vom Saturn. Sie haben spirituelle Disziplin entwickelt, und das hat ihnen ermöglicht, unglaubliche Magier und Alchemisten zu werden. Saint Germain erlangte Unsterblichkeit und lebte 300 Jahre als Comte de Saint

Germain, um der Welt zu helfen. Jahrhundertelang war er Meister des siebten Strahls, des violetten Strahls der zeremoniellen Ordnung, der Magie und des Rituals. Jetzt ist er Mitglied des Intergalaktischen Rates und Herr der Zivilisation und hat damit eines der höchsten Ämter in diesem Universum inne. Er ist auch einer der neun Meister von Saturn.

Dank Saint Germain sind die Eigenschaften der spirituellen Disziplin in deinem fünfdimensionalen Basischakra kodiert, deiner Grundlage für höhere Erleuchtung und erleuchtete Meisterschaft.

Einhornenergie hilft, die Frequenz des Basischakras zu erhöhen und es in Saturn und seinem aufgestiegenen Aspekt Quichy zu verankern, damit du auf die Codes zugreifen und sie zur Aktivierung in dein Basischakra zurückbringen kannst. Wenn du das getan hast, dann erlebst du absoluten Glauben und Glückseligkeit, denn dies sind die Belohnungen der Meisterschaft.

Dein Basischakra in Saturn verankern

- Suche dir einen Platz, an dem du ungestört bist.
- Streiche mit deinem Atem deine Wirbelsäule abwärts und lass zu, dass sich die Basis deiner Wirbelsäule entspannt.
- Nimm dein Basischakra als Platinkugel wahr und achte darauf, wie groß es ist.
- Erzengel Gabriel steht in seinem reinweißen Licht neben dir.

- Er platziert ein Yin-Yang-Symbol für perfektes Gleichgewicht in deinem Basischakra.
- Entspann dich, während du spürst, wie das Symbol alles ins Gleichgewicht bringt.
- Dein Einhorn bringt eine schimmernde Kugel aus durchscheinend weißem Licht hervor und platziert sie in deinem Basischakra.
- Sie ermöglicht einen Lichtfluss, der in Richtung Saturn fließt.
- Du reist mit deinem Einhorn entlang dieser Verbindung zum Saturn. Dort warten acht der großen Meister von Saturn in schwarzen Gewändern und mit goldenen Kronen auf den Köpfen auf dich.
- Sie heißen dich willkommen und führen dich durch ein Lichtportal zu Quichy, dem aufgestiegenen Aspekt von Saturn.
- Hier erwartet dich der neunte große Meister des Saturn, Saint Germain, der violettes und platinfarbenes Licht ausstrahlt.
- Er untersucht deine Aura und dein Leben und fragt dann, ob du bereit bist, spirituelle Disziplin zu üben.
- Wenn dies der Fall ist, dann nickt er.
- Er senkt einen violetten Feuerstab durch deine Wirbelsäule in dein Basischakra und berührt dann dein drittes Auge. Achte darauf, wie sich das anfühlt.
- Bedanke dich bei ihm und kehre auf deinem Einhorn zu deinem Basischakra zurück.
- Stell fest, ob die Kundalini-Energie in deiner Basis größer geworden ist.
- Pflege sie auf eine Weise, die sich für dich richtig anfühlt.

- Sieh die Lichtcodes von Quichy, die in diesem Chakra aufleuchten, und sei dir bewusst, dass neue Kräfte aktiviert werden.

Kapitel 32
Einhörner und das Sakralchakra

Das Sakralzentrum gehört zu den Chakren, die eine besondere Herausforderung für die Menschheit darstellen. Das Sakral- und das Nabelzentrum sind zwei getrennte Chakren, die in einem großen enthalten sind und unter der übergreifenden Obhut von Erzengel Gabriel stehen. Sowohl das Sakral- als auch das Nabelchakra haben 16 Kammern, die in einer 33. Kammer eingeschlossen sind.

Wie alle unsere Chakren befindet sich das Sakralchakra auf seiner eigenen Aufstiegsreise. Letztlich geht es um transzendente Liebe.

Der Schatten des Sakralchakras
Diejenigen, die in den ersten fünf Kammern des Sakralchakras feststecken, sind emotional bedürftig und unerfüllt. Sie missbrauchen die Sexualität, um andere zu kontrollieren oder zu manipulieren, was sich beispielsweise in Kinderpornografie oder Stalking äußert oder darin, dass sie eine Machtposition sexuell missbrauchen, sich aber dennoch oft selbst machtlos fühlen. Diese Menschen müssen sich auf das Herzchakra ausrichten. Gegenwärtig rollt eine riesige Lichtwelle aus den geistigen Bereichen auf die Menschheit zu, um diesen Schatten an die

Oberfläche zu bringen und die Frequenz dieses Chakras zu erhöhen. Engelwesen wie Einhörner können ihre Energie nicht so weit senken. Daher ist es möglicherweise angemessener, Drachen zu bitten, die Klebrigkeit des kollektiven Sakralchakras zu beseitigen und die Dunkelheit freizugeben, damit die Einhörner sie verwandeln können.

In den nächsten vier Kammern des Sakralchakras suchen die Menschen nach emotionalem Gleichgewicht, fürchten sich jedoch vor Bindung oder müssen ständig im Mittelpunkt der Aufmerksamkeit stehen. Dies sind die Kammern, die oft den Untergang von Menschen verursachen, deren andere Zentren hoch entwickelt sind.

Echte Fürsorge

Wenn sich das Sakralchakra allmählich entwickelt, glüht es regelrecht, und wenn du in die folgenden Kammern eintrittst, hast du den instinktiven Wunsch, anderen aus echter Fürsorge heraus zu helfen und dich mit ihnen anzufreunden.

In der letzten Kammer geht es darum, einem Baby in die Inkarnation zu verhelfen. Im Goldenen Zeitalter von Atlantis meditierte oft eine ganze Großfamilie darüber, welcher Art von Seelen sie wohl am besten dienen konnte. Es galt als selbstverständlich, dass es das Privileg, die Ehre und die spirituelle Aufgabe der gesamten Gemeinschaft war, sich um ein Kind zu kümmern. Vielleicht hast du keine eigenen Kinder, aber wenn du die Lektion dieser Kammer lernen musst und dies noch nicht in einem anderen Leben getan hast, bekommst du sicherlich die Gelegenheit, dich um ein Kind zu kümmern!

Transzendente Liebe
Wenn dieses Chakra vollständig fünfdimensional ist, schimmert es im blassen durchscheinenden Rosa der transzendenten Liebe. Wenn du die Lektionen aller Sakralkammern gelernt hast, strahlen deine Beziehungen, dein Familienleben und deine Sexualität an diesem Punkt reine Harmonie aus. Wenn ein Einhorn dieses Chakra berührt, explodiert das Licht darin vor höherer Liebe und Freude, und deine Beziehungen werden um ein höheres, reineres Element bereichert, weil die Einhornenergie reines Christuslicht einbringt.

Sirius und Lakumay

Das kosmische Sakralchakra ist Sirius und sein aufgestiegener Aspekt, Lakumay. Hier werden die Schlüssel und Codes des Christuslichts ebenso bewahrt wie die geistige Wissenschaft und die Technologie der Zukunft. Wenn dein persönliches Sakralchakra mit Sirius in Verbindung steht, lädst du Schlüssel und Codes herunter, um den Planeten voranzubringen. Wenn du dich mit Lakumay verbindest, empfängst du die Gnade des Christuslichts.

Guanyin
Guanyin, die große chinesische Göttin, Hohepriesterin und Drachenmeisterin, ist sehr eng mit diesem Chakra verbunden und arbeitet auf den inneren Ebenen, um ihre unbeschreibliche rosa Liebe in Beziehungen zu bringen.

Eine Verbindung zu Sirius und Lakumay herstellen

- Suche dir einen Ort, an dem du dich entspannen kannst und ungestört bist.
- Konzentriere dich auf dein Sakralchakra und nimm es als rosafarbenen Energieball wahr.
- Begib dich in das Chakra und sei dir seiner 16 Kammern bewusst. Achte darauf, ob Personen oder Anhänge gelöscht oder freigegeben werden müssen.
- Rufe dein Einhorn an und entspanne dich, während es reinweißes Licht in die Kammern gießt.
- Fühle oder spüre, wie die Kammern aufleuchten.
- Was immer du entfernen möchtest, wird hinausgeschleudert.
- Schicke Licht aus deinem Sakralchakra zu Sirius und seinem aufgestiegenen Aspekt Lakumay.
- Reise mit deinem Einhorn nach Lakumay.
- Die schöne Guanyin wartet dort in einem sanft schimmernden rosafarbenen Licht.
- Sie und das Einhorn lassen ihr Licht verschmelzen und greifen von dem goldenen Globus dort aus auf das neundimensionale Christuslicht zu.
- Sie hüllen dich in das rosa-weiß-goldene Licht der transzendenten Liebe. Atme es ein.
- Sie erwecken dich zu höherer Liebe.
- Schließlich kehrt dein Einhorn mit dir zu deinem Sakralchakra zurück, und du füllst es mit den Codes der Liebe.

Kapitel 33
Einhörner und das Nabelchakra

Wie im letzten Kapitel skizziert, enthalten das Nabel- und Sakralchakra jeweils 16 Kammern mit Lektionen zum Lernen und Assimilieren. Beide befinden sich in einer riesigen Kammer, der 33., und Erzengel Gabriel ist für beide verantwortlich.

Das leuchtend orangefarbene Nabelchakra gehört zu den transzendenten Chakren, die beim Fall von Atlantis zurückgezogen wurden. Wenn du wieder fünfdimensional wirst, dann wird dir dieses herrliche Zentrum zurückgegeben. Es steht für alle Qualitäten der Einheit, der spirituellen Gemeinschaft und der Kreativität.

Einheit
Indem ein Einhorn dein Nabelchakra um sein Licht bereichert, eröffnet es dir eine erleuchtete Perspektive auf die Welt. Du siehst das Gute in allen Menschen und das Beste in denen, die anders sind als du. Einhornlicht in diesem Chakra beschleunigt die Reise zur Einheit und lässt Menschen auf der ganzen Welt akzeptieren, dass sie Teil einer Einheit sind. Wenn du das weißt, dann erkennst du, dass du dir selbst oder anderen nicht schaden kannst, ohne das Ganze zu verletzen, und du kannst niemanden verletzen, ohne dich selbst zu verletzen. Du weißt, dass du dich

selbst respektierst und ehrst, wenn du andere respektierst und ehrst.

Ein Verständnis von Einheit ist eines der großen Geschenke von Lemurien.

Spirituelle Gemeinschaft
Im Goldenen Zeitalter von Atlantis lebten die Menschen in Gemeinschaften, die gemeinsame Ziele hatten, und diese Ziele sind jetzt alle in unserem Nabelchakra verschlüsselt und warten darauf, im neuen Goldenen Zeitalter ans Licht zu kommen.

Die Atlanter lebten in einem Zustand der ständigen Dankbarkeit gegenüber der Quelle, und dies machte es ihnen möglich, Fülle anzuziehen. Sie handelten immer zum höchsten Wohl des Ganzen. Sie haben nie genommen, ohne zu geben, oder gegeben, ohne selbst etwas anzunehmen. Dies ermöglichte einen kontinuierlichen Fluss des Gebens und Nehmens, und so konnte kein Karma entstehen.

Wenn eine Entscheidung getroffen werden musste, stellte sich die Gemeinschaft auf eine höhere Macht oder Quelle ein, um herauszufinden, was das Beste war. Weil es das Ziel aller war, dem höchsten Wohl zu dienen, gab es kein Ego, und es wurde offenbar, was zum höchsten Wohl aller war. Es gab immer eine Übereinstimmung, also lebten alle in Frieden und Harmonie.

Spirituelle Gemeinschaft bedeutete, dass das Männliche und das Weibliche gleichermaßen geehrt wurden. Alle wurden ermutigt, das zu tun, was ihr Herz zum Singen brachte. Das gab ihnen Seelenzufriedenheit. Die Leute waren glücklich. Babys und Kinder galten als besondere Schätze, und ihr Wohlergehen hatte höchste Priorität. Alle Babys wurden erwartet und willkommen geheißen, sodass sich alle gewollt und geliebt fühlten. Sie verbrachten viel Zeit in der Natur und genossen ihre Familie und ihre Freizeit. Sie aßen lokal angebautes, nahrhaftes Essen, also strahlten sie vor Gesundheit. Sie brachten ihre Kreativität auf viele Weisen zum Ausdruck. Und das wurde honoriert.

Kreativität
Im Goldenen Zeitalter von Atlantis wurde Kreativität als Ausdruck der Dankbarkeit gegenüber der Quelle betrachtet. Die Leute malten gern, besonders abstrakte Bilder in leuchtenden Farben. Sie machten Musik, sangen, tanzten, schnitzten, spielten miteinander und brachten sich auf jede erdenkliche Weise zum Ausdruck. Sie veranstalteten Ausstellungen und Shows. Sie hatten Spaß, und die Einhörner schauten zu und brachten ihr Licht ein.

Das Nabelchakra ist das kreative Chakra. Es ist auch der Ort, an dem sich die Atlanter ihre Träume und Ziele ausgemalt haben. Diese Bilder wurden dann ins Seelensternchakra gehoben. Und dieses Chakra strahlte die Energie aus, um sie zu manifestieren. Diese mächtige Form der Manifestation wird jetzt auf der Erde reaktiviert, da erneut darauf vertraut wird, dass die Menschen diese Kraft zum höchsten Wohl einsetzen. Wenn Einhörner das Nabelchakra um ihre Reinheit, Anmut und göttliche weibliche Weisheit bereichern, bringt dies individuelle und kollektive höhere Visionen hervor.

Die Sonne und das Sternentor von Helios

Das Nabelchakra dieses Universums ist unsere Sonne, ein aufgestiegener Stern, der die Codes des Göttlich-Männlichen enthält. Bei der göttlich-männlichen Energie geht es um Führung mit

Integrität, Kraft für das höchste Wohl und Handeln mit reiner Absicht und in Frieden. Die Sonne enthält auch die Codes des Glücks. Einhörner sind bereit, ihr Licht in dein Nabelchakra zu bringen, damit du für eine goldene Zukunft auf diese unglaublichen Codes zugreifen kannst.

Helios, die große zentrale Sonne, ist das Sternentor zu einem anderen Universum, durch das Erzengel Metatron sein Licht gießt. Es scheint dann direkt über unsere Sonne zu uns auf die Erde.

Auf die Codes von Sonne und Helios zugreifen

- Suche dir einen Ort, an dem du entspannen kannst und ungestört bist.
- Lenke deine Aufmerksamkeit auf dein Nabelchakra und spüre, wie es orangefarben strahlt, als wäre es deine persönliche Sonne.
- Sei dir bewusst, dass Erzengel Gabriel dieses Chakra umarmt, damit es in Position bleibt und sich ausdehnt.
- Dein Einhorn und Erzengel Gabriel gießen Diamantlicht in sein Zentrum, damit es von dort ausstrahlen kann.
- Sieh, wie die Verbindung zwischen deinem Nabel und der Sonne hergestellt wird.
- Reite auf deinem Einhorn an diesem Lichtstrahl entlang, bis du den mächtigen Erzengel Metatron siehst. Er leuchtet goldorangefarben und wartet auf dich.
- Erzengel Metatron begrüßt dich, indem er eine Welle unglaublicher Liebe in dein Herz schickt.

- Er lädt dich ein, dich auf einen strahlend goldenen Thron im Herzen der Sonne zu setzen.
- Und dann öffnet er die Tür zu Helios so weit, dass dich ein heiliger Feuerstoß ganz einhüllt.
- Einen Augenblick lang bist du eins mit der unendlichen Sonne.
- Dann trägt dich dein Einhorn zurück zu deinem Nabelchakra.
- Er zündet die Schlüssel und Codes des Göttlich-Männlichen, der spirituellen Gemeinschaft, der höheren Kreativität, des Glücks, der Manifestation und der Einheit in deinem Nabelchakra.
- Ruh dich aus und entspanne, während du die neuen Möglichkeiten integrierst.

Kapitel 34
Einhörner und das Solarplexuschakra

Erzengel Uriel ist zuständig für die Entwicklung des Solarplexuschakras aller Wesen. In diesem Zentrum sind 33 Kammern oder Lektionen enthalten, von der Überwindung von Aggression und Feigheit bis hin zu Selbstvertrauen, dem Eintreten für sich selbst und andere Menschen und dem Gewinnen von innerem Frieden und letztendlich von Weisheit. Es ist das Zentrum deiner Instinkte und deines Bauchgefühls. Es ist auch ein sehr empfindliches psychisches Zentrum, das an emotionalen, mentalen und physischen Schocks und Traumata festhalten kann. Einhörner helfen dir, diese zu heilen.

Wenn dieses Chakra dreidimensional ist, fährt es Antennen aus, die nach Gefahren suchen. Im fünfdimensionalen Paradigma greifen diese Antennenfinger mit Vertrauen und Weisheit nach dem besten Ergebnis für eine bestimmte Situation. Während sich dies entwickelt, werden sowohl Einzelpersonen als auch ganze Gemeinschaften mehr Vertrauen in sich selbst haben. Wenn Einhörner dieses Chakra beleuchten, kann es sich enorm ausdehnen und den Menschen und der ganzen Gesellschaft inneren Frieden bringen. In den nächsten zwanzig Jahren wird sich auf diese Weise schnell Frieden auf der ganzen Welt verbreiten.

Wenn Weisheit aus dem Solarplexus eines jeden Menschen zutage tritt, herrscht Friede auf Erden.

Pilchay, der aufgestiegene Aspekt der Erde

Der Planet Erde ist der Solarplexus des Universums. Die Erde ist noch nicht vollständig aufgestiegen, aber ein Teil davon ist es bereits, und dieser Aspekt wird Pilchay genannt. Einhörner können helfen, die Verbindung zwischen deinem Solarplexus und Pilchay herzustellen. Diese Verbindung führt durch deine Chakrasäule in die goldene Kristallpyramide von Hohlerde, das Chakra der siebten Dimension in der Mitte des Planeten, und durch es hindurch zu Pilchay. Dort wird die gesamte Weisheit, die die Erde jemals erlangt hat, gespeichert und steht dir zur Verfügung.

Hier liegen die Schlüssel und Codes besonderer Eigenschaften, die Lady Gaia und die Einhörner für dich aufscheinen lassen können, wenn du dich direkt mit Pilchay verbindest.

Harmlosigkeit

Auf dieser Ebene des freien Willens gehört Harmlosigkeit zu den Eigenschaften mit der höchsten Frequenz, zu der du dich bekennen kannst. Wenn du in Gedanken, Worten, Emotionen und Taten völlig harmlos bist, fühlt sich jedes Wesen in deiner Umgebung sicher, und du selbst ziehst absolute Sicherheit an. Diese Eigenschaft des Solarplexus macht die Erde und ihren aufgestiegenen Aspekt Pilchay im ganzen Universum beliebt.

Gegenseitige Abhängigkeit

Abhängigkeit gehört der dritten, Unabhängigkeit der fünften Dimension an. Doch wenn Einhörner die Codes der gegenseitigen Abhängigkeit in deinem Solarplexus aufleuchten lassen, verfügst du über die Schlüssel zu den höheren geistigen Gemeinschaften des aufgestiegenen Universums.

Vertrauen

Wenn du darauf vertraust, dass dich die geistigen Welten und die Engelreiche unterstützen, reagieren sie automatisch auf dich, und du bist vollkommen geschützt und betreut. Alle guten Dinge kommen auf dich zu, und das goldene Licht des wahren Vertrauens strahlt von deinem Solarplexus aus.

Intergalaktische Meisterschaft und Weisheit

Wenn dein Solarplexuschakra vollständig geöffnet, seine Lektionen gelernt und seine Kammern aktiviert sind, wirst du ein Weiser, eine Meisterin. Wenn dieses Chakra um Einhornsegen bereichert wird, wirst du ein intergalaktischer Meister oder eine Meisterin, der/die Anerkennung im gesamten Universum genießt.

Mit Einhörnern Ganzheit in dein Solarplexuschakra bringen

- Suche dir einen Ort, an dem du entspannen kannst und ungestört bist.
- Reibe deinen Solarplexus ganz sanft und atme bequem in ihn hinein.

- Stell ihn dir als eine goldene Sonnenblume mit 33 Blütenblättern vor. Sieh, wie sich diese Blütenblätter weit öffnen.
- Vielleicht stellst du fest, dass einige der Blütenblätter verletzt, eingerissen oder anderswie beschädigt sind. Rufe dein Einhorn herbei und bitte es, den Heilbalsam seines reinen Lichts in die Mitte der Sonnenblume zu gießen.
- Sieh, wie die Blütenblätter strahlen und wieder ganz werden.
- Dein Solarplexus strahlt in diesem Moment goldenes Licht der fünften Dimension aus.

Mit Einhörnern eine Verbindung zu Hohlerde und Pilchay herstellen

- Suche dir einen Ort, an dem du entspannen kannst und ungestört bist.
- Atme Frieden und Weisheit in deinen Solarplexus, bis er sich entspannt.
- Erlaube deinem Einhorn, reinweißes Licht in deinen Solarplexus zu gießen, damit er zu einer funkelnden goldweißen Kugel wird.
- Reite auf deinem Einhorn im goldweißen Licht an deiner Chakrasäule entlang bis hinunter in dein Erdsternchakra.
- Ihr reitet gemeinsam durch Wurzelwerk in die wunderschöne Welt von Hohlerde.

- Im Paradies von Hohlerde stellst du eine Verbindung her zu jedem Tier, jedem Menschen und jedem anderen Wesen, das jemals auf Erden war.
- Spüre die Vernetzung. Erlebe die Harmlosigkeit und gegenseitige Abhängigkeit aller. Nimm diese Eigenschaften in dich auf.
- Begib dich nun in die goldene Kristallpyramide.
- Lady Gaia steht in leuchtend blaugrünen und Regenbogenfarben da, und du begibst dich in ihr Herz.
- Sie öffnet ein wundervolles goldenes Portal, das wie sämtliche Juwelen der Erde schimmert.
- Du gehst hindurch und betrittst Pilchay, den aufgestiegenen Aspekt der Erde, das höhere Herz von Lady Gaia.
- Lady Gaia umhüllt dich, während du mitten in dieser heiligen inneren Welt stehst.
- Mit einem blendend hellen Blitz beleuchtet dein Einhorn das Wissen und die Weisheit, die du auf der Reise der Erde erworben hast.
- Du siehst, dass das gesamte Universum vernetzt und voneinander abhängig ist.
- Für einen Moment wirst du eins mit allem, was ist.
- Und du konzentrierst dich wieder auf deinen Solarplexus, der von außergewöhnlichen Schlüsseln, Codes und Schätzen beleuchtet ist.
- Setze dich ruhig hin, und nimm das auf, während du erkennst, wer du wirklich bist.

Kapitel 35
Einhörner und das Herzchakra

Das Herzchakra ist das spirituelle Zentrum der Liebe. Wenn es in der Frequenz der fünften Dimension schwingt, wird es reinweiß mit ein wenig Rosa. Es enthält 33 Kammern oder Blütenblätter, die dich auf eine Reise mitnehmen, um die verschiedenen Aspekte der Liebe kennenzulernen. Erzengel Chamuel und seine Zwillingsflamme, Erzengel Charity, sind dafür verantwortlich, die Herzchakren der ganzen Menschheit zu entwickeln, und Einhörner arbeiten jetzt sehr eng mit ihnen zusammen.

Wenn dein Herzchakra fünfdimensional wird, dehnt es sich aus und wird heller. Wenn Einhörner ihr Licht hinzufügen, leuchtet es reinweiß und strahlt eine solche Liebe aus, dass Agape-Strahlen aus ihm herausfließen, um Menschen und Tiere zu berühren, die sich dann aktiv von dir geliebt und angenommen fühlen.

Die Reise des Herzchakras

Das Herzchakra ist das übersinnlichste aller Zentren. Im Goldenen Zeitalter von Atlantis hatte jeder einzelne Bewohner ein weit offenes, leuchtendes Herz! Sie alle haben energetisch die Hand nach anderen ausgestreckt, um sie zu verstehen, ohne ihre Gefühle übernehmen zu wollen. Dies ermöglichte es ihnen, ohne emotionale Eintrübung eins mit einer anderen Person zu sein.

In den letzten 10.000 Jahren spielte das Ego in der Liebe zwischen Menschen eine sehr große Rolle. Daher beruhten Beziehungen auf Bedürftigkeit und Abhängigkeit. In den ersten zehn Kammern des Herzchakras erlebst du die Egoaspekte der Emotionen, die du anderen gegenüber hast. Nur in den folgenden Kammern öffnet sich dein Herz, um andere und die Natur zu lieben und für sie zu sorgen, ohne dass das Ego involviert ist.

Selbst Empathie, eine Schwingung, die es dir ermöglicht, die Gefühle eines anderen zu verstehen und zu teilen, sodass du einen Moment energetisch eins mit ihm wirst, ist erst die 18. Lektion auf der Reise. Wenn Einhörner eingeladen werden, ihr Licht in diese Kammer zu gießen, kannst du leicht in die nächste, die 19. Kammer, eintreten, wo die Lektion des Mitgefühls auf dich wartet, die sehr ähnlich, aber fortgeschrittener ist. Du fühlst mit jemandem mit, aber du stehst außerhalb und verschmilzt nicht mit den Gefühlen des anderen. Du bist außersinnlich auf andere eingestellt, ohne deren Energie in dich aufzunehmen.

Danach wirst du in den folgenden Kammern durch verschiedene Lektionen über Vergebung geführt. Bei Vergebung geht es darum, dein Herz für die Liebe zu öffnen, was immer eine andere Person auch getan hat. Vergeben zu können ist eine sehr hochfrequente Eigenschaft, die sowohl Geber als auch Empfänger emotional und körperlich heilt. Die Menschheit als Ganzes wird derzeit mit diesen Lektionen konfrontiert, damit sowohl Einzelpersonen als auch Nationen anderen gegenüber warmherziger und freundlicher werden können. Bis 2032 werden sich die

Herzchakren aller Menschen weiter geöffnet haben, und die Länder werden bereit sein, großzügig zu sein und ihren Nachbarn bedingungslos zu geben. Jedes Mal, wenn du Einhörner bittest, ihr Licht und ihren Segen über der Welt auszugießen, ermöglichst du es den Herzzentren aller Menschen auf dem Planeten, sich weiter zu öffnen.

In den letzten vier Kammern des Herzchakras wirst du durch Lektionen über transzendente Liebe, Verbindung mit dem kosmischen Herzen, universelle Liebe und schließlich Einheit geführt. Wenn du bereit bist, diese Türen weit zu öffnen, werden die Einhörner um dich herum sehr aktiv und ermutigen dich, die Einheit voll und ganz anzunehmen.

Das kosmische Herz

Das Herzchakra des Kosmos ist die aufgestiegene Venus. Dieser Planet empfängt die zwölfdimensionale Liebe direkt aus der Quelle und senkt sie auf eine Frequenz, mit der wir auf der Erde umgehen können. Jedes Mal, wenn du dich selbst im kosmischen Herzen visualisierst, bekommt dein persönliches Herz einen Lichtschub.

Engel Maria und die Einhornenergie
Engel Maria ist ein riesiger aquamarinfarbener Universalengel, ein Erzengel, dessen liebevoller Einfluss sich in diesem Universum ausbreitet und auch auf andere erstreckt. Engel Maria arbeitet direkt mit Einhornenergie, und Einhörner können immer im kosmischen Herzen vorhanden sein. Engel Maria ist reine Liebe.

Dein höheres Herz öffnen

Hier sind sechs Schritte, mit denen du dein höheres Herzchakra öffnen kannst:

- Verschmelze auf der geistigen Ebene mit offenherzigen, hochfrequenten Wesen wie Jesus, Guanyin oder Buddha. Ihr Liebesbewusstsein wandelt deine niederen Energien um und öffnet die Kammern deines höheren Herzchakras.
- Rufe die Erzengel Chamuel und Charity an und atme ihre Energie in dein Herz.
- Rufe Erzengel Maria und die Einhörner an und tauche in ihr Licht ein.
- Konzentriere dich permanent auf die Einheit. Denke daran, dass es auf den höheren Ebenen keine Trennung zwischen dir und jeder anderen Person, jedem Tier und jeder Pflanze auf diesem Planeten gibt.
- Besuche das kosmische Herz in der Meditation und im Schlaf.
- Bitte die Einhörner, dein Herz mit höherer Liebe zu füllen, indem sie dich mit ihrem Lichthorn berühren.

Mit Einhörnern eine Verbindung zum kosmischen Herzen herstellen

- Finde einen Ort, an dem du dich entspannen und ungestört sein kannst.
- Atme in dein Herzchakra ein, bis du dich wohlfühlst.
- Spüre oder sieh dein Herzzentrum mit seiner Spirale aus 33 Kammern.
- Mach einen Spaziergang rund um die Spirale und stell fest, welche Türen offen und welche geschlossen sind.
- Rufe dann Einhörner herbei und bitte sie, Licht in dein Herzchakra zu gießen.
- Sieh, wie sich dein Herz öffnet und die brennende Liebe und das höhere Verständnis darin.
- Die Einhörner und Erzengel Chamuel senden einen Lichtstrahl zur Venus.
- Du reist mit ihnen ins Zentrum des kosmischen Herzens. Es ist warm und einladend und umarmt dich.
- Engel Maria und die Einhörner hüllen dich in einen weichen aquamarin-weißen Kokon aus reiner Liebe und Einheit.
- Ruhe dich hier aus, während dein Herz von der irdischen Erfahrung geheilt und für transzendente Liebe geöffnet wird.
- Wenn du bereit bist, kehrst du dorthin zurück, von wo du ausgegangen bist, und lebst in Liebe.

Kapitel 36
Einhörner und das Halschakra

Das Halschakra ist ein hochfrequentes, sehr empfindliches Zentrum mit 22 Blütenblättern, das der Kommunikation mit der Wahrheit gewidmet ist. Seine Entwicklung wird von Erzengel Michael und seiner Zwillingsflamme Faith überwacht. Es ist wichtig, um Erzengel Michaels tiefblauen Schutzmantel zu bitten, wenn du an diesem Chakra arbeitest, bis du alle seine frühen Lektionen gelernt hast.

Die Entwicklung dieses Chakras fördert reine Kommunikation, denn die Eigenschaften des höheren Halschakras sind Wahrheit, Ehrlichkeit, Integrität, Ehre und Gerechtigkeit. Um sein volles Potenzial ausschöpfen zu können, musst du deinen Worten Taten folgen lassen.

Die erste Kammer dieses Chakras enthält Lektionen über Lügen als Selbstschutz. Oft reden sich Menschen ein, dass sie die Unwahrheit sagen, um ihre Kinder, Partner oder Angestellten zu schützen, während sie sich tatsächlich selbst schützen. Wenn du absichtlich eine Lüge erzählst oder dich von anderen entsprechend beeinflussen lässt, führt dies unweigerlich zu Dissonanz, und die Menschen vertrauen dir nicht mehr wirklich. Viele Politiker und Wirtschaftsführer haben damit zu kämpfen, und das Einbringen von Einhornenergie in dieses Chakra wird die

Ehrlichkeit und das Vertrauen auf dem gesamten Planeten entscheidend unterstützen.

Die Halschakra-Wunde von Atlantis

Eine der alten Wunden von Atlantis ist die Angst, missverstanden, angezweifelt oder verfolgt zu werden. Für viele Lichtarbeiter hat sich diese Emotion von Leben zu Leben, in denen Heiler und Weise wegen ihres Wissens unterdrückt wurden, immer weiter verschärft. Dies ist die sechste Lektion dieses Chakras. Wie jede Angst macht sie die Kammer anfällig für das Eindringen niederer Energien, und dies kann die Schwingung des gesamten Halszentrums herunterziehen. Diese Wunde macht sich verstärkt bemerkbar, wenn sie bereit ist, inspiziert und freigegeben zu werden. Jetzt ist es Zeit, sie ein für alle Mal zu heilen. Das Herbeirufen von Einhörnern, die diese sechste Kammer mit ihrem heilenden Licht füllen sollen, kann ihre Frequenz erhöhen und den Schmerz der ursprünglichen Wunde heilen.

Deine Wahrheit aussprechen

Während du dich durch die höheren Kammern des Halschakras bewegst, erkennst du, wer du bist, und nimmst deine Herrlichkeit an. Du sprichst deine Wahrheit aus und nutzt deine Kraft, um dich mit Integrität für dich und andere einzusetzen. Dann strahlt dein Halschakra königsblaues Licht aus. Dein Einhorn ist bei dir, und du bist bereit, dich mit Merkur, dem Halschakra des Universums, zu verbinden. Der aufgestiegene Aspekt von Merkur ist Telephony. Die Energie von Erzengel Faith ist da und sehr wichtig, um deine Absichten hoch und stabil zu halten.

Inspirierte Führung

Wenn du stärker wirst und besser weißt, wer du wirklich bist, und wenn du wirklich mit deinem göttlichen Selbst im Einklang bist, dann wirst du zum Lehrer der Wahrheit, zum inspirierenden Anführer und zum Botschafter der Quelle. Du vertraust dir selbst, und wenn du auch Gott vollkommen vertraust, öffnet sich die Tür zur letzten Kammer des Halschakras. Dann leuchtet dein Halschakra königsblau und golden, und du inspirierst viele Menschen allein durch deine Anwesenheit. Dann ist dein Einhorn bereit, dich mit den Sternen und Engeln des goldenen Strahls in Verbindung zu bringen.

Telepathie

Jeder verfügt bis zu einem gewissen Grad über telepathische Fähigkeiten. Tatsächlich sind die meisten Menschen sehr viel telepathischer, als sie denken. Es geht nicht nur darum, klare Botschaften von einem Freund oder einer Freundin zu erhalten oder zu wissen, wer dich anruft, bevor du den Anruf entgegennimmst. Du nimmst ständig die Gedanken anderer auf. Jemand muss nur etwas Kritisches oder Wertendes über dich denken, und dein Halschakra wird es verstehen. Dein Halschakra wird sofort und automatisch einen Schutzwall aufbauen, ohne dass du dir dessen überhaupt bewusst bist. Wenn dir andererseits jemand liebevolle, bewundernde oder respektvolle Gedanken schickt, reagiert dein Halschakra, indem es sich ein wenig öffnet.

Wenn dein Halschakra vollständig geöffnet ist, weißt du, was andere fühlen und denken, ohne dass du dich auf ihre Gedankenströme einstellen musst.

Auf der inneren Ebene weiß man alles, denn die außersinnlichen Antennen des Halschakras sind auf die Wahrheit eingestimmt.

Merkur und Telephony, sein aufgestiegener Aspekt

Dein persönliches Halschakra steht mit dem Planeten Merkur in Verbindung, der das Halschakra dieses Universums ist. Sein aufgestiegener Aspekt heißt Telephony. Ich erinnere mich, dass ich erstaunt und fasziniert war, als ich diesen Namen zum ersten Mal von Kumeka hörte. Mir wurde klar, dass die Wissenschaftler, die dem Telefon seinen Namen gegeben haben, sehr gut eingestimmt gewesen sein müssen.

Wenn du dich mit Merkur verbindest, dann empfängst du Lichtcodes in deinem Halschakra. Wenn du Telephony erreichst, dann kannst du mit der hohen Frequenz eine reine Kommunikation mit allen Lebensformen entwickeln und anfangen, telepathisch mit den Meistern und Engeln auf dem goldenen Strahl zu kommunizieren. Dies ist der Strahl reiner Weisheit und Liebe. Einhörner helfen, indem sie ihr Licht in dein Halschakra senden, um diese Verbindung zu fördern.

Zu den Kräften des Halschakras gehören auch Levitation, Teleportation, Telekinese und die Fähigkeit, durch den Einsatz kraftvoller Gedanken Heilung auszusenden, was viele Lichtarbeiter bereits tun. Von diesem Chakra strahlst du ein prächtiges Königsblau und Gold aus, das von dem Diamantweiß der Einhornenergie erhellt wird. Du sprichst mit Würde, Wahrheit, Integrität und Macht zum höchsten Wohl aller. Du wirst einer von Erzengel Michaels Kriegern auf Erden.

Mit Einhörnern eine Verbindung zum Halschakra herstellen

- Finde einen Ort, an dem du ungestört bist.
- Atme tiefblaues Licht in dein Halschakra. Damit entspannst und schützt du es.
- Bitte Erzengel Michael, dein Halschakra mit seinem Schwert der Wahrheit zu berühren.
- Erlebe, wie du durch die Kammern gehst.
- Sieh, welche Türen geschlossen sind.
- Prüfe, ob noch Wunden aus Atlantis oder aus anderen Lebenszeiten vorhanden sind.
- Bitte dein Einhorn, dein Halschakra mit reinweißem Heilungslicht zu erfüllen. Spüre, wie dies geschieht.
- Jetzt lässt dein Einhorn deine Kammern der Wahrheit, Integrität und Ehre aufleuchten.
- Fliege mit deinem Einhorn einen Lichtstrahl entlang bis hinauf zu Merkur.
- Geh dann durch ein Portal, das von goldenen Engeln umgeben ist, und betritt Telephony.
- Hier legt dir der Großmeister von Telephony einen königsblaugoldenen Mantel um die Schultern.
- Dann zündet dein Einhorn die Codes der Wahrheit in deinem Hals.
- Gemeinsam kehrt ihr über den Lichtstrahl zurück.
- Konzentriere dich wieder auf dein Halschakra, und sende telepathische Botschaften der Ermächigung, Heilung und Liebe an Menschen auf der ganzen Welt.
- Mach die Augen wieder auf, wenn du dazu bereit bist.

Kapitel 37

Einhörner und das Dritte-Auge-Chakra

Das dritte Auge ist ein sehr wichtiges Chakra, und viele Menschen möchten es öffnen, um hellsichtig zu werden oder sogar vollkommene Erleuchtung zu erlangen. Einhörner können dir helfen, die 96 Blütenblätter oder Kammern dieses Chakras schneller zu erkunden, als es auf andere Weise möglich wäre, und in einem Maße, das für dich bequem und sicher ist.

Erzengel Raphael, der große smaragdgrüne Engel der Heilung und des Überflusses, ist für die Entwicklung dieses Chakras verantwortlich. Wenn es fünfdimensional wird, wird es kristallklar – wie deine persönliche Kristallkugel.

Drogen, Alkohol und schweres Essen verstopfen dieses Chakra, weil es so empfindlich ist. Auf der anderen Seite reagiert es auch sehr schnell auf schöne Gedanken, leichtes Essen und reines Wasser.

Angesichts der Tatsache, dass es in diesem Zentrum 96 Lektionen zu lernen gibt, scheint es eine große Aufgabe, alle Blütenblätter zu öffnen. Doch wenn die Sonne des Glücks und der Wärme auf eine Blume scheint, öffnet sie sich schnell und auf ganz natürliche Weise. Das Licht edler Absichten hat die gleiche Wirkung auf das Dritte-Auge-Chakra!

Die ersten seiner spiralig angeordneten Kammern führen dich durch mangelnde Achtsamkeit, geistige Blindheit und die Weigerung, den Geist zu sehen. Jeder, der dies liest, hat diese Phase wohl längst hinter sich. Du bewegst dich vorwärts, indem du den Geist akzeptierst, um die Gesetze des Universums verstehen und anwenden zu können. Dann musst du den richtigen Umgang mit Gedanken üben. Schließlich erlangst du eine erweiterte Sicht, ein Bewusstsein für Fülle, eine höhere Wahrnehmung und das strahlende Licht der vollkommenen Erleuchtung.

Die Belohnungen dieser Reise sind Fülle, vollkommene Gesundheit, Erfolg und Hellsehen. Dann ist deine Kristallkugel wirklich klar und glänzend.

Dein Einhorn kann weißes Licht in dein Dritte-Auge-Chakra gießen oder dir kristallklares transparentes Licht senden. Beides macht es dir möglich, die Entwicklung dieses Chakras auf sichere Weise zu beschleunigen. Sie verstärken es auch, sodass du dich mit dem Dritte-Auge-Chakra des Universums verbinden kannst, also mit Jupiter und seinem aufgestiegenen Aspekt, Jumbay.

Universalengel Maria
Erzengel Raphaels Zwillingsflamme ist Engel Maria, ein riesiger Universalengel, der Liebe in vielen Universen verbreitet. Wenn dieser Engel darum gebeten wird, berührt er dein drittes Auge mit seinem blass aquamarinfarbenen Licht der Liebe und Heilung. Dies ist besonders wichtig, weil er sehr eng mit Einhörnern zusammenarbeitet. Wenn sie zusammen an deinem dritten Auge arbeiten, kannst du davon ausgehen, dass dann Wunder geschehen.

Überflussbewusstsein

Ich bekomme mehr Bitten um Hilfe in Sachen Geld und Wohlstand jeder Art als alle anderen. Wohlstand ist Teil des Überflusses, und die Antworten liegen alle in den Überzeugungen, die du in deinem Dritte-Auge-Chakra bewahrst. Wir alle haben derzeit sowohl mit den Überzeugungen unserer Familie und unserer Ahnen zu tun als auch mit denen, die wir uns auf unserer eigenen Seelenreise angeeignet haben. Einhornlicht, das in dieses Zentrum fließt, kann seine Frequenz genug erhöhen, um alte, nicht hilfreiche Muster aufzulösen.

Erleuchtung

Wenn alle 96 Kammern deines Dritte-Auge-Chakras vollständig geöffnet sind und die gewonnenen Erkenntnisse vorliegen, bist du ein vollkommen erleuchteter Meister. Du siehst alles aus einer hohen, weiten, göttlichen Perspektive und weißt, dass es nur Liebe gibt. Wenn du sie darum bittest, gießen Einhörner ihr Licht in das Chakra, um diesen Prozess zu beschleunigen. Sie können dir helfen, die Schleier der Illusion über deinem dritten Auge aufzulösen (siehe Seiten 216–220). Dies alles unterstützt dich auf dem Weg zur Erleuchtung.

Blaupause für perfekte Gesundheit

Erzengel Raphael bewahrt deine Blaupause für perfekte Gesundheit in deinem Dritte-Auge-Chakra. Sie wird dir auf deiner Reise durch das Chakra offenbart, und Einhörner bringen ihr besonderes Licht ein, um sie zum Vorschein zu bringen.

Hellsichtigkeit
Das dritte Auge ist auch das Chakra des inneren Sehens. Es ist jedoch unklug, das dritte Auge zu öffnen oder Kundalini-Übungen zu machen, um diese Öffnung zu erzwingen, weil du damit möglicherweise die Tür zu einer Welt der Illusion öffnest. Manche Menschen, die in niedrigere Dimensionen schauen, insbesondere unter dem Einfluss von Drogen oder Alkohol, empfinden dies als störende oder beängstigende Erfahrung.
Wahre Hellsichtigkeit ist die Fähigkeit, mit den inneren Augen klar in andere Dimensionen zu sehen. Auf höheren Ebenen des Hellsehens, siehst du vielleicht göttliche Farben oder Wesen der geistigen Reiche. Solche Erfahrungen sind rein, lebendig, klar und inspirierend. Sie tragen die Resonanz der Wahrheit.
Ein Geschenk der Einhörner ist die sichere und sanfte Entwicklung der Hellsichtigkeit.

Jupiter und Jumbay

Jupiter ist das Dritte-Auge-Chakra des Universums. Er bewahrt die Schlüssel und Codes des Glücks für jedes Wesen im Kosmos.
Bei seinem aufgestiegenen Aspekt, Jumbay, geht es um Expansion, enorme Fülle, großes Glück und um Erfolg, der deine wildesten Träume in den Schatten stellt. Indem dein Einhorn dir hilft, dich auf Jumbay einzustellen, macht es möglich, dass die Energie unvorstellbarer Möglichkeiten in dich einströmt.

Mit Einhörnern eine Verbindung zu Jupiter und Jumbay herstellen

- Finde einen Ort, an dem du ungestört bist.
- Reibe sanft über deine Stirn oder atme hinein.
- Bitte dein Einhorn, mit dir um die Spirale in deinem dritten Auge zu reisen.
- Lass es vorsichtig alle geschlossenen Türen berühren, um sie zu öffnen und Licht in alle zu gießen, die Hilfe brauchen.
- Lass es dann die gesamte Mitte mit reinem, transparentem Licht füllen.
- Sieh, wie dein drittes Auge zu einer strahlenden Kristallkugel wird.
- Reise mit deinem Einhorn durch das Universum zum Jupiter und dann in die Weiten von Jumbay.
- Erzengel Raphael erwartet dich dort in Kristallgrün.
- Er lädt dich ein, das Universum aus einer erleuchteten Perspektive zu betrachten.
- Du siehst, dass es dort nur Liebe und Fülle gibt.
- Dann siehst du, wie Schlüssel und Codes für Glück, Erfolg, Erleuchtung, Expansion, Fülle und Wohlstand an einem Lichtstrahl entlang in dein drittes Auge fließen.
- Du reist mit deinem Einhorn zurück in die erweiterte Kristallkugel deines Stirnchakras.
- Erlaube den Schlüsseln und Codes, neue Überzeugungen und Muster in diesem Zentrum zu bilden.
- Mach die Augen wieder auf, wenn du bereit dazu bist.

Kapitel 38
Einhörner und das Kronenchakra

Erzengel Jophiel, der Engel der Weisheit, ist für die Entwicklung des Kronenchakras verantwortlich. Seine Zwillingsflamme, Erzengel Christine, fügt Christuslicht hinzu, wie ihr Name bereits andeutet.

Die tausend Blütenblätter des Kronenchakras sollen sich entfalten und bis ins Universum reichen, um dir kosmisches Wissen und Weisheit zugänglich zu machen, wenn du dafür bereit bist. Wenn sich das kristallklare fünfdimensionale Chakra öffnet, verbinden sich einige Punkte in der Krone allmählich mit erleuchteten kosmischen Energien.

Kosmische Verbindungen
Deine Seele hat möglicherweise bereits in anderen Lebenszeiten Verbindung mit bestimmten Sternen, Planeten oder großen Energien aufgenommen. Möglicherweise stellst du in diesem Leben noch mehr solcher Verbindungen her, und zwar im Schlaf oder in der Meditation. Wenn du dein Einhorn bittest, sein Licht in dein Kronenchakra zu gießen, werden diese universellen Verbindungen immer reiner und klarer. Welchen Zugang könnte dir das ermöglichen?

Pools und Lichtflammen aus dem Goldenen Zeitalter von Atlantis

Diese großen atlantischen Energien sind jetzt sorgfältig um das Universum herum positioniert, und du kannst darauf zugreifen. Dazu gehören die Mahatma-Energie, die weiße Aufstiegsflamme von Atlantis, das Aufstiegsreservoir des Wassermann-Zeitalters, die kosmische diamantviolette Flamme und viele andere. Einhornlicht und -liebe sind der Klebstoff, der diese Verbindungen festigt.

Sterne, Planeten und Galaxien

Jeder Stern, jeder Planet und jede Galaxie ist ein Chakra. Und dabei spielt es keine Rolle, ob es sich um ein Hauptchakra handelt oder gar um eines, von dem du schon mal gehört hast. Jedes Einzelne trägt unglaubliches Licht, Wissen und Weisheit sowie besondere kosmische Eigenschaften in sich. Einhörner warten nur darauf, die Blütenblätter deines Kronenchakras um ihre besonderen Energien bereichern zu können, damit die Verbindungen zwischen dir und diesen Himmelskörpern aktiviert werden können.

Zahlen

Im Kosmos tragen Zahlen große Kräfte in sich. Das habe ich in Kapitel 10 (ab Seite 91) beschrieben.

Symbole der heiligen Geometrie

Viele Symbole der heiligen Geometrie sind auf der Erde kraftvoll, aber im Universum sind sie extrem mächtig. Symbole wie der Metatron-Würfel, das Anch, das Kreuz, der Diamant, der Kreis, der Würfel, das Unendlichkeitssymbol und andere, einschließlich der Pyramide, sind riesige Energiequellen, die Licht direkt aus der Quelle empfangen. Die Kristallpyramiden aus dem Dom von Atlantis, die mit reiner Energie aus der Quelle aufgeladen sind, erwachen jetzt und bereiten sich darauf vor, dass wir auf das in ihnen programmierte Wissen und Licht zugreifen.

Intergalaktische Meisterschaft erlangen

Jede galaktische Verbindung, die du herstellst, bringt mehr Licht in dein Kronenchakra. Dies wird dann durch deine höheren Chakren angetrieben und hilft dir, eine Antakarana-Brücke zur Quelle zu bauen. Mit dem Überqueren dieser Brücke beginnt die Reise zur intergalaktischen Meisterschaft. Diese Reise wird von Einhörnern und der Seraphim Seraphina unterstützt.

Meister Wuslu

Meister Wuslu war der Hohepriester mit der höchsten Frequenz, der jemals in Atlantis inkarniert wurde. Er aktivierte jene sprungartige Veränderung, die es dieser Zivilisation möglich machte, zur Legende zu werden. Davor hatte er der Zivilisation von Mu geholfen, die Kehrtwende Richtung Aufstieg zu vollziehen. Jetzt ist er zurückgekehrt, um der Erde zu helfen, einen ähnlichen Sprung in das neue Goldene Zeitalter zu machen. Er arbeitet mit dem gelben Strahl der Kristallsonne und kann dein Kronenchakra berühren und erweitern, damit du schneller zur Erleuchtung und zum Aufstieg gelangen kannst.

Einhörner gießen Segen in das Kronenchakra
Wenn Einhörner die geöffneten Blütenblätter deines Kronenchakras sehen, gießen sie Segen und Lichtschauer über dich aus. Du kannst sie bitten, den Öffnungsprozess zu beschleunigen.

Uranus und Curonay

Uranus ist das kosmische Kronenchakra des Universums, das es dir ermöglicht, dich mit kosmischer Telepathie und höherer Kommunikation zu verbinden. Dort werden auch Originalität, Befreiung, Individualität, Unabhängigkeit und Führung sowie geistige Gaben und Talente bewahrt. Uranus bietet einen Wartebereich für alle Möglichkeiten der Zukunft, für die kreativen Energien und noch ungeahnten technologischen Ideen, die bereit sind, auf die Erde gebracht zu werden, sobald sich die alten, unerwünschten Strukturen und Muster aufgelöst haben.

Wenn genügend Menschen ihr Kronenchakra öffnen, wird es weltweit zu massiven sozialen Veränderungen und Umstrukturierungen kommen.

Curonay ist der aufgestiegene Aspekt von Uranus. Wenn du dich mit ihm verbindest, verbindest du dich mit enormen Möglichkeiten der göttlichen Transformation und wirst höhere Erleuchtung erfahren. Wenn jeder Mensch diese Verbindung herstellt, wird es einen großen Bewusstseinssprung auf dem Planeten geben.

Mit Einhörnern eine Verbindung zu Uranus und Curonay herstellen

- Finde einen Ort, an dem du ungestört bist.
- Setze dich mit geradem Rücken hin, schließe die Augen und entspanne dich.
- Konzentriere dich auf den Scheitel deines Kopfes, und nimm dein Kronenchakra als eine Kugel aus transparentem Licht wahr.
- In Position gehalten wird sie von den Erzengeln Jophiel und Christine in hellem Kristallgelb.
- Dein Einhorn gießt einen Segen aus weißem Licht darüber aus, und die Blütenblätter des Chakras entfalten sich.
- Ein großer weißer Lichtstrahl strahlt von Curonay aus, und du reitest auf deinem Einhorn an ihm entlang nach oben.
- Der große erleuchtete Meister Wuslu erwartet dich dort und löst eine sprunghafte Veränderung in deinem Bewusstsein aus.
- Du spürst, wie sich die tausend Blütenblätter deines Kronenchakras ausdehnen und mit den großartigen Energien des Kosmos verbinden.
- Dein Einhorn sendet ständig Licht aus, um diesen Prozess zu fördern und zu ermöglichen.
- Du schaust nach unten und siehst dich mit dem gesamten Universum verbunden. Nimm dieses Gefühl in dich auf.
- Wenn du bereit bist, bringt dich dein Einhorn zu deinem Ausgangspunkt zurück.
- Bedanke dich in der Gewissheit, dass du mit der höheren Erleuchtung in Berührung gekommen bist.

Kapitel 39
Einhörner und das Kausalchakra

Das Kausalchakra liegt über dem Kronenchakra und ist ein transzendentes Chakra, das immer fünfdimensional war. Früher lag es knapp hinter den anderen Chakren im Kopf. Die Menschen des Goldenen Zeitalters von Atlantis hatten verlängerte Schädel, um es unterzubringen. Jetzt bewegt es sich vorwärts, um mit den anderen Chakren in eine Lichtsäule integriert zu werden. Dies ist ein weiteres Zeichen für den spirituellen Fortschritt der Menschheit.

Alle anderen Zentren haben mehrere Blütenblätter oder Kammern. Doch das Kausalchakra ist eine einzige riesige Kammer. Durch diese Kammer gelangst du in die Engelreiche. Wenn dein Kausalchakra offen und aktiviert ist, kannst du Verbindung zu Engeln, Drachen, Einhörnern und Erleuchteten aufnehmen. Es fungiert auch als dein persönlicher Mond und gießt göttlichweibliche Energie über dich aus.

Das Kausalchakra ist eine einzige Kammer für den Frieden.
Es ist der Eingang der Menschen in die Engelreiche.

Erzengel Christiel

Erzengel Christiel ist verantwortlich für die Entwicklung des Kausalchakras der Menschheit. Er ist ein universeller Engel und ein so hochfrequentes Wesen, dass er erst in den letzten Jahren in dieses Universum eintreten konnte, nämlich seit die Schwingung der Menschheit gestiegen ist. Wie sein Name andeutet, trägt er reines Christuslicht in sich. Seine Zwillingsflamme ist Erzengel Mallory, ein Bewahrer der alten Weisheit, der göttlich-weibliches Licht in sich trägt.

Erzengel Christiel schwingt auf dem schimmernd silberweißen Strahl und ist ein Erzengel des Friedens, der das Licht Christi verbreitet. Der unbeschreibliche Friede, den er schon jetzt über den Mond auf die Erde gießt, berührt die Massen und weckt den Wunsch nach Harmonie und Einheit in ihnen.

Der Mond

Der Mond ist das Kausalchakra unseres Universums, und Erzengel Christiel schickt sein Licht dorthin. Hier wird die Frequenz des reinen göttlich-weiblichen Lichts herabgestuft und für die Erde passend gemacht.

Einmal habe ich, als ich den Vollmond betrachtete, Erzengel Christiels Gesicht gesehen. Er lächelte mich nur einen Moment lang an, aber es war ein herzzerreißender Moment, und ich erinnere mich immer noch daran.

Das Sternentor der Lyra (Leier)

Die Einhörner mit der höchsten Frequenz leben in einem anderen Universum hinter dem Sternentor der Lyra (Leier), dem Energieportal der zwölften Dimension, durch das sie in dieses Universum eintreten. Die Energie von Erzengel Christiel konzentriert sich dort, und das einfache Einstellen darauf erhöht deine Frequenz enorm.

Der Einhornweg

Wenn Erzengel Christiel einen Lichtstrahl aus dem Sternentor der Lyra über den Mond zur Erde sendet, stellt er den Einhörnern einen Weg zur Verfügung. Viele von ihnen nehmen diesen Weg. Sie sind dann in der Lage, in die Kausalchakren von Menschen einzutreten, die für sie bereit sind, und können auf die Erde kommen.

Du kannst dem Universum dienen, indem du dein Kausalchakra vorbereitest, damit Einhörner diesen Planeten betreten können. Manche Menschen machen es Tausenden von Einhörnern möglich, durch ihr Kausalzentrum auf die Erde zu kommen. Dies ist ein großer Akt der Hingabe, der die Frequenz deines Kausalchakras erhöht und deinen Aufstieg beschleunigt.

Einhörner über dein Kausalchakra auf die Erde bringen

- Setze dich bequem hin und sei dir bewusst, dass Einhörner dein ganzes Leben verändern werden.
- Du findest dich in einem wunderschönen Tal im Himalaya wieder, der reinsten Gegend der Welt.
- Du machst Rast in der Nähe eines Wasserfalls, der über Felsen und Farne stürzt, und beobachtest, wie das Sonnenlicht auf dem Wasser funkelt.
- Rufe mental dein Einhorn herbei und sieh, wie ein prächtig schimmerndes weißes Pferd auf dich zukommt.
- Eure Herzensenergie verbindet sich wie ein Feuerwerk, das explodiert, wenn du das Einhorn begrüßt.
- Du kletterst auf seinen Rücken und fühlst dich sicher und geliebt, wenn ihr euch gemeinsam erhebt.
- Über dir siehst du den Eingang zu einer Höhle. Das Einhorn landet auf einem Felsvorsprung davor.
- Als du die Höhle betrittst, entdeckst du zu deinem Erstaunen, dass es sich um eine riesige Kristallhöhle handelt, die von Millionen flackernder Kerzen beleuchtet wird.
- Gemeinsam mit deinem Einhorn gehst du durch dieses Wunderland, das sich bis tief in den Berg zu erstrecken scheint.
- Nun nimmst du einen Strahl reinen Silberlichts vor dir wahr.
- Wenn du ihn erreichst, entdeckst du das riesige Loch oben in der Höhle, das direkt auf den Vollmond ausgerichtet ist.

- Mondlicht strömt über dich und dein Einhorn. Bade einen langen Moment darin.
- Das Einhorn steigt mit dir den Mondlichtschacht hinauf. Es bringt dich zum Sternbild Lyra (Leier).
- Endlich siehst du das prächtige Sternentor der Lyra (Leier) über dir. Es schimmert im Licht.
- Du beugst dich vor und berührst es. Es schwingt majestätisch auf.
- Hinter dem Sternentor stehen Hunderte von Einhörnern.
- Unter ihnen wartet Erzengel Christiel in leuchtendem Perlweiß auf dich.
- Er hebt die Hände und gießt wunderschönes Christuslicht über dir aus.
- Mit einer Geste lädt er dich ein, das Einhornreich zu betreten.
- Du bewegst dich mit deinem Einhorn vorwärts.
- Du findest dich inmitten von Hunderten schimmernder Einhörner wieder. Sie umgeben dich mit Liebe und gießen göttlichen Segen aus ihren Hörnern über dich.
- Du schwimmst in einem Meer aus Einhornlicht.
- Erzengel Christiel hüllt dich in seine riesigen weichen Flügel, und du schaust durch das Sternentor hinunter auf den Mond.
- Erzengel Christiel sendet einen leuchtend silberweißen Energiefinger über den Mond auf die Erde in das Kausalchakra über deinem Kopf.
- Und dann fliegst du mit deinem Einhorn auf dem silbernen Weg des flüssigen Lichts entlang zum Mond. Dort ruhst du dich einen Moment lang aus.
- Tausende von Einhörnern folgen dir.

- Du schaust nach unten, während das Kausalchakra über deinem Kopf immer größer wird, als würde es sich in deinen eigenen Mond verwandeln.
- Ihr bewegt euch alle vom Mond durch das schimmernd silberweiße Licht zum Kausalchakra über deinem Kopf.
- Du betrittst dein Kausalchakra, deine eigene riesige Friedenskammer.
- Da ist eine Tür zu den Engelreichen. Sie steht offen, und du gehst mit deinem Einhorn hindurch und weiter.
- Das Licht des siebten Himmels umgibt dich und du schaust dich um. Wie viele Einhörner sind bei dir?
- Wie viele haben durch dein Kausalchakra die Erde betreten?
- Sie umgeben dich jetzt und überschütten dich mit ihrem Segen.
- Dann beobachtest du, wie sie sich auf dem Planeten verbreiten, um ihre Mission zu erfüllen und der Menschheit zu helfen.
- Du bedankst dich bei deinem Einhorn, bevor du die Augen wieder öffnest.

Kapitel 40
Einhörner und das Seelensternchakra

Dein Seelenstern, für den Erzengel Mariel und seine Zwillingsflamme, Erzengel Lavender, zuständig sind, ist ein riesiges transzendentes Chakra mit 33 Kammern. Diese Kammern enthalten sämtliche Aufzeichnungen deiner langen Seelenreise. In diesem Chakra stecken auch das ganze wundersame Gelernte und die Erfahrung, die du gesammelt hast, sowie die Weisheit, die du erworben hast. Wenn dein Seelenstern vollständig offen und aktiv ist, ist seine Farbe ein leuchtendes, klares Magenta.

Wenn du akzeptierst, dass du eine Seelenmission hast, verbindest du dich nach und nach mit diesem Chakra. Es ist in zwei Abschnitte unterteilt. Es gibt einen unteren Teil, der Lektionen darüber enthält, dich selbst, deine Familie und deine Gemeinschaft zu akzeptieren und zu lieben. Jeder Elternteil oder jede Person, die anderen dient, bekommt automatisch die Möglichkeiten, diese Lektionen zu lernen. Erzengel Zadkiel, der violette Engel der Verwandlung, wacht über diesen Teil des Seelensterns.

Du bewegst dich dann in den oberen Bereich. Erzengel Mariel und Erzengel Lavender führen dich hierher. Es gibt noch mehr zu klären, denn in den ersten Kammern ist das ganze Karma und sind die Familien- und Ahnenunternehmungen, mit denen sich deine Seele in diesem Leben befasst hat, gespeichert.

Möglicherweise hast du in deiner Familien- und Ahnenlinie vieles geklärt. Doch manche Erfahrungen sind vielleicht sehr tief verwurzelt und wirken sich immer noch auf dich aus. Wenn beispielsweise einer deiner Vorfahren in der Vergangenheit mit jemandem verheddert war und sich unerbittlich geweigert hat, zu vergeben oder loszulassen, bist du auch weiterhin an diese negative Energie gebunden. Sie wird als Blockade in deinen Seelenaufzeichnungen bleiben.

Es ist Erzengel Lavenders Rolle, dir beim Lösen dieser Blockaden und bei der Beseitigung von verbliebenem Karma und ungelöster Ahnenenergie zu helfen. Dieser gnädige Erzengel kann die Linien der Vorfahren oder Menschen, mit denen du es zu tun hattest, abgehen und ihre Herzen mit Verständnis und Weisheit erweichen. Einhörner begleiten ihn auf dieser Reise des Dienens. Sie können auch dazu beitragen, alte Seelenmuster aufzulösen, einschließlich der Familien- und Ahnenmuster, die in diesem Chakra festgehalten werden.

Sobald dies abgeschlossen ist, bekommst du Zugang zum höchsten Aspekt deines Seelensterns, in dem Erzengel Mariel das Licht hält, und er wird ein geistiges Zentrum der höheren Liebe voller Christusbewusstsein. Dann verbindet er sich mit dem kosmischen Herzen, und du hast Zugriff auf deine Gaben aus früheren Leben, auf dein Wissen und deine Weisheit.

Wenn du diese höhere Kammer erreichst, steigt deine Frequenz, und wenn Einhörner ihr großartiges Licht hinzufügen, wird dein Höheres Selbst erleuchtet. Dann machst du dich auf den Weg, um dich mit deiner Monade zu verbinden.

Einhorn-Seelenheilung empfangen

- Suche dir einen ruhigen Ort, an dem du ungestört bist.
- Erhöhe die Frequenz mit erhabener Musik, schönen Blumen oder Kristallen oder etwas anderem Schönem, das dich anspricht.
- Setze oder lege dich bequem hin. Erde dich, indem du dir vorstellst, wie dein Erdsternchakra im Herzen von Lady Gaia verwurzelt ist.
- Du findest dich an einem strahlend türkisfarbenen See wieder, der den klaren blauen Himmel über dir perfekt widerspiegelt.
- Du sitzt im weißen Sand am Ufer des Sees.
- Plötzlich bemerkst du leuchtend farbige Lichter, die um dich herumtanzen, und du erkennst, dass es sich dabei um Feen handelt.
- Vor Aufregung flackernd, führen sie dich zu einem riesigen flachen Quarzkristall, der von Lavendelbüschen verdeckt war.
- Wenn du ihn berührst, durchzuckt dich eine seltsame Erregung wie ein elektrischer Strom.
- Und in diesem Moment taucht dein wundersames Einhorn vor dir auf.
- Es lädt dich ein, dich auf den Kristall zu legen.
- Die Feen bilden einen schimmernden Ring aus farbigen Lichtern um dich herum.
- Das Einhorn gießt einen Segen aus Milliarden Funken wie eine Fontäne über dich.

- Während diese Kaskade über dir niedergeht, leuchtet der gesamte Kristall in Blau, Rosa, Gelb und vielen anderen Farben auf.
- Du kannst spüren, wie die Energie durch dich pulsiert.
- Und dann berührt das Einhorn den Scheitel deines Kopfes mit dem Licht aus seinem Horn.
- Es kommt zu einem Moment intensiver Stille.
- Du findest dich zwischen der oberen und der unteren Kammer deines Seelensternchakras wieder.
- Erzengel Lavender, in einem sanften lavendelfarbenen Licht, streckt dir die Hand entgegen. Dein Einhorn steht daneben.
- Du trittst zwischen sie und spürst, wie ihr Licht dich unterstützt und erstrahlen lässt.
- Sie führen dich zu einem Tor, und du siehst Dutzende von Pfaden, die daraus hervorgehen und in alle Richtungen abzweigen.
- Erzengel Lavender erklärt, dass dies deine Ahnen- und Lebenslinien aus früheren Leben sind.
- Du folgst Erzengel Lavender und deinem Einhorn auf einer dieser Linien. Das kann ein langer Weg sein.
- Wenn du innehältst, siehst du Figuren, verdreht und schwarz mit kristallisierten Emotionen. Vielleicht hast du diese Menschen nie kennengelernt, aber ihre Energie ist mit Schnüren in dir befestigt.
- Sag mitfühlend, wie leid es dir tut, dass du sie verletzt hast. Sie haben die Hände über die Ohren gelegt und können dich nicht hören. Doch gemeinsam gießen Erzengel Lavender und das Einhorn mit Liebe durchdrungenes Licht aus der Quelle über sie, dass sie schließlich

aufrecht stehen, die Hände von den Ohren nehmen, die Augen öffnen und das Licht sehen. Ihre Herzen öffnen sich, und Liebe fließt zwischen euch.
- Die Schnüre, die euch verbunden haben, lösen sich auf. Du bist frei. Spüre es in deinem Körper.
- Erzengel Lavender und das Einhorn bringen dich zu anderen Wesen wie diesen, bis deine Karma- und Ahnenlinien ganz rein sind.
- Du fühlst dich von einer Lichtwelle nach der anderen gewaschen.
- Dann verlässt dich Erzengel Lavender.
- Das Einhorn zeigt auf eine goldene Treppe, die vor dir aufgetaucht ist. Sie führt zu einer massiven, mit Diamanten besetzten Tür.
- Du steigst die Treppe hinauf und stößt die Tür auf, die sich zu einem schönen und wundersamen Tempel öffnet.
- Erzengel Mariel selbst, ein strahlend schimmerndes magentafarbenes Licht, wartet mit einem goldenen Schlüssel auf dich.
- Viele Türen führen aus diesem Raum zu den Gaben, Kenntnissen und Weisheiten, die du dir auf deiner langen Seelenreise erworben hast.
- Erzengel Mariel gibt dir den Schlüssel, und dein Einhorn folgt dir, während du die Schönheit deiner Seele erforschst. Nimm dir so viel Zeit, wie du möchtest.
- Wenn du bereit bist, bringt dich das Einhorn zurück zu dem riesigen Heilkristall.
- Die Feen warten auf dich und halten die Energie deiner Reise für dich fest.

- Bitte sie mental, dieses Licht so lange für dich zu halten, bis alles vollständig geklärt und die neue Energie assimiliert ist.
- Dazu sind sie gern bereit. Bedanke dich bei ihnen.
- Sie nehmen dich bei der Hand und führen dich zurück zum reinen türkisfarbenen Wasser des Sees.
- Hier badest du und wäschst symbolisch alles von dir ab.
- Wenn du aus dem Wasser steigst, erwartet dich ein reinweißes Gewand mit einer goldenen Schärpe.
- Zieh es an, und sei dir bewusst, dass du bereit bist, einen höheren Weg zu gehen.
- Öffne die Augen mit einem Lächeln auf dem Gesicht.

Kapitel 41
Einhörner und das Sternentorchakra

Das Sternentor, dein zwölftes Chakra, beherbergt die Energie deiner göttlichen Essenz, den ursprünglichen Funken aus der Quelle, und ist ein Lagerhaus für alle deine Erfahrungen. Es ist buchstäblich das Tor zu deiner Monade, deiner ICH-BIN-Präsenz, deinem zwölfdimensionalen Aspekt.

Aufstiegslift zum Sternentorportal

Das Kronenchakra ist das erste Zentrum, über das du dich mit Sternenenergien verbinden kannst. Auf dieser Ebene hast du das Gefühl, im Aufstiegslift bis in eine große Höhe gestiegen zu sein. Und wenn du auf die Welt schaust, siehst du, dass du weit darüber bist. Du hast das Gefühl, die Sterne berühren zu können. Aber der kosmische Aufstiegslift kann dich noch viel höher tragen. Und wenn du bereit bist, kannst du auf das Sternentorchakra zugreifen.

Die Schwingung des Sternentorchakras ist so unglaublich, dass sie von den meisten von uns nicht erfasst werden kann. Es ist, als ob du, nachdem du jede Etage deines Wolkenkratzers erkundet hast, im zwölften Stock ankommst und dich auf der

Dachterrasse wiederfindest. Hier draußen bist du in Kontakt mit allem, was ist. Du bist eins mit der Weisheit und Einheit des Universums. Es gibt absolut keine Trennung zwischen dir und allem, was ist. Du hast ein Portal zwischen den Sternen betreten. Du bist in den höheren Frequenzen des Universums, und Einhörner halten dich in ihrem Licht.

Zwei riesige Wesen halten die Frequenz dieses Chakras aufrecht und bereiten dich darauf vor, auf das Licht Gottes zuzugreifen. Es sind Erzengel Metatron und Seraphim Seraphina.

Erzengel Metatron

Dieser erleuchtete goldorangefarbene Erzengel ist einer der mächtigsten im Erzengelreich. Er hilft der ganzen Menschheit, ihre Schwingung jetzt zu erhöhen. Sobald deine unteren Chakren dafür bereit sind, ermöglicht er dem goldenen Kelch deines Sternentors, sich wie eine kosmische Blüte zu öffnen, um Licht aus der Quelle aufzunehmen. Er kann dir auch seinen goldorangefarbenen Metatron-Mantel anbieten, um dich zu schützen und dir zu helfen, die Frequenzen deiner fünfdimensionalen Chakren aufrechtzuerhalten. Er wacht über deine gesamte Aufstiegsreise.

Seraphina

Die Aufgabe der wundersamen Seraphim Seraphina ist es, dir zu helfen, deine Antakarana-Brücke von deinem Sternentor aus zu bauen, um eine vollständige Verbindung zu deiner Monade und Quelle herzustellen. Deine Antakarana-Brücke ist so etwas wie eine geistige Leiter, die dich durch verschiedene Einweihungen führt. Wenn du ein bestimmtes Niveau erreicht hast, hast du die Wahl. Du kannst entweder in Seraphinas intergalaktischen

Schulen trainieren, um dem Universum zu dienen, indem du ein intergalaktischer Meister wirst. Oder du kannst einen direkten, aber ebenso herausfordernden Weg zur Quelle nehmen. Ein Weg ist nicht besser als der andere. Sie nutzen einfach verschiedene Talente und Fähigkeiten, die du dir auf der langen Reise deiner Seele erworben hast. Seraphinas Aufgabe ist es, deine Schritte auf den für deine Seele richtigen Weg zu lenken.

In das Portal des Sternentors eintreten

Wenn du dies liest, hast du dir durch eifrige spirituelle Praxis über viele Lebenszeiten hinweg die Gelegenheit verdient, in das Portal des Sternentors einzutreten. Die meisten Menschen brauchen mehrere Inkarnationen, um Zugang zu diesem Aufstiegsportal zu bekommen. Aus diesem Grund wurde ein religiöses oder spirituelles Leben in der Vergangenheit so geschätzt: Es gab der Seele die Möglichkeit, sich ohne Versuchung und Einmischung von außen auf ihre Lebensaufgabe zu konzentrieren. Jetzt jedoch, in dieser turbulenten Geburtsperiode vor Beginn des neuen Goldenen Zeitalters, begeben sich die meisten Lichtarbeiter draußen in der Welt auf Sinnsuche.

Der Grund dafür ist der große Wunsch der erwachten Seelen, der Menschheit zu helfen, und zwar trotz der Herausforderungen und Ablenkungen des modernen Lebens. Wer sich entschieden hat, dem Planeten bei seinem Aufstieg zu helfen, ist mächtig. Vielleicht glaubst du es selbst nicht, aber wenn du dies liest, erleuchtet Einhornenergie deinen Weg, sodass du in das beleuchtete Portal oben auf dem Aufstiegspfad eintreten und ultimatives Bewusstsein und Einheit erfahren kannst.

Eine atemberaubende Belohnung für die Einheit ist die monadische Hellsichtigkeit, die kosmische Allwissenheit. Du wirst Teil eines erweiterten Universums und erlebst es auf der Ebene des Sternentors. Und du wirst automatisch zum Leuchtfeuer. Dein Licht scheint in die inneren Ebenen und bringt allen Hoffnung, Inspiration und Trost.

Das Licht deines Sternentors zum Ausdruck bringen

Beim Aufstieg geht es eigentlich um Abstieg. Du hast den Aufzug in den zwölften Stock genommen. Er strahlt hell vor goldenen Frequenzen, Erfahrungen und Weisheit. Jetzt ist es Zeit für dich, diese erstaunliche Energie herunterzubrechen und in deinem täglichen Leben zum Ausdruck zu bringen.

Das Ego loslassen

Das Sternentor ist die ultimative Friedenskammer. Wenn du Frieden, Gelassenheit, Ruhe und Harmlosigkeit verlierst, liegt das daran, dass du dich mit deinem Ego beschäftigst. Du versuchst, Kontrolle auszuüben, oder fühlst dich besser als oder nicht so gut wie eine andere Person oder hast eine Million anderer Gefühle. Mit Frieden, Gelassenheit, Ruhe und Harmlosigkeit wirst du belohnt, wenn du dein negatives Ego loslässt.

Wenn deine Seele dich daran erinnern will, taucht sicherlich jemand in deinem Umfeld auf, um dich auf die Probe zu stellen! Als ich dies schrieb, war ich mir sehr bewusst, wie ich auf meine Enkelin im Teenageralter reagierte, die beschlossen hatte, bei mir einzuziehen, und zwar genau in dem Moment, in dem ich mein Haus verkaufen wollte. Mir war klar, dass ich diese Prüfung angezogen hatte. Jugendliche sind nicht wirklich kompatibel mit dem Bemühen, ein Haus makellos zu halten, damit andere Menschen es sich anschauen können. Ich spürte, wie ich meine Kontrollmechanismen hochfuhr, und das war auf keinen Fall gut für meinen inneren Frieden. Mir war aber auch klar, dass ich den perfekten Käufer anziehen konnte, wenn ich mein Ego loslassen und das Haus einigermaßen aufgeräumt halten würde. Es hat funktioniert!

Wenn du mit deinem goldenen Selbst verbunden bist, brauchst du keine Menschen anzuziehen, die an deiner Käfigtür rütteln.

Menschen setzen Mantras, Gebete, Gesänge, Meditation und viele andere geistige Übungen ein, um ihre Frequenz aufrechtzuerhalten und sich auf ihr Ziel, in das Portal des Sternentors einzutreten, zu konzentrieren. Das ist wunderbar und sehr hilfreich. Die wichtigste spirituelle Praxis von allen ist jedoch der Umgang mit den Umständen und Menschen, die in dein Leben kommen.

Einhörner fühlen sich zu reinen, guten, großzügigen, fürsorglichen, herzzentrierten Menschen hingezogen, die nur dadurch aufsteigen, dass sie ganz sie selbst sind.

Dein Einhorn und das Sternentor

- Suche dir einen ruhigen Ort, an dem du ungestört sein kannst.
- Finde dich in deinem Erdsternchakra wieder, bereit, in einen Aufstiegslift zu steigen.
- Dein Einhorn gießt seinen Segen über dich aus, um deine Reise zu erhellen.

- Du steigst in den Aufstiegslift ein und drückst die Nummer 12.
- Der Lift steigt durch dein Erdstern-, Basis-, Sakral-, Nabel-, Solarplexus-, Herz-, Hals-, Drittes-Auge-, Kronen-, Kausal- und Seelensternchakra nach oben.
- Am Ende hält der Lift an der Spitze des Wolkenkratzers. Du hast dein Sternentor erreicht.
- Die Türen des Aufzugs öffnen sich. Du stehst zwischen den Sternen und bist eins mit dem Universum.
- Das Licht ist golden, und Erzengel Metatron nähert sich dir in seinem prächtigen goldorangefarbenen Mantel.
- Neben ihm steht das erstaunlichste schimmernde diamantweiße Einhorn, das du je gesehen hast.
- Erzengel Metatron begrüßt dich erfreut und voller Liebe.
- Er legt dir seinen goldorangefarbenen, mit Diamanten besetzten Metatron-Mantel um.
- Einen Moment lang bist du dir bewusst, wer du wirklich bist und welche Erfahrungen du in allen Welten gemacht hast. Du weißt, dass du ein riesiges Wesen bist.
- Jetzt kommt Seraphim Seraphina in Gewändern aus Regenbogenlicht auf dich zu und führt dich zu einer goldenen Brücke, die sich sehr viel weiter erstreckt, als du schauen kannst.
- Sie macht dir klar, dass dies deine Antakarana-Brücke ist, und du stellst deinen Fuß auf die erste Stufe.
- Seraphina legt ihre Flügel um dich und hält dich ruhig und sicher.
- Dann leuchtet die gesamte Brücke auf und lädt dich ein, sie zu besteigen. Bewege dich so weit nach oben, wie es sich für dich richtig anfühlt.

- Du badest im goldenen Licht deines Sternentors und bist offen für universelle Downloads.
- Wenn du so weit bist, bringt dich das Diamant-Einhorn zu deinem Ausgangspunkt zurück.

Kapitel 42
Einhörner lassen deine sechsdimensionalen Chakren aufleuchten

Im Goldenen Zeitalter von Atlantis konnten nur Hohepriester und -priesterinnen Frequenzen der sechsten Dimension erreichen, und auch nur für kurze Zeit. Wie haben sie das gemacht? Die Chakrasäule ist wie eine Leiter. Wenn du bereit bist, eine höhere Anzahl von Chakren nach unten zu bringen, steigen die niedrigeren in die Erde ab, und die neuen fallen herunter und nehmen ihren Platz ein. Die Hohepriester und -priesterinnen dieses erleuchteten Zeitalters zogen ihre sechsdimensionale Chakrasäule in ihren Körper, um bestimmte galaktische Arbeiten auszuführen.

Wir sind dazu bestimmt, in ein neues Goldenes Zeitalter einzutreten, in dem die Frequenzen höher sind, als sie es in der atlantischen Zeit waren. Tim Whild erinnerte mich daran, dass die Erde selbst im Goldenen Zeitalter von Atlantis dreidimensional war. Daher war es für die Menschen auf ihr eine großartige Leistung, eine fünfdimensionale Frequenz zu erreichen und aufrechtzuerhalten. Wenn das neue Goldene Zeitalter des Wassermanns beginnt, wird die Erde selbst vollständig fünfdimensional sein, und dies wird uns alle beim Erreichen höherer Schwingungen unterstützen. Lichtarbeiter bringen schon seit einer Weile ihre sechsdimensionalen Chakren ein, und dies ermöglicht ihnen, einen Moment lang Kontakt mit der zehnten Dimension aufzunehmen. Dies liegt daran, dass wir bis zu vier Dimensionen erreichen können, die höher sind als die, in der wir uns zu einem bestimmten Zeitpunkt befinden.

2018 konnten diejenigen, die ihre sechsdimensionalen Chakren einbrachten, zum ersten Mal seit 10.000 Jahren Verbindung zu beeindruckenden Einhörnern der zehnten Dimension aufnehmen.

Die Farben der sechsdimensionalen Chakren
In der sechsten Dimension sind die Farben der Chakren viel ätherischer und von einem sanften silbrigen Licht durchdrungen. Sie ändern sich ständig, weil Individuen und Menschen wachsen. Dies sind die Farbtöne im Moment:

- Das Erdsternchakra strahlt in einem weichen, ätherisch durchscheinenden Silber.
- Das Basischakra strahlt ätherisches silberplatinfarbenes Licht aus.
- Das Sakralchakra strahlt ätherisches silberrosafarbenes Licht aus.
- Das Nabelchakra strahlt ätherisch durchscheinendes silberpfirsichfarbenes Licht aus.
- Das Solarplexuschakra strahlt ätherisch durchsichtiges goldenes Licht aus, durch das Silber hindurchscheint.
- Das Herzchakra strahlt ätherisch durchscheinendes Silberweiß aus.

Einhörner lassen deine sechsdimensionalen Chakren aufleuchten 351

- Das Halschakra strahlt schimmerndes, blasses, ätherisch durchscheinendes Silberblau aus.
- Das Dritte-Auge-Chakra strahlt schimmerndes, ätherisch durchscheinendes Silbergrün aus.
- Das Kronenchakra strahlt silbergelbe Lichtströme aus.
- Das Kausalchakra strahlt blasses ätherisches Silberweiß aus.
- Das Seelensternchakra schimmert in ätherisch durchscheinendem Silber-Lila-Rosa.
- Das Sternentorchakra schüttet durchscheinendes Kristall-Silber-Gold aus.

Wenn Diamant-Einhörner die sechsdimensionalen Chakren um ihr Licht bereichern, können Wunder geschehen.

Deine sechsdimensionalen Chakren um Einhornlicht aus der zehnten Dimension bereichern

Einen Raum vorbereiten

Für diese spezielle Visualisierung ist es wichtig, dass du dich an einem energetisch hochfrequenten Ort befindest. Stell zunächst sicher, dass der Raum um dich sowohl physisch als auch energetisch makellos ist. Hier sind einige Dinge, die du tun kannst, um sicherzustellen, dass dein Raum blitzsauber ist.

- Bitte Luftdrachen, niedrigere Schwingungen auszublasen und höhere einzuatmen.

- Setze Klangschalen oder Zimbeln ein, um alte Energien auszuräumen.
- Klatsche und singe »Om« in die Ecken. Dies bricht festsitzende Energie auf und ersetzt sie durch neue.
- Platziere Amethystkristalle in den Ecken.

Deine sechsdimensionalen Chakren nach unten ziehen

- Suche dir einen ruhigen Ort, an dem du ungestört bist.
- Achte darauf, dass deine Füße auf dem Boden stehen.
- Entspanne dich.
- Schließe die Augen und atme ganz bequem.
- Spüre, wie deine Aura immer heller wird.
- Über dir warten deine sechsdimensionalen Chakren. Sie sehen aus wie eine Leiter in ätherischen Farben.
- Sieh oder spüre Einhörner um dich herum, die in reinweißem Licht schimmern.
- Visualisiere, wie sich deine fünfdimensionalen Chakren allmählich unter deine Füße und von dort weiter nach unten bewegen und die Chakren mit der höheren Frequenz an ihren Platz rutschen.
- Sieh die schönen neuen Chakren an Ort und Stelle.

Dein sechsdimensionales Erdsternchakra

- Konzentriere dich auf dein Erdsternchakra, das jetzt eine weiche, ätherisch durchscheinende Silberfarbe hat.
- Ein Einhorn tritt vor und fügt sein reinweißes Licht hinzu.
- Dein Erdsternchakra wird ganz hell, dehnt sich aus und strahlt leuchtendes Silber ins Universum aus.

- Das Licht berührt Toutillay, den Teil von Neptun, der bereits aufgestiegen ist, und strahlt dann aus, um alle Planeten des Universums mit einer Liebesbotschaft von Lady Gaia zu berühren.

Dein sechsdimensionales Basischakra

- Konzentriere dich auf dein Basischakra, das jetzt in ätherisch durchscheinendem Silber-Platin-Licht erglüht.
- Ein Einhorn tritt vor und fügt sein reinweißes Licht hinzu. Dein Chakra flackert auf.
- Dein Basischakra dehnt sich aus und strahlt leuchtendes Silber-Platin-Licht ins Universum aus.
- Wenn die Energie Quichy erreicht, den aufgestiegenen Aspekt von Saturn, segnen ihn die mächtigen Meister von Saturn, und Einhörner bringen danach die Energie der spirituellen Disziplin und des perfekten Gleichgewichts zu jedem Stern, jedem Planeten und jeder Galaxie im Universum.
- Dann kehrt sie verstärkt in dein Basischakra zurück.

Dein sechsdimensionales Sakralchakra

- Konzentriere dich auf dein Sakralchakra, das jetzt in einem ätherisch durchscheinenden silberrosafarbenen Licht schimmert.
- Ein Einhorn tritt vor und fügt sein reinweißes Licht hinzu. Dein Chakra flackert auf.
- Dein Sakralchakra strahlt leuchtendes Silber-Rosa-Licht ins Universum aus.

- Wenn das Licht Lakumay berührt, den aufgestiegenen Aspekt von Sirius, strahlt transzendente Liebe von dort in das gesamte Universum aus.
- Atme diese erweiterte Liebe zurück in dein Sakralchakra.

Dein sechsdimensionales Nabelchakra

- Konzentriere dich auf dein Nabelchakra, das jetzt in einem ätherisch durchscheinenden silberpfirsichfarbenen Licht glänzt.
- Ein Einhorn tritt vor und fügt sein reinweißes Licht hinzu.
- Dein Nabelchakra dehnt sich aus und strahlt leuchtendes Silber-Pfirsich-Licht aus.
- Es erreicht die Sonne und aktiviert die männliche Kraft, die in den Kosmos ausbricht.
- Einhörner bringen diese Kraft zurück in dein Nabelchakra.

Dein sechsdimensionales Solarplexuschakra

- Konzentriere dich auf dein Solarplexuschakra, das jetzt ätherisch durchsichtiges Gold ausstrahlt, durch das Silber hindurchscheint.
- Ein Einhorn tritt vor und fügt sein reinweißes Licht hinzu.
- Dein Solarplexuschakra dehnt sich aus und strahlt Silber-Gold-Licht in den Kosmos aus.
- Es sammelt Frieden aus dem gesamten Planetensystem und zieht ihn dann auf die Erde und ihren aufgestiegenen Aspekt, Pilchay.
- Atme diesen kosmischen Frieden in dein Solarplexuschakra.

Dein sechsdimensionales Herzchakra

- Konzentriere dich auf dein Herzchakra, das jetzt ätherisch durchscheinendes Silberweiß ausstrahlt.
- Ein Einhorn tritt vor und fügt sein reinweißes Licht hinzu.
- Dein Herzchakra dehnt sich aus und strahlt leuchtendes Silberweiß ins Universum aus.
- Wenn das Licht die Venus, das kosmische Herz, berührt, kommt es zu einer Explosion der höheren Liebe.
- Millionen von Einhörnern nehmen diese kosmische Liebe überall dorthin mit, wo sie gebraucht wird, und gießen sie dann mit einer noch höheren Frequenz in dein Herz.

Dein sechsdimensionales Halschakra

- Konzentriere dich auf dein Halschakra, das jetzt schimmerndes, ätherisch durchscheinendes Silberblau ausstrahlt.
- Ein Einhorn tritt vor und fügt sein reinweißes Licht hinzu. Dein Chakra lodert in elektrischem Blau und Weiß.
- Dein Halschakra dehnt sich aus und strahlt leuchtendes Silberblau bis zu Telephony aus, dem aufgestiegenen Aspekt von Merkur.
- Tausende Einhörner tragen dieses Licht hinaus, um jeden Teil des Universums mit höherer Kommunikation und perfekter Integrität zu berühren.
- Das Licht fließt mit noch höherer Frequenz zurück in dein Halschakra.

Dein sechsdimensionales Dritte-Auge-Chakra

- Konzentriere dich auf dein drittes Auge, das jetzt schimmerndes, ätherisch durchscheinendes Silbergrün ausstrahlt.
- Ein Einhorn tritt vor und fügt einen Ball aus reinweißem Licht hinzu.
- Dein Dritte-Auge-Chakra dehnt sich aus und sendet Wellen aus leuchtendem Silbergrün zu Jumbay, dem aufgestiegenen Aspekt von Jupiter.
- Einhörner galoppieren herein, um dieses Licht aufzunehmen und höhere Erleuchtung und Überflussbewusstsein im gesamten Universum zu verbreiten.
- Dann bringen sie es, neu und höher erleuchtet, zurück in dein drittes Auge.

Dein sechsdimensionales Kronenchakra

- Konzentriere dich auf dein Kronenchakra am Scheitel deines Kopfes und nimm es wahr. Es setzt jetzt silbergelbe Lichtströme frei.
- Ein Einhorn tritt vor und schüttet eine Kaskade aus reinweißem Licht über dich.
- Dein Kronenchakra dehnt sich aus, und jedes seiner tausend Blütenblätter sendet einen leuchtend silbergelben Suchscheinwerfer ins Universum – eine Verbindung zu den Sternen.
- Wenn einer dieser Strahlen Curonay erreicht, den aufgestiegenen Aspekt von Uranus, strahlen eine Milliarde Verbindungen aus und berühren jeden einzelnen Stern.

- Einhörner halten dieses schöne Lichtnetz, bevor die Energie in dein Kronenchakra zurückkehrt, um dich mit universeller Weisheit zu erleuchten.

Dein sechsdimensionales Kausalchakra

- Konzentriere dich auf dein Kausalchakra, deinen persönlichen Mond über dem Kopf, der jetzt ätherisch durchscheinend silberweiß leuchtet.
- Ein Einhorn tritt vor und fügt sein reinweißes Licht hinzu.
- Dein Kausalchakra dehnt sich aus und schickt einen leuchtend silberweißen Strahl zum Mond.
- Einhörner verbreiten diese göttlich-weibliche Friedensenergie im Kosmos und geben sie dann verstärkt an dein Kausalchakra zurück.

Dein sechsdimensionales Seelensternchakra

- Konzentriere dich auf dein Seelensternchakra, das jetzt in ätherisch durchscheinendem Silber-Lila-Rosa schimmert.
- Ein Einhorn tritt vor und fügt einen Strom von reinweißem Licht hinzu.
- Dein Seelensternchakra dehnt sich aus und explodiert wie ein Feuerwerk und schickt leuchtendes Silber-Lila-Rosa zum Orion.
- Einhörner blasen diese höhere Liebe und Weisheit überall hin.
- Spüre, wie sie in deinen Seelenstern zurückkehrt und sieh, wie das Chakra riesig wird.

Dein Sternentorchakra

- Konzentriere dich auf dein Sternentorchakra, das jetzt ein großartiger ätherischer goldorangefarbener Kelch ist, aus dem durchscheinendes Kristall-Silber-Gold ausgegossen wird.
- Das hellste diamantweiße Einhorn tritt vor und fügt ihm sein reines klares Licht hinzu.
- Dein Sternentorchakra glüht und strahlt leuchtendes Silber-Gold nach Nigellay aus, dem aufgestiegenen Aspekt des Mars, dem kosmischen Sternentor.
- Dieses Licht, das heller ist als jedes, das du jemals gesehen hast, strahlt ins Universum aus.
- Erstaunliche hochfrequente Einhörner bereichern deine Antakarana-Brücke um dieses Licht und erweitern es bis zu deiner Monade und zur Quelle.
- Spüre die Verbindung.

Deine integrierten Chakren der sechsten Dimension

- Sei dir bewusst, dass deine Chakren eine Säule aus strahlend silbrigem Regenbogenlicht gebildet haben. Sie strahlen und schimmern wie eine Milliarde Sterne.
- Deine Energie reicht bis zum Himmel, und du bist ein Teil des großen kosmischen Lichtnetzes.
- Und jetzt bist du bereit, eine Frequenz der zehnten Dimension zu erleben. Sei dir einer unglaublich hellen weißen Energie bewusst, die auf dich zukommt.
- Ein unbeschreibliches Einhorn der zehnten Dimension tritt heraus und berührt dich mit seinem Horn.

- Du leuchtest auf wie eine Megawatt-Lampe. Dein Licht kann vom Himmel aus gesehen werden.
- Nimm dir so viel Zeit, wie du brauchst, um diese Frequenz in dich aufzunehmen.
- Öffne jetzt die Augen und sei dir bewusst, dass du wirklich gesegnet wurdest.

Fliege mit Einhörnern. Sie tragen dich in die reinen Reiche der Wahrheit und göttlichen Liebe.

Nachwort

Im Verlauf dieses Buches haben die Einhörner eine immer engere Verbindung zu dir aufgenommen. Sie helfen dir, das Leben aus der höchsten Perspektive zu sehen. Das ist Erleuchtung. Hier eine Botschaft von ihnen:

Du hast dich jetzt als Hebamme oder Geburtshelfer für das neue Goldene Zeitalter inkarniert, und wir sind gekommen, um dir in dem schwierigen Geburtsprozess der Erde zu helfen. Wir bringen eine Botschaft der Hoffnung. Hab Geduld, denn eine goldene Zukunft liegt vor uns. Wir werden dich mit Hoffnung, Anmut, Inspiration, Vertrauen, Glauben und all den anderen Eigenschaften berühren, die du brauchst, um in der wunderbaren neuen Welt zu leben, die wir versprechen.

Rufe uns, und wir sind für dich da.

Über die Autorin

Diana Cooper hatte während einer persönlichen Lebenskrise eine Engelerscheinung. Heute ist sie vor allem für ihre Werke über Engel, Orbs, Atlantis, Einhörner, Aufstieg und den Übergang ins neue Goldene Zeitalter bekannt. Über ihre Geistführer und Engel ermöglicht sie Menschen, ihre spirituellen Begabungen und ihr übersinnliches Potenzial zu nutzen. Außerdem hilft sie ihnen, in Kontakt mit ihren eigenen Engeln, Geistführern, Meistern und Einhörnern zu kommen.

Diana ist die Gründerin der *Diana Cooper Foundation*, einer gemeinnützigen Organisation, die auf der ganzen Welt zertifizierte Kurse zu spirituellen Themen anbietet. Als Bestsellerautorin hat sie 30 Bücher geschrieben, die in 28 Sprachen veröffentlicht wurden.

www.dianacooper.com

Von Engeln geleitet das Leben gestalten

Engel sind hoch entwickelte spirituelle Wesen, die darauf warten, uns Menschen mit Rat, Heilung und Liebe zur Seite zu stehen. Mit diesem Kartenset der weltbekannten spirituellen Lehrerin Diana Cooper können wir uns mit den mächtigen himmlischen Helfern verbinden und ihre liebevolle Kraft und heilsame Energie in unser Leben holen.

GTIN 4250939400075

www.ansata-integral-lotos.de

Ansata

Wie die mächtigen Drachen uns beistehen

Drachen sind mächtige, weise Seelenbegleiter, die uns aus der Geistigen Welt geschickt werden. Mit Diana Coopers Kartenset können wir uns auf spielerische Weise mit ihnen verbinden und ihre Kraft und Weisheit in unser Leben holen. So erhalten wir Hilfe und Schutz, können unser spirituelles Wachstum fördern und unsere Seelenaufgabe erfüllen.

GTIN 4250939400013

www.ansata-integral-lotos.de   *Ansata*

Die Welt im Umbruch – wohin der Weg uns führt

2012 bis 2032: Die Phase des Übergangs, in der sich die Natur und alle Bereiche unseres Lebens grundlegend ändern werden. Diana Cooper entschlüsselt die enormen spirituellen Energien, die die große Transformation der Welt bewirken: mächtige Engel, weise Seelen, die erneut auf der Erde inkarnieren, alte Portale und geheiligte Stätten der Weisheit, die sich vollständig öffnen werden. Wir erfahren, was uns wirklich erwartet, wie wir uns vorbereiten können und wohin die Reise geht.

978-3-7787-7448-9

www.ansata-integral-lotos.de

Ansata

Der Wegweiser für das Leben in der Neuen Zeit

Wir leben in einer Ära des tiefgreifenden Bewusstseinswandels, die Energien unseres Planeten erhöhen sich zusehends. Wie wir diesen Aufstieg mitgestalten können, zeigt die weltbekannte spirituelle Lehrerin Diana Cooper: Begleitet von den Erzengeln und anderen Geisthelfern bringen wir die uralte Weisheit von Atlantis wieder auf die Erde und holen die mächtige, liebevolle Energie der Geistigen Welt in unser Leben.

978-3-453-70371-1

Leseprobe unter www.heyne.de